C. A. Smith

Der Mythos des Cthulhu

Entdecke die Festa-Community

- www.facebook.com/FestaVerlag
- www.twitter.com/FestaVerlag
- festaverlag
- Festa Verlag
- Forum: www.horrorundthriller.de
- www.Festa-Action.de
- www.Festa-Extrem.de
- www.Festa-Sammler.de

Wenn Lesen zur Mutprobe wird ...

www.Festa-Verlag.de

CLARK ASHTON SMITH

DER MYTHOS DES CTHULHU

FESTA

Eine Festa Originalausgabe
1. Auflage Oktober 2020

Titelbild: www.bookcoversart.com
Innenillustration: Bianca Graf

ISBN 978-3-86552-857-5
eBook 978-3-86552-858-2

Inhalt

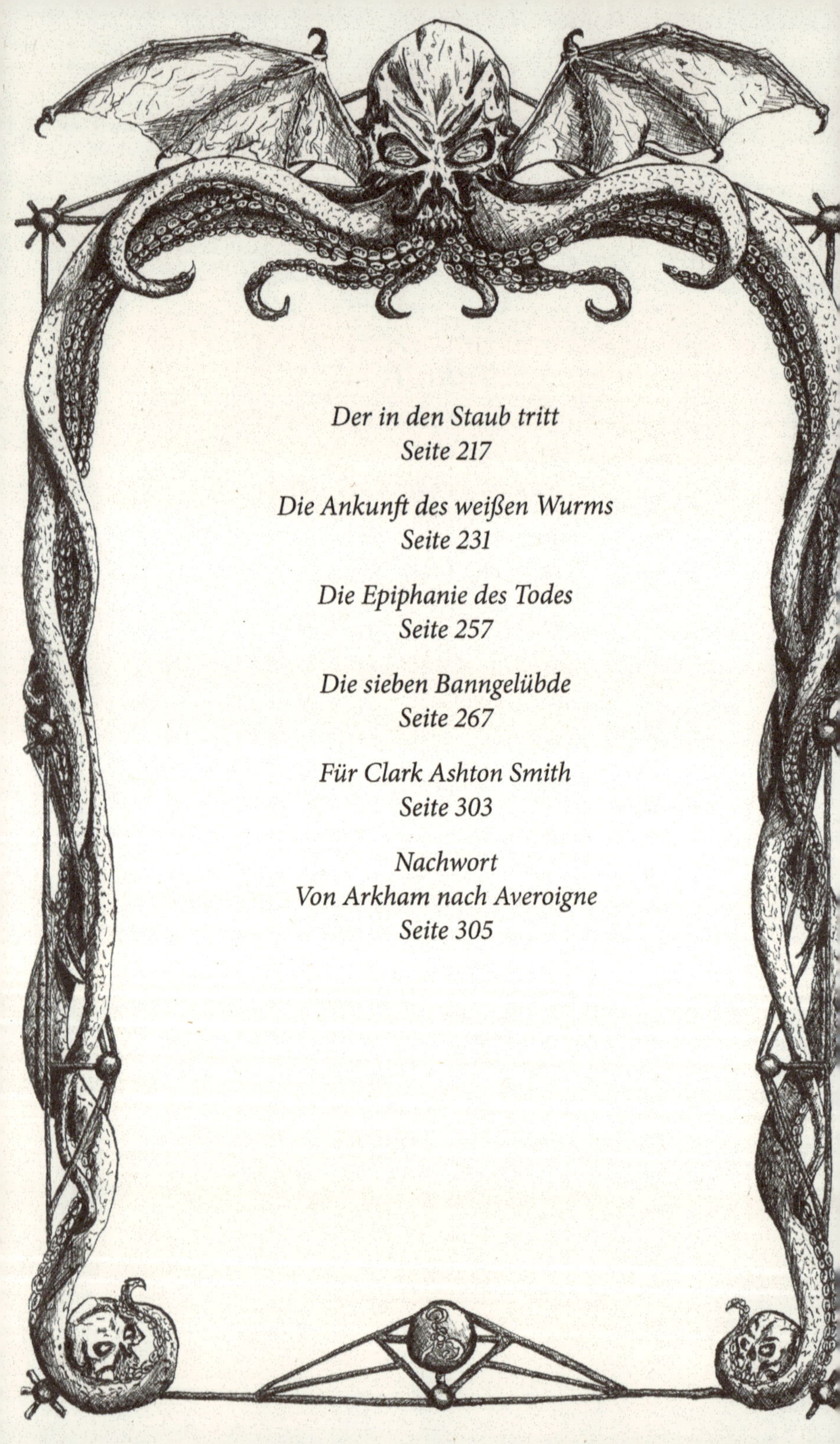

An Howard Phillips Lovecraft

Freund von Berg und Feld und alter Stadt,
Wie bist du von uns fortgegangen
Auf bisher unbekannten Wegen
Hinter Providence' Türme, die im Morgen prangen?
Suchest du vielleicht an ihrer statt
Ein weitaus ältres Ziel,
Ein Arkham voller tiefstem Zauberspiel?
Mit vertrautem Katzentier
Erforschst du Wälder, neu, entlegen,
Jenseits von der Sinnenmauer,
Wo in Frühlingsdämmerung der Weg sich kehrt
Von der Erde ätherwärts durch Waldesschauer?
Oder hat der Silberschlüssel dir
Eröffnet Traum und Wunder schier
Und Welten, im Verborgenen gelegen?
Bist du nach Pnath, nach Ulthar heimgekehrt?
Konnt' der König, den ganz Kadath hoch verehrt,
Zur Heimkehr seinen Botschafter bewegen?
Oder gab der düstre Cthulhu dir am End'
Das Zeichen, das dir schenkt den Segen
Zu weilen in der Festung, auf dem Meeresgrund gelegen,
In der die Alten sich im Schlummer regen,
Bis erbebt der schlafumfangne Kontinent?

Sieh, wie weit in diesem Zwischenspiel der Tage
Du schrittest über die Alleen,
Auf denen, düster und so vage,
Die Toten aus dem Mythos sich ergehen!
Kummer nur und Rätsel bleiben mir …
Und doch bist du nicht ganz gegangen,
Nicht ganz an Traum und Staub verloren,
Deine Tritte noch nicht ganz verklangen,
Denn ich habe einen Geist empfangen
In Averoignes Gebirge, das du nie im Fleisch besuchtest,
Und seine Weisheit sprach von dir,
War aus deiner ernsten Gegenwart geboren.
Das Frühlingsgras magst strahlender du nun empfinden,
Magischer und dunkler den Druidenstein,
Und in meinem Geist werd' ich deinen Widerschein
Wie in einem Zauberspiegel finden,
Und von der Geisterseite werden
deine Runen niemals schwinden.

Die Rückkehr des Hexers

Seit einigen Monaten war ich nun schon ohne Arbeit und meine Ersparnisse waren fast zur Gänze aufgezehrt. Daher begeisterte es mich natürlich, als ich von John Carnby einen positiven Antwortbrief erhielt, in dem er mich zu einem persönlichen Vorstellungsgespräch einlud. Carnby hatte per Anzeige nach einem Sekretär gesucht und darin festgelegt, dass alle Bewerber ihre Eignungen schriftlich darlegen müssten, was ich auch gleich nach dem Lesen der Annonce getan hatte.

Zweifellos handelte es sich bei Carnby um einen schrulligen Gelehrten, der sich nicht gern mit einer langen Warteschlange von Fremden abgeben wollte, denn er hatte mit dem Text seiner Anzeige viele, vielleicht sogar alle, die für die Aufgabe nicht infrage kamen, im Vorweg ausgesondert: Er hatte seine Anforderungen klar und umfassend aufgelistet, und sie waren dazu angetan, selbst die meisten Menschen mit durchschnittlich guter Bildung auszuschließen. Unter anderem verlangte er nach arabischen Sprachkenntnissen. Glücklicherweise hatte ich mir in dieser ungewöhnlichen Sprache gewisse Kenntnisse angeeignet.

Die Adresse, von deren Lage ich mir zunächst ein nur ungefähres Bild gemacht hatte, fand ich am Ende einer Straße im Vorstadtgebiet von Oakland, die einen Hügel hinaufführte. Es handelte sich um ein großes zweistöckiges Haus, beschattet von alten Eichen und von einem Kleid wild wuchernden Efeus verdüstert. Es stand zwischen unbeschnittenen Ligusterhecken und Sträuchern, die seit vielen Jahren keine Gärtnerhand berührt hatte. Das Haus wurde auf einer Seite durch ein unbebautes, von Unkraut überwuchertes Grundstück, auf der anderen Seite durch ein Gewirr von Rankengewächsen und Bäumen, welche die schwarzen Ruinen eines abgebrannten Anwesens umstanden, von seinen Nachbarn getrennt.

Selbst wenn man vom Eindruck lang anhaltender Vernachlässigung absah, haftete dem Ort etwas Tristes, Unheilvolles an – etwas, das den efeuumrankten Umrissen des Hauses innewohnte, den elenden, düsteren Fenstern und selbst den verwachsenen Eichen und dem eigenartig wuchernden Gesträuch. Meine Hochstimmung verflüchtigte sich ein wenig, als ich das Grundstück betrat und über einen ungeharkten Pfad zum Vordereingang lief.

Als ich mich dann John Carnby persönlich gegenübersah, flaute meine Begeisterung noch um ein Weiteres ab. Allerdings hätte ich für das vorahnende Erschauern, das unbestimmte, ernüchternde Gefühl der Gefahr und die bleierne Niedergeschlagenheit, die mich befielen, keinen rechten Grund nennen können. Es mochte an der finsteren Bibliothek, in der er mich empfing, oder auch an dem Mann selbst liegen – die düsteren Schatten dieses Raumes ließen sich weder durch die Sonne noch mit Lampenlicht je zur Gänze verscheuchen. Und daran musste es wohl gelegen haben, denn John Carnby entsprach ganz jener Art von Mensch, für die ich ihn auch gehalten hatte.

Ihm hafteten alle Anzeichen eines einsam forschenden Gelehrten an, der einem obskuren Forschungsgegenstand lange, geduldige Jahre gewidmet hatte. Er war hager und gebeugt, mit gewaltiger Stirn und grauem Zottelhaar, und auf seinen eingefallenen, glatt rasierten Wangen lag die Blässe der Bücherhallen. Darüber hinaus umgab ihn allerdings ein Eindruck der nervlichen Zerrüttung – eine ängstlich kauernde Haltung, die die übliche Schüchternheit eines Eigenbrötlers noch übertraf.

Hinzu gesellte sich eine stetige Anspannung, die sich in jedem Blick seiner umschatteten, gehetzten Augen und jeder Bewegung seiner knochigen Hände offenbarte. Allem Anschein nach hatte er sich durch übermäßige Studien die Gesundheit ruiniert. Unwillkürlich fragte ich mich nach der Art der Studien, die ihn zu einem zitternden Wrack gemacht hatten. Dennoch hatte er etwas an sich – vermutlich lag es an der Breite seiner gebeugten Schultern und der kühnen Adlerhaftigkeit seiner Gesichtszüge –, das von großer vormaliger Körperkraft sowie einer Energie kündete, welche noch nicht gänzlich erloschen schien.

Seine Stimme war unerwartet tief und klangvoll: »Ich glaube, dass Sie der richtige Mann sind, Mister Ogden«, sagte er nach einigen Prüfungsfragen, die sich vor allem auf meine Sprachkenntnisse und insbesondere auf meine Beherrschung des Arabischen bezogen. »Ihre Dienste werden von nicht allzu schwerer Art sein, aber ich benötige jemanden, der mir zu jeder beliebigen Zeit zur Verfügung steht. Sie werden daher bei mir einziehen müssen. Ich kann Ihnen ein bequemes Zimmer anbieten, und ich garantiere Ihnen, dass meine Kochkunst Sie nicht vergiften wird. Ich arbeite häufig nachts und ich hoffe, dass die unregelmäßigen Arbeitszeiten Sie nicht zu sehr stören.«

Zweifellos hätte ich über die Zusage, dass die Stellung eines Sekretärs nun also mir gehörte, vor Freude außer mir sein müssen. Stattdessen empfand ich einen unbestimmten, unvernünftigen Widerwillen, und das Gefühl nahenden Unheils beschlich mich, als ich John Carnby dankte und ihm sagte, dass ich ganz nach seinem Belieben jederzeit einziehen könne.

Das schien ihn sehr zu erfreuen, und einen Augenblick lang wich die seltsame Anspannung aus seinem Verhalten: »Ziehen Sie sogleich ein – heute Nachmittag noch, wenn es Ihnen möglich ist«, sagte er. »Ich freue mich schon sehr auf Ihre Gesellschaft, und je eher, desto besser. Ich lebe nun schon seit einiger Zeit ganz allein; und ich muss gestehen, dass die Einsamkeit für mich allmählich ihren Reiz verliert. Auch kam ich mit meiner Arbeit nicht so recht weiter, weil mir die passende Hilfe fehlte. Früher wohnte mein Bruder bei mir, aber er hat sich auf eine ausgedehnte Reise begeben.«

Ich kehrte zurück in meine Unterkunft in der Innenstadt, bezahlte mit den letzten Dollars, die mir verblieben waren, meine Miete, packte meine Habseligkeiten zusammen und kehrte binnen einer Stunde zum Haus meines neuen Arbeitgebers zurück. Er wies mir ein Zimmer im Obergeschoss zu, das zwar ungelüftet und staubig war, aber im Vergleich zu dem Schlafsaal, den ich wegen mangelnder Geldmittel schon einige Zeit hatte bewohnen müssen, mehr als luxuriös wirkte.

Dann führte er mich zu seinem Arbeitszimmer, das am anderen Ende des Flures im gleichen Stock lag. Hier würde ich die meisten Aufgaben zu erledigen haben, erklärte er mir.

Als ich das Innere des Zimmers überblickte, konnte ich einen überraschten Ausruf nicht unterdrücken. Es sah ganz so aus, wie ich mir die Behausung eines alten Hexenmeisters immer vorgestellt hatte. Auf mehreren Tischen standen uralte Instrumente, deren Zweck man nur erraten konnte, neben ausgebreiteten astrologischen Tabellen, Schädeln, Destillierkolben, Kristallen, Weihrauchgefäßen, wie sie bei der katholischen Messe verwendet werden, und gewaltigen, in wurmstichiges Leder gebundenen Folianten, die von grünspanfleckigen Buchbroschen zusammengehalten wurden.

In einer Ecke stand ein riesiges Affenskelett, in einer anderen das Gerippe eines Menschen und von der Decke hing ein ausgestopftes Krokodil. Die Regale waren mit Büchern vollgestopft, und ein flüchtiger Blick auf die Titel reichte schon aus, um mir bewusst zu machen, dass sie eine einzigartig vollständige Ansammlung uralter und moderner Werke über Dämonologie und schwarze Kunst darstellten. An den Wänden hingen mehrere unheimliche Gemälde und Stiche, die sich mit ähnlichen Themen befassten. Die gesamte Atmosphäre des Zimmers verströmte einen wirren Hauch halb vergessenen Aberglaubens. Hätte ich mich anderenorts mit solchen Eindrücken konfrontiert gesehen, so hätte ich wohl gelächelt, doch irgendwie fiel es mir in diesem einsamen, tristen Haus neben dem nervlich angeschlagenen und gehetzten Carnby schwer, ein Erschauern zu unterdrücken.

Auf einem Tisch wartete in sonderbarem Kontrast zu diesem Mischmasch aus Mittelalter und Satanismus eine Schreibmaschine, daneben einige Stapel ungeordneter Manuskripte. In einer Ecke des Zimmers war ein kleiner verhängter Alkoven mit einem Bett eingelassen, in dem Carnby schlief. Auf der anderen Zimmerseite entdeckte ich zwischen dem menschlichen Skelett und dem des Affen einen in die Wand integrierten verschlossenen Schrank.

Carnby hatte meine Überraschung bemerkt und musterte mich mit einem scharfen sezierenden Blick, der mir unergründlich schien. Er hob zu einer Erklärung an: »Ich habe mein Lebenswerk den Studien des Dämonischen und der Hexerei gewidmet«, verkündete er. »Es ist ein faszinierendes Gebiet und wird zudem schon seit Langem sehr vernachlässigt. Ich arbeite gerade an einer Monografie, in der ich versuche, die magischen Praktiken und Teufelsverehrungen aller Völker und Zeiten zueinander in Beziehung zu setzen. Fürs Erste wird Ihre Arbeit darin bestehen, meine umfangreichen Vornotizen abzutippen und einzuordnen. Ferner werden Sie mir dabei behilflich sein, weitere Bezüge und Querverweise aufzuspüren. Ihre Kenntnisse des Arabischen sind für mich von unschätzbarem Wert, denn in dieser Sprache bin ich selbst nicht allzu sehr bewandert, und ich benötige wesentliche Angaben aus einer Ausgabe des Necronomicon, die im Arabisch des Urtextes abgefasst ist. Ich habe Grund zu der Annahme, dass in der lateinischen Ausgabe von Olaus Wormius bestimmte Abschnitte ausgelassen und andere falsch übersetzt wurden.«

Von diesem seltenen und nahezu berühmten Werk hatte ich gehört, es aber noch nie zu Gesicht bekommen. In dem Buch waren angeblich die letzten Geheimnisse eines finsteren und verbotenen Wissens enthalten. Zudem galt der ursprüngliche Text, der von dem wahnsinnigen Araber Abdul Alhazred verfasst worden war, als unzugänglich. Ich fragte mich, wie Carnby ihn in seinen Besitz gebracht hatte.

»Nach dem Abendessen zeige ich Ihnen das Buch«, fuhr Carnby fort. »Zweifellos werden Sie mir eine oder zwei

Passagen erhellen können, die mir schon lange Kopfzerbrechen bereiten.«

Das Abendbrot, das mein Arbeitgeber persönlich zubereitete und auftrug, war gegenüber der billigen Restaurantkost eine willkommene Abwechslung. Carnby schien einen Großteil seiner Nervosität abgelegt zu haben. Er zeigte sich äußerst gesprächig, und nachdem wir eine Flasche lieblichen Wein aus Sauternes getrunken hatten, entwickelte er sogar eine gewisse professorale Lebhaftigkeit. Dennoch wurde ich von unheilvollen Vorahnungen und Missbehagen heimgesucht, die ich weder ergründen noch auf eine einleuchtende Ursache zurückführen konnte.

Wir begaben uns wieder in das Arbeitszimmer, und aus einer verschließbaren Schublade nahm Carnby den Band heraus, von dem er gesprochen hatte. Er wirkte unglaublich alt, in Ebenholz eingebunden, mit Silber verziert und mit dunkel leuchtenden Granatsteinen besetzt. Als ich die vergilbten Seiten aufschlug, fuhr ich in unwillkürlichem Widerwillen vor dem aufsteigenden Geruch zurück – einem Geruch, der an körperlichen Zerfall nicht nur erinnerte, als ob das Buch auf einem vergessenen Friedhof zwischen Leichen gelegen und die Befleckung der bevorstehenden Auflösung angenommen hatte.

Carnbys Augen brannten in einem fiebrigen Schimmer, als er mir das alte Manuskript aus der Hand nahm und ungefähr in der Mitte aufschlug. Mit einem dürren Zeigefinger deutete er auf einen bestimmten Abschnitt. »Sagen Sie mir, wie Sie dies hier lesen«, forderte er mit einem angespannten und erregten Flüstern.

Langsam und mit viel Mühe entzifferte ich den Absatz und schrieb eine grobe englische Version auf den Notizblock, den Carnby mir reichte. Auf sein Geheiß las ich ihn dann laut vor.

»Nun wissen es wahrlich nur wenige, dennoch ist es bestätigte Tatsache, dass der Wille eines toten Zauberers Macht über seinen Leichnam übet und ihn aus dem Grabe erheben und zu solchem Zwecke bringen kann, welcher im Leben unvollendet geblieben. Und solcherlei Wiederbelebung ist stets zur Vollführung übler Taten und zum Missgeschicke anderer getan. Der Leichnam ist aufs Trefflichste belebt, so er denn heil an allen Gliedern verblieben; aber beizeiten hat der überragende Wille des Magiers die getrennten Stücke eines Leichnams erhoben, welcher in vielerlei Teile zerhauen, auf dass er seinen Willen erfülle, sei es zu Teilen oder in befristeter Vereinigung. Ist aber die befohlene Handlung vollendet, so zerfällt der Leib wieder in den vorherigen Stand.«

Das war natürlich irrwitziger Unsinn. Wahrscheinlich lag es eher an dem seltsamen ungesunden Gesichtsausdruck meines Arbeitgebers, der von faszinierter Aufmerksamkeit zeugte, als an dem verdammenswerten Abschnitt des Necronomicon selbst, dass ich nervös wurde und heftig zusammenfuhr, als ich kurz vor Ende meiner Lesung ein unbeschreibbares rutschendes Geräusch aus dem Flur vernahm. Als ich den Abschnitt jedoch beendete und zu Carnby aufsah, versetzte mich der Ausdruck nackter, starrer Furcht auf seinem Gesicht in noch größeren Schrecken – es war die Miene eines Menschen, der von einem höllischen Schreckgespenst heimgesucht wird. Irgendwie beschlich mich das Gefühl, dass er eher auf das seltsame Geräusch im Flur als auf meine Übersetzung des Abdul Alhazred lauschte.

»Das Haus ist voller Ratten«, erklärte er, als er meinen fragenden Blick bemerkte. »Trotz all meiner Bemühungen habe ich sie nie vollständig loswerden können.«

Das Geräusch hielt immer noch an und klang wahrhaftig nach einer Ratte, die etwas über den Boden schleift. Es schien näher zu kommen, näher zur Tür zu Carnbys Arbeitszimmer. Nach einer kurzen Pause rührte es sich erneut und zog sich dann zurück. Die Erregung meines Arbeitgebers war unverkennbar; er lauschte in ängstlicher Gebanntheit und schien der Bewegung des Geräuschs mit einem Schrecken zu folgen, der anwuchs, als es näher kam, und ein wenig abnahm, als es sich wieder entfernte.

»Ich bin ziemlich nervös«, gestand er. »Ich habe in letzter Zeit zu viel gearbeitet, und das ist nun das Ergebnis. Selbst ein kleines Rascheln bringt mich schon aus der Fassung.«

Das Geräusch schien nun irgendwo im Haus erstorben zu sein. Carnby wirkte wieder etwas gefasster.

»Würden Sie mir Ihre Übersetzung bitte noch einmal vortragen?«, bat er. »Ich möchte sie gern Wort für Wort nachvollziehen.«

Ich tat, wie mir geheißen. Er lauschte mit dem gleichen Blick einer unheimlichen Faszination, und diesmal wurden wir nicht von irgendwelchen Geräuschen auf dem Flur unterbrochen. Als ich die letzten Sätze vorlas, war Carnbys Gesicht noch bleicher geworden, als wäre der letzte Blutstropfen aus seinen Zügen gewichen. Das Feuer in seinen Augen glich nun einem phosphoreszierenden Schimmer aus einem tiefen Schacht.

»Dieser Absatz ist äußerst bemerkenswert«, meinte er. »Ich war mir seiner Bedeutung nicht ganz sicher, da mein Arabisch lückenhaft ist, und habe festgestellt, dass der

Absatz in der lateinischen Ausgabe des Olaus Wormius zur Gänze fehlt. Ich danke Ihnen für Ihre gelehrsame Übertragung. Sie haben ihn mir wirklich erhellt.«

Seine Stimme klang ausdruckslos und förmlich, als ob er sich zurückhielt und eine ganze Welt unaussprechlicher Gedanken und Gefühle in sich verschloss. Irgendwie hatte ich das Gefühl, dass Carnby sogar noch nervöser und aufgewühlter war als zuvor und dass meine Übersetzung aus dem Necronomicon auf irgendeine geheimnisvolle Weise noch zu seiner Verstörung beigetragen hatte. Er machte ein schauerlich gequältes Gesicht, als ob sein Verstand sich mit einem unliebsamen und verbotenen Thema befasste.

Allerdings schien er sich wieder zu fangen und bat mich um die Übersetzung eines weiteren Abschnitts. Dieser erwies sich als eine lange Gesangformel zum Exorzieren von Toten in Verbindung mit einem Ritual, das die Verwendung seltener arabischer Gewürze sowie den fehlerfreien Vortrag der Namen von über 100 Ghoulen und Dämonen erforderte. Ich legte alles schriftlich für Carnby nieder, und dieser betrachtete das Blatt mit einer Hingerissenheit, die über die Ekstase eines Gelehrten weit hinausging.

»Auch dieser Absatz steht nicht bei Olaus Wormius.« Noch einmal las er den Zettel durch, faltete ihn dann sorgfältig und legte ihn in die gleiche Schublade, aus der er zuvor das Necronomicon hervorgeholt hatte.

Dieser Abend gehörte zu den sonderbarsten, an die ich mich erinnern kann. Während wir stundenlang beieinandersaßen und Übersetzungen aus dem teuflischen Band diskutierten, kam ich mehr und mehr zu dem Schluss, dass mein Arbeitgeber vor irgendetwas eine Todesangst hatte; es graute ihm davor, allein zu sein, und er behielt mich eher aus diesem Grund bei sich als aus einem anderen.

Immer wieder wirkte er, als ob er innehielt und mit schmerzlich gequältem Gesichtsausdruck auf etwas lauschte, und ich bemerkte, dass er den Gesprächen nur mechanische Aufmerksamkeit schenkte. Inmitten der makabren Ausstattung dieses Raumes, in dieser Atmosphäre des formlosen Bösen, des ungenannten Entsetzens gab der vernunftgeprägte Teil meines Verstandes unter dem Hervorbrechen finsterer vorzeitlicher Ängste nach. Im Zustand geistiger Klarheit hatte ich diesen Dingen stets Verachtung entgegengebracht, doch mittlerweile war ich vollends bereit, die scheußlichsten Schöpfungen eines abergläubischen Geistes ernst zu nehmen. Zweifellos hatte ich mich durch eine Art geistige Ansteckung in den Bann des verborgenen Grauens begeben, unter dem Carnby litt.

Allerdings gab der Mann durch kein Wort und keine Silbe die wahren Gefühle hinter seinem Gebaren zu, sondern sprach wiederholt von einem Nervenleiden. Während unserer Diskussion versuchte er mehr als einmal den Eindruck zu vermitteln, dass sein Interesse am Übernatürlichen und Satanischen rein intellektueller Art sei, dass er ebenso wie ich solchen Angelegenheiten keinerlei eigenen Glauben schenke. Dennoch wurde mir untrüglich klar, dass er log; dass ihn ein realer Glaube an all das, was er mit wissenschaftlicher Distanz zu betrachten vorgab, antrieb und in Besitz genommen hatte. Zweifellos war er einem imaginären Schrecken zum Opfer gefallen, der sich bei seinen okkulten Forschungen herausgebildet hatte. Doch vermochte meine Intuition mir keinen Hinweis auf die wahre Beschaffenheit dieses Schreckens zu geben.

Die Geräusche, die auf meinen Arbeitgeber eine derart verstörende Wirkung ausgeübt hatten, ließen sich nicht wieder vernehmen. Wir mussten bis lange nach Mitternacht über den aufgeschlagenen Schriften des wahnsinnigen Arabers gesessen haben.

Schließlich schien Carnby zu bemerken, wie weit die Stunden schon vorangeschritten waren: »Ich fürchte, ich habe Sie viel zu lange wach gehalten«, sagte er entschuldigend. »Sie sollten sich Ihren Schlaf gönnen. Ich bin etwas selbstsüchtig, und dabei vergesse ich, dass andere Menschen im Unterschied zu mir an solche Arbeitszeiten nicht gewöhnt sind.«

Wie es die Höflichkeit verlangte, bestritt ich seine Selbstbezichtigung, entbot ihm eine gute Nacht und suchte mit einem gewaltigen Gefühl der Erleichterung mein Schlafgemach auf. Es kam mir so vor, als ob ich in Carnbys Zimmer sämtliche schattenhaften Ängste und Beklemmungen zurückließ, denen ich ausgesetzt gewesen war.

Im langen Flur brannte nur ein einziges Licht. Es hing nahe bei Carnbys Tür, und der Eingang zu meinem Zimmer am anderen Ende des Flures nahe am Treppenabgang lag in tiefem Schatten. Als ich nach dem Knauf tastete, hörte ich hinter mir ein Geräusch, drehte mich um und entdeckte im düsteren Dämmerlicht eine kleine undeutliche Gestalt, die vom Flur auf die oberste Stufe sprang und außer Sicht geriet.

Ein furchtbarer Schrecken erfasste mich. Selbst mit meinem nur flüchtigen Blick hatte ich erkannt, dass das Wesen für eine Ratte viel zu bleich gewesen war und seine Gestalt nichts von einem Tier an sich trug. Ich hätte nicht beschwören können, um was es sich eigentlich handelte, aber den Umrissen haftete etwas unsagbar Schreckliches an. Mit bebenden Gliedern stand ich da und hörte auf der

Treppe eine Serie dumpfer Laute, als ob Stufe um Stufe ein Gegenstand hinabrollte. Das Geräusch wiederholte sich in regelmäßigen Abständen und verstummte schließlich.

Ich hätte die Treppenbeleuchtung nicht einschalten können, selbst wenn es um Leib und Leben gegangen wäre, auch hätte ich keinen Schritt zum Treppenabsatz gewagt, um die Ursache der unnatürlichen Geräusche herauszufinden. Vielleicht hätte es jeder andere getan – ich vermochte es nicht. Stattdessen betrat ich nach einem kurzen Augenblick regelrechter Versteinerung mein Zimmer, schloss die Tür ab und begab mich in einem Aufruhr ungelöster Zweifel und einhelligen Entsetzens zu Bett. Ich ließ das Licht brennen; und stundenlang lag ich wach und erwartete in jedem Moment eine Wiederholung jenes abscheulichen Geräusches. Aber das Haus lag so still da wie ein Grab, und ich hörte nichts. Schließlich fand ich trotz meiner gegenteiligen Befürchtungen doch noch Schlaf und erwachte erst nach vielen traumlosen Stunden des Schlummers.

Laut meiner Uhr war es zehn Uhr morgens. Ich fragte mich, ob mein Arbeitgeber mich aus Rücksicht hatte schlafen lassen oder ob er selbst noch nicht aufgestanden war. Ich zog mich an und ging nach unten, wo ich ihn am Frühstückstisch vorfand, auf mich wartend. Er wirkte noch bleicher und zitteriger denn zuvor, als hätte er schlecht geschlafen.

»Ich hoffe, die Ratten haben Sie nicht allzu sehr belästigt«, bemerkte er nach der ersten Begrüßung. »Ich muss wirklich etwas gegen sie unternehmen.«

»Ich habe sie überhaupt nicht bemerkt«, gab ich zur Antwort. Irgendwie war es mir vollkommen unmöglich, das sonderbare unbeschreibliche Etwas zu erwähnen, das ich beim Zubettgehen in der vorigen Nacht gesehen und gehört hatte. Zweifellos hatte ich mich geirrt; zweifellos war es doch nur eine Ratte gewesen, die etwas die Treppe hinuntergeschleift hatte. Ich versuchte, den abscheulichen wiederholten Laut und den erhaschten Blick auf undenkbare Umrisse im Dämmerlicht zu vergessen.

Mein Arbeitgeber musterte mich mit einem scharfen Blick, als ob er in meine innersten Gedanken einzudringen suchte. Das Frühstück geriet zu einer tristen Angelegenheit, der daran anschließende Tag wurde nicht weniger beklemmend. Carnby zog sich bis zum Spätnachmittag zurück, und ich blieb in der wohlbestückten, jedoch konventionellen Bibliothek im Erdgeschoss mir selbst überlassen. Was Carnby in seinem Zimmer anstellte, konnte ich nicht einmal vermuten; aber mehrmals dachte ich, dass ich eine ernste Stimme etwas schwach und monoton vortragen hörte. Schreckliche Vorzeichen und beunruhigende Ahnungen suchten meinen Verstand heim. Mehr und mehr umschlang und erstickte mich die Atmosphäre dieses Hauses mit ihrem giftigen, kränklichen Mysterium; und überall verspürte ich das unsichtbare Lauern bösartiger Geister.

Als mich mein Arbeitgeber in sein Arbeitszimmer rief, war es fast eine Erleichterung. Beim Eintreten bemerkte ich, dass ein durchdringender aromatischer Geruch in der Luft hing, von sich auflösenden Schlingen eines bläulichen Dunstes durchsetzt, als wären in den Weihrauchgefäßen orientalische Kräuter und Gewürze verbrannt worden. Von seiner ursprünglichen Lage an der Zimmerwand war ein Isfahan-Teppich in die Mitte des Raumes verschoben worden. Allerdings vermochte er ein violettes geschwungenes Zeichen nicht ganz zu verbergen, das auf die Zeichnung eines magischen Kreises auf dem Boden hindeutete. Zweifellos hatte Carnby eine Art Beschwörung vollzogen, und ich musste an die furchterregende Formel denken, die ich auf sein Geheiß übersetzt hatte.

Allerdings bot er mir keine Erklärungen für das, was er getan hatte. Sein Verhalten hatte sich auf bemerkenswerte Weise gewandelt und wirkte beherrschter und selbstsicherer als zu jeder anderen Zeit unserer Bekanntschaft. Mit fast geschäftsmäßigem Gebaren legte er einen Stapel von Manuskripten vor mir ab, die ich für ihn abtippen sollte. Das vertraute Geklapper der Tasten trug dazu bei, meine Vorahnungen eines unbestimmten Unheils von mir zu weisen, und ich konnte fast über die zusammengesammelten und furchterregenden Informationen in den Notizen meines Arbeitgebers lächeln, die in der Hauptsache von Formeln handelten, mit denen verbotene Macht erlangt werden sollte. Unter meinem selbstsicheren Gleichmut lauerte dennoch ein vages Unbehagen.

Der Abend brach an. Nach dem gemeinsamen Essen kehrten wir in das Arbeitszimmer zurück. In Carnbys Verhalten lag nun etwas Angespanntes, als ob er begierig auf das Ergebnis eines verborgenen Tests wartete. Ich fuhr mit meiner Arbeit fort; aber etwas von seiner Unruhe übertrug sich auch auf mich, und ab und zu ertappte ich mich, wie ich angestrengt auf etwas Unerhörtes lauschte.

Schließlich hörte ich über dem Klappern der Tasten das seltsame Rutschen im Flur. Carnby hatte es ebenfalls vernommen, und sein selbstsicheres Auftreten verschwand spurlos und wich dem Eindruck bejammernswerter Furcht.

Das Geräusch kam näher und wurde von einem gedämpften Schleifen abgelöst, und dann waren weitere Töne unterschiedlicher Lautstärke zu vernehmen, die nach

Rutschen und Krabbeln klangen. Offenbar war der gesamte Flur davon erfüllt, als würde ein ganzes Rattenheer irgendein erbeutetes Aas über den Boden zerren. Und dennoch hätte kein Nagetier oder auch eine beliebige Anzahl davon solche Geräusche erzeugen oder etwas so Schweres wie jenen Gegenstand bewegen können, der dort bewegt wurde. Etwas haftete diesen Lauten an – etwas Namenloses, Unbestimmtes, das mir einen langsamen, eiskalten Schauer über den Rücken rieseln ließ.

»Großer Gott! Was ist denn bloß dieser Lärm?«, schrie ich auf.

»Die Ratten! Ich sage Ihnen, das sind nur die Ratten!« Carnbys Stimme hatte sich in ein schrilles hysterisches Kreischen verwandelt.

Einen Augenblick später erklang ein deutliches Klopfen an der Tür nahe der Schwelle. Zur gleichen Zeit hörte ich einen schweren Schlag im verschlossenen Schrank am anderen Ende des Zimmers. Carnby hatte aufrecht dagestanden, doch jetzt sank er schlaff in einen Sessel. Sein Gesicht wurde aschfahl, und seine Miene hatte sich vor Angst in die eines Wahnsinnigen verwandelt.

Der albtraumhafte Zweifel und die Anspannung wurden unerträglich, und ich stürzte zur Tür und riss sie trotz des hektischen Aufbegehrens meines Arbeitgebers auf. Ich hatte keine Ahnung, was ich erschauen würde, als ich über die Schwelle in den schwach erleuchteten Flur trat. Als ich nach unten blickte und das Ding sah, auf das ich fast getreten wäre, überkamen mich ein schwindelerregendes Erstaunen und Übelkeit.

Es handelte sich um eine am Gelenk abgetrennte menschliche Hand – eine knochige, bläuliche Hand wie die einer wochenalten Leiche. Gartenerde klebte an ihren Fingern und unter den langen Nägeln.

Das abscheuliche Etwas hatte sich bewegt! Es hatte sich vor mir zurückgezogen und kroch jetzt wie eine Art Krebs über den Gang. Und als ich ihm mit meinem Blick folgte, sah ich, dass sich dahinter noch weitere Körperteile befanden – einen erkannte ich als einen menschlichen Fuß, einen anderen als Unterarm. Ich wagte es nicht, mir die restlichen zu genau anzusehen. Sie krochen mit langsamen, abscheulichen Bewegungen wie ein Leichenzug von mir fort, und ich kann die Manier nicht beschreiben, in der sie sich bewegten, denn ihre individuelle Vitalität erfüllte mich mit unerträglichem Grauen. Mehr als die Kraft, die dem Leben selbst innewohnt, die Luft mit Aasgeruch gesättigt.

Ich wandte den Blick ab, trat in Carnbys Zimmer zurück und zog mit zitternder Hand die Tür hinter mir zu. Carnby stand mit dem Schlüssel in der Hand neben mir und drehte ihn im Schloss mit bebenden Fingern, die schwach wie die eines alten Mannes geworden schienen.

»Haben Sie sie gesehen?«, fragte er in einem heiseren, schwankenden Flüsterton.

»In Gottes Namen, was soll das alles bedeuten?«, schrie ich.

Carnby ging, vor Schwäche leicht taumelnd, zu seinem Sessel zurück. Seine Gesichtszüge verzerrten sich unter dem Nagen eines inneren Grauens, und er zitterte heftig, wie im Griff des Schüttelfrosts. Ich setzte mich auf einen Stuhl neben dem seinen, und dann brachte er stammelnd unter allerlei sinnlosen Lauten, Unterbrechungen und Zaudereien seine unglaubliche Beichte vor:

»Er ist stärker als ich … selbst im Tode noch, sogar nachdem ich seine Leiche mit Skalpell und chirurgischer

Säge zerstückelt habe. Ich dachte, dass er dann nicht zurückkehren könnte … Ich habe doch die Teile an einem Dutzend Stellen vergraben, im Keller, unter den Sträuchern, am Fuß der Efeuranken. Doch es ist wahr, was im Necronomicon steht … und Helman Carnby wusste es. Bevor ich ihn umbrachte, warnte er mich; er sagte mir, dass er zurückkehren würde – sogar in diesem Zustand.

Doch ich glaubte ihm nicht. Ich hasste Helman, und er hasste auch mich. Er hatte größere Macht, gewaltigeres Wissen erlangt und stand bei den Mächten der Finsternis in höherer Gunst als ich. Deshalb habe ich ihn ja auch umgebracht – meinen eigenen Zwillingsbruder, zugleich mein Bruder im Dienste Satans und jener Wesen, die vor Satan kamen. Viele Jahre lang hatten wir uns gemeinsam dem Studium hingegeben. Wir haben die schwarze Messe gefeiert und wurden von denselben Familiares umsorgt. Doch Helman Carnby war tiefer in das Reich des Okkulten, des Verbotenen vorgedrungen als ich, wohin ich ihm nicht zu folgen vermochte. Ich fürchtete mich vor ihm, und ich konnte seine Überlegenheit nicht ertragen.

Länger als eine Woche ist es nun schon her … zehn Tage, seit ich die Tat beging. Aber Helman … oder ein Teil von ihm … ist in jeder Nacht zurückgekehrt … Gott! Wie seine verfluchten Hände über den Boden krabbelten! Seine Füße, seine Arme, die oberen und unteren Schenkel, die auf unbeschreibliche Weise die Stufen hinaufsteigen, um mich zu quälen … Christus! Wie sein schrecklicher blutiger Rumpf mich belauert. Ich sage Ihnen, seine Hände sind sogar schon tagsüber gekommen, klopfen und scharren an meiner Tür … und im Dunkeln bin ich über seine Arme gestolpert.

O Gott! Dieses Entsetzen bringt mich noch um den Verstand. Aber das will er ja gerade, er will mich peinigen, bis mir das Hirn zerspringt. Deshalb quält er mich – Stück für Stück. Mit der teuflischen Macht, die ihm zu Gebote steht, könnte er das alles mit einem Schlag beenden. Er könnte seine zertrennten Glieder und seinen Leib zusammenfügen und mich erschlagen, wie ich ihn erschlagen habe.

Und ich habe doch so sorgsam die Teile vergraben, mir alles bis ins Kleinste durchdacht! Und wie sinnlos ist es gewesen! Die Säge und das Messer habe ich ebenfalls vergraben, dort im hintersten Winkel des Gartens, so weit wie möglich von seinen bösen, krabbelnden Händen entfernt. Aber den Kopf – den habe ich nicht mit den anderen Stücken vergraben –, den bewahre ich im Schrankregal hinten in meinem Zimmer auf. Manchmal habe ich gehört, wie er dort rumort, wie Sie ihn ja vor Kurzem auch gehört haben. Doch den Kopf braucht er gar nicht, sein Wille ist irgendwo anders versammelt und manifestiert sich im planvollen Handeln seiner Glieder.

Natürlich, als ich entdeckte, dass er wiederkehrte, verschloss ich in den Nächten alle Fenster und Türen … Doch es nützte nichts. Und ich habe ihn mit den passenden Banngesängen und Anrufungen zu vertreiben gesucht … mit allen, die ich kannte. Heute habe ich die machtvolle Formel aus dem Necronomicon ausprobiert, die Sie mir übersetzt haben. Deshalb habe ich Sie hierhergeholt – damit Sie sie mir übersetzen. Außerdem ertrug ich es nicht mehr, allein zu sein, und ich dachte, dass es etwas hilft, wenn sich noch jemand im Hause aufhält. Jene Formel ist meine letzte Hoffnung gewesen. Ich glaubte wirklich, dass sie ihn in Bann schlagen würde … Es ist eine uralte und urböse

Beschwörung. Aber Sie haben ja selbst gesehen, dass sie nichts nützt …«

Seine Stimme verfiel zu einem zusammenhanglosen Gemurmel, und er starrte mit blicklosen, unerträglichen Augen, in denen ich das Aufflackern des blanken Irrsinns sah, ins Leere. Mir fehlten die Worte – so unsäglich abscheulich schien sein Geständnis. Die Erschütterung all dessen, was ich für gut und richtig hielt, und das übernatürliche Grauen hatten mich sprachlos gemacht. Mein Denken und Empfinden waren wie vom Donner gerührt, und ich musste mich erst um einiges erholen, bis ich das unwiderstehliche Aufwallen einer Flut von Abscheu für den Mann neben mir verspürte.

Ich stand auf. Schweigen hatte sich auf das Haus gesenkt, als ob das aberwitzige Belagerungsheer der Leichenteile sich in seine Grabesbaracken zurückgezogen hatte. Carnby hatte den Schlüssel stecken lassen, und ich schritt zur Tür und schloss sie rasch auf.

»Gehen Sie etwa? Bleiben Sie!«, flehte Carnby mit zitteriger, angsterfüllter Stimme, als ich die Hand auf den Türknauf legte.

»O ja, ich gehe«, sagte ich mit kalter Stimme. »Ich kündige mit sofortiger Wirkung, und ich beabsichtige, meine Sachen zu packen und Ihr Haus so schnell wie möglich zu verlassen.«

Ich öffnete die Tür und lief aus dem Zimmer, ohne auf seine brabbelnd vorgebrachten Argumente und Betteleien zu hören. Hier und jetzt zog ich es vor, mich dem zu stellen, was mich vielleicht in dem düsteren Gang erwartete, wie grässlich und furchtbar es auch sein mochte, anstatt noch länger in der Gesellschaft von John Carnby zu verweilen.

Der Flur war leer, doch während ich zu meinem Zimmer hastete, erschauerte ich bei dem Gedanken an das, was ich gesehen hatte. Ich glaube, bei dem geringsten Geräusch, der geringsten Bewegung in den Schatten hätte ich laut aufgeschrien.

Mit dem Gefühl der äußersten zwanghaften Dringlichkeit begann ich, meine Reisetasche zu packen. Es schien mir, als könnte ich nicht rasch genug aus diesem Haus mit seinen abscheulichen Geheimnissen entfliehen, über dem wie ein Unwetter eine erstickende Bedrohung zu schweben schien. In meiner Hast misslangen mir einige Handgriffe: Ich stolperte über Stühle und mein Hirn und meine Finger wurden taub unter einem lähmenden Gefühl des Grauens.

Fast hatte ich meine Vorbereitungen abgeschlossen, da hörte ich langsame, regelmäßige Schritte die Treppe heraufkommen. Ich wusste, dass es nicht Carnby war, denn sobald ich aus seinem Zimmer gelaufen war, hatte er sich eingeschlossen; und mich befiel das sichere Gefühl, dass nichts ihn zum Herauskommen bewogen hätte. Außerdem hätte ich es sicherlich gehört, wäre er nach unten gegangen.

Die Schritte erreichten den obersten Absatz und gingen den Flur entlang an meiner Tür vorbei. Ihr Takt klang eintönig, tot, wie die regelmäßige Bewegung einer Maschine. Ganz sicher nicht das leise, nervöse Auftreten von John Carnby.

Wer konnte es dann sein? Mir stockte das Blut in den Adern. Die Vermutungen, die sich an die Oberfläche meines Verstandes drängten, wagte ich nicht zu vollenden.

Die Schritte verstummten, und ich wusste, dass sie an der Tür zu Carnbys Zimmer angekommen waren. Eine Pause trat ein, in der ich kaum Atem schöpfen konnte. Sodann hörte ich ein furchtbares Krachen und Bersten und darüber den gellenden Schrei eines Mannes im Griff der aberwitzigsten Angst.

Ich vermochte nicht, mich zu rühren, als hielt eine eiserne Hand mich gefangen, und ich weiß nicht, wie lange ich wartete und lauschte. Der Schrei erstarb rasch, und jetzt konnte ich nur noch ein leises, sonderbares, sich wiederholendes Geräusch vernehmen, das mein Verstand nicht zu deuten wagte.

Es war nicht mein eigener Wille, sondern eine überwältigende Macht, die mich schließlich in Bewegung setzte und über den Flur zu Carnbys Studierzimmer trieb. Ich spürte die Anwesenheit dieses Willens wie ein übermächtiges, übermenschliches Wesen – eine dämonische Gewalt, ein bösartiger Mesmerismus.

Die Tür des Zimmers war eingeschlagen worden und hing nur noch an einem Scharnier – geborsten wie unter der Einwirkung einer ungeheuren Gewalt, die Menschenkraft überstieg. Im Zimmer brannte noch eine Lampe, und das unaussprechliche Geräusch, das ich vernommen hatte, verstummte, als ich mich der Schwelle näherte. Ein böses, undurchdringliches Schweigen folgte.

Erneut hielt ich inne und konnte nicht weitergehen. Doch diesmal war es etwas anderes als jener höllische, alles durchdringende Magnetismus, der meine Glieder erstarren ließ und mich gefangen hielt. Als ich den schmalen Winkel des Zimmers ausspähte, der vom Türrahmen umfasst und von einer Lampe außerhalb meines Sichtfeldes erleuchtet wurde, sah ich einen Saum des Orientteppichs und die grässlichen Umrisse eines unbeschreiblich reglosen Schattens, der darüber auf den Boden geworfen wurde. Riesig war er, verlängert, missgestaltet, und dieser Schatten wurde offenbar vom Rumpf und den Armen eines nackten Mannes geworfen, der sich mit einer Chirurgensäge in der Hand vorbeugte. Darin lag auch seine Ungeheuerlichkeit: Obwohl die Schultern, die Brust, der Bauch und die Arme deutlich zu erkennen waren, wies der Schatten keinen Kopf auf und schien in einem abgetrennten Hals zu enden. In Anbetracht des Blickwinkels schien es unmöglich, dass der Kopf durch irgendeine Verkürzung mir hätte verborgen bleiben können.

Ich wartete. Es stand außerhalb meiner Macht, das Zimmer zu betreten oder mich zurückzuziehen. In einer eisig-trägen Flut strömte mir das Blut wieder zum Herzen, und jedweder Gedanke fror in meinem Hirn fest. Eine Zeitspanne des namenlosen Schreckens verstrich, und dann erklang aus der verborgenen Seite von Carnbys Zimmer aus der Richtung des verschlossenen Schrankregals ein furchtbares lautes Krachen, gefolgt vom Geräusch splitternden Holzes und ächzender Scharniere und dem unheimlichen, dumpfen Schlag eines unerkannten Gegenstandes auf dem Boden.

Wieder herrschte Schweigen – ein Schweigen, als würde das Böse nach vollzogener Tat über seinem namenlosen Triumph brüten. Der Schatten hatte sich nicht geregt. Seine Haltung gemahnte an scheußliche Nachdenklichkeit, und in der erhobenen Hand lag immer noch die Säge wie über getanem Werk.

Eine weitere Spanne verstrich, und dann wurde ich ohne eine Vorwarnung Zeuge des schrecklichen und unerklärlichen Zerfalls des Schattens, der sacht und mühelos in vielerlei verschiedenartige Schatten auseinanderbrach, bevor er meinem Sichtfeld entschwand.

Ich zögere, die Art und Weise zu beschreiben oder die Stellen zu benennen, an denen sich dieses einzigartige Auseinanderfallen, dieses mannigfaltige Zerbrechen ereignete.

Zugleich hörte ich das durch den Perserteppich gedämpfte Herabfallen eines metallischen Gegenstandes und einen Laut, als ob nicht ein Körper fiel, sondern viele Körper zu Boden stürzten.

Erneut herrschte Schweigen – das Schweigen eines nächtlichen Friedhofs, auf dem die Totengräber und die Ghoule ihre makabre Arbeit getan haben und die Toten wieder allein sind.

Ich wurde von dem bösen Mesmerismus angezogen, und wie ein Schlafwandler, den ein unsichtbarer Dämon leitet, betrat ich das Zimmer. Mit grausiger Klarheit wusste ich schon im Vorwege, welcher Anblick jenseits der Schwelle mich erwartete – der doppelte Haufen menschlicher Teile, einige von ihnen frisch und blutüberströmt, andere bereits bläulich unter der beginnenden Verwesung und von Erdflecken beschmutzt. Beiderlei Brocken lagen in schrecklichem Durcheinander auf dem Teppich.

Aus dem Haufen ragten ein gerötetes Messer und eine gleichermaßen befleckte Säge hervor. Ein wenig abseits zwischen dem Teppich und dem offenen Schrank mit seiner zerschmetterten Tür ruhte aufrecht ein Menschenkopf, der den anderen Überresten zugewandt war. Er befand sich im gleichen Zustand des beginnenden Verfalls wie die Leiche, zu der er gehört hatte; doch ich beschwöre, dass ich, als ich eintrat, den Rest einer boshaften Freude in seinem Gesicht verblassen sah. Auch unter den Anzeichen der Fäulnis, die auf ihnen lagen, sahen die Züge jenen von John Carnby entschieden ähnlich … Sie konnten offenbar nur einem Zwillingsbruder gehören.

Die grausigen Schlussfolgerungen, die meinen Verstand in einer schwarzen, klebrig feuchten Wolke erstickten, sollen hier keine Niederschrift finden. Das Grauen, dessen ich gewahr wurde – und das noch größere Grauen, das ich dahinter vermutete –, hätte die übelsten Grässlichkeiten der Hölle in ihren froststarren Grüften zur Nichtigkeit werden lassen.

Nur eine Linderung gab es, eine einzige Gnade: Ich musste dieses unerträgliche Tableau nur für wenige Augenblicke ansehen. Dann spürte ich auf einmal, dass etwas sich aus dem Zimmer zurückgezogen hatte. Der böse Bann war gebrochen, der übermächtige Wille, der mich versklavt hatte, nicht länger hier. Er hatte mich freigegeben, wie er auch die zerstückelte Leiche des Helman Carnby freigegeben hatte. Ich war wieder mein eigener Herr. Hals über Kopf floh ich aus der grausigen Kammer durch ein unbeleuchtetes Haus in die Finsternis der Nacht hinaus.

Die Geschichte des Satampra Zeiros

Ich, Satampra Zeiros von Uzuldarum, werde mit meiner linken Hand, die mir als einzige geblieben ist, all das aufschreiben, was Tirouv Ompallios und mir selbst im Heiligtum des Gottes Tsathoggua widerfuhr, das von seinen Kultanhängern vergessen in den vom Dschungel eroberten Randbezirken Commorioms steht, jener seit Langem schon ausgestorbenen Hauptstadt der hyperboreischen Herrscher. Ich werde die Geschichte mit dem violetten Saft der *Suvana*-Palme niederschreiben, der mit dem Verstreichen der Jahre zu einem blutfarbenen Rot nachdunkelt, und auf dickem Pergament, das aus der Haut des Mastodons gefertigt wurde – als eine Warnung an alle edlen Diebe und Abenteurer, die eine gewisse lügnerische Legende über die verschollenen Schätze Commorioms aufschnappen und dadurch in Versuchung geführt werden könnten.

Tirouv Ompallios war mein lebenslanger Freund und mein verlässlicher Kamerad bei all jenen Unternehmungen, die flinke Finger und eine sowohl wendige wie auch findige Begabtheit erfordern. Ohne mir oder auch Tirouv Ompallios ungebührlich zu schmeicheln, darf ich wohl sagen, dass wir mehr als nur ein einziges Unterfangen zu überragendem Erfolg führten, vor dem Zunftbrüder von weit größerem Ruf als wir selbst höchstwahrscheinlich schaudernd zurückgeschreckt wären.

Um deutlicher zu werden: Ich spreche von dem Diebstahl der Juwelen von Königin Cunambria, die in einem Raum verwahrt wurden, worin drei Dutzend Giftechsen frei umherstreiften; und von dem Aufbrechen der stahlharten Schatulle von Acromi, worin sämtliche Gedenkmünzen zur Erinnerung an eine frühe Dynastie hyperboreischer Könige lagen. Es stimmt, dass es schwierig und gefährlich war, diese Münzen loszuwerden, und dass wir sie mit argem Verlust an den Kapitän eines Barbarenschiffes aus dem fernen Lemurien verkauften. Und dennoch war das Aufbrechen jener Schatulle ein ruhmvolles Meisterstück, denn es musste in vollkommener Stille durchgeführt werden, da in unmittelbarer Nähe ein Dutzend Posten Wache hielten, von denen jeder einen Dreizack als Waffe trug. Wir bedienten uns einer seltenen und ätzenden Säure … Aber ich sollte nicht weit und wortreich abschweifen, mag es auch noch so verlockend sein, in glorreichen Erinnerungen und im blendenden Glanz kühner und listenreicher Taten zu schwelgen.

In unserem Beruf muss man die Launen des Schicksals stets einkalkulieren – und die Göttin Zufall teilt ihre Gunst nicht immer freigiebig aus. So kam es, dass Tirouv Ompallios und ich uns zu der Zeit, über die ich schreibe, einem Liquiditätsengpass gegenübersahen, der zwar nicht von Dauer, aber dennoch prekär war und auch sehr leidig und lästig, da er im Gefolge glücklicherer Tage und profitablerer Nächte auftrat. Die Menschen waren höllisch vorsichtig mit ihren Juwelen und sonstigen Kostbarkeiten geworden, Fenster und Türen wurden doppelt gesichert, man gebrauchte neuartige und vertrackte Schlösser, Wächter waren wachsamer oder weniger schläfrig geworden – kurz gesagt: Sämtliche natürliche Schwierigkeiten unseres Berufs hatten sich vervielfacht.

Zeitweilig mussten wir uns auf den Diebstahl sperrigerer und weniger kostbarer Waren beschränken, als wir zu verwerten gewohnt waren; und sogar dies ging nicht ohne Gefahr ab. Selbst jetzt noch denke ich zutiefst beschämt an jene Nacht zurück, als wir beinahe mit einem Sack Kartoffeln geschnappt worden wären; und dies erwähne ich, damit man mich nicht für einen Aufschneider halte.

Eines Nachts machten wir in einer Gasse des ärmeren Viertels von Uzuldarum halt, um unsere verfügbaren Barmittel abzuzählen. Wir entdeckten, dass wir beide gemeinsam exakt drei *Pazoor* besaßen – genug um eine große Flasche Granatapfelwein oder zwei Brotlaibe zu erstehen. Wir beratschlagten, wie das Geld am besten anzuwenden sei.

»Das Brot«, machte Tirouv Ompallios geltend, »wird unsere Körper stärken, es wird unseren matten Gliedern und müden Fingern neue Kraft und Flinkheit verleihen.«

»Der Granatapfelwein«, hielt ich dagegen, »wird unsere Gedanken erheben, er wird unseren Geist anregen und erleuchten und mit etwas Glück wird er uns einen Weg weisen, wie wir unserer gegenwärtigen Misslichkeit entrinnen können.«

Tirouv Ompallios fügte sich ohne unbillige Widerrede meinen überlegenen Argumenten und so traten wir durch die Tür einer nahe gelegenen Taverne. Der Wein war nicht der beste, was den Geschmack betrifft, doch bezüglich Menge und Stärke erfüllte er alle Erwartungen. Wir saßen in der übervollen Schankstube und süffelten ihn gemächlich, bis das ganze Feuer der leuchtend roten Flüssigkeit in unseren Gehirnen loderte. Die Dunkelheit und Ungewissheit unserer künftigen Wege wurde vertrieben wie von rosarotem

Fackelschein und unser herber Blick auf die Welt wurde wundersam gemildert. Sogleich kam mir eine Eingebung.

»Tirouv Ompallios«, sagte ich, »gibt es irgendeinen Grund, warum du und ich, Männer von Mut und in keiner Weise angekränkelt von den Ängsten und dem Aberglauben der breiten Masse, uns nicht am Kronschatz von Commoriom bereichern sollten? Eine Tagesreise fern von dieser öden Stadt, eine angenehme Landpartie, ein Nachmittag oder Vormittag im Dienst der archäologischen Forschung – und wer weiß, worauf wir am Ende stoßen werden?«

»Du spricht beherzt und weise, mein lieber Freund«, erwiderte Tirouv Ompallios. »Fürwahr, es gibt keinen Grund, warum wir unsere erschöpften Finanzen nicht auf Kosten von ein paar toten Königen oder Göttern auffrischen sollten.«

In jenen Tagen war Commoriom, wie alle Welt weiß, eine Geisterstadt, ausgestorben schon seit vielen Hundert Jahren, nachdem die Weiße Seherin von Polarion allen sterblichen Geschöpfen, die innerhalb des Umlandes der Metropole auszuharren wagten, ein entsetzliches, wenn auch rätselhaftes Verhängnis geweissagt hatte. Manche behaupteten, dieses Verhängnis würde eine Seuche aus der nördlichen Wüste sein, die auf den Trampelpfaden der Urwaldvölker eingeschleppt wird; andere glaubten an eine Art von Wahnsinn – doch wie auch immer: Niemand, weder König noch Priester, weder Arbeiter noch Dieb, blieb in Commoriom, um das Verhängnis zu erwarten. Alle flüchteten in einem einzigen Massenauszug, um eine Tagesreise entfernt die neue Hauptstadt Uzuldarum zu gründen.

Seither sind bezüglich Commorioms seltsame Geschichten im Umlauf – Geschichten über Schrecken und Gräuel, die der Mensch weder zu erdulden noch zu bezwingen vermag und die auf ewig die verlassenen Schreine und Mausoleen und Paläste heimsuchen. Doch noch immer steht diese Geisterstadt in marmornem Schimmer, in granitener Pracht, als eine Häufung von Türmen und Kuppeln und Obelisken, die noch kein einziger der mächtigen Urwaldbäume überragt, inmitten eines fruchtbaren Tals im Herzen Hyperboreas. Und die Menschen raunen, dass in seinen unzerstörten Gewölben seit alters unberührt und ungeplündert der sagenhafte Reichtum uralter Herrscher ruht. Noch immer sollen die stolzen Gräber jene Juwelen und Edelmetalle bewahren, die gemeinsam mit den Mumien von Königen und Priestern bestattet wurden. Die Gotteshäuser sollen noch immer ihre goldenen Altargefäße und Kultgegenstände bergen, und noch immer sollen die Götzen ihre kostbaren Edelsteine in Auge und Mund, auf Brust und Stirne tragen.

Ich glaube, wir hätten uns in ebenjener Nacht auf den Weg machen sollen, wären uns nur der Ansporn und die Eingebung zuteilgeworden, die uns eine zweite Flasche Granatapfelwein geschenkt hätte. So jedoch beschlossen wir, im Morgengrauen aufzubrechen. Der Umstand, dass unsere Reisekasse leer war, hatte wenig zu bedeuten, denn sofern unsere einstige Geschicklichkeit uns nicht verlassen hatte, konnten wir vom unbedarften Landvolk einen bescheidenen, wenn auch unfreiwilligen Obolus einziehen. Bis es so weit war, kehrten wir in unsere Unterkunft zurück, wo der Wirt uns einen höchst ungnädigen Empfang bereitete, indem er barsch sein Mietgeld einforderte. Doch die goldenen Verheißungen des nächsten Tages hatten uns gegen solch geringfügige Unbill gewappnet, und wir schoben den Burschen mit einer Verachtung aus dem Weg, die ihn zu verblüffen, wenn nicht gar zu überwältigen schien.

Wir schliefen uns aus, und die Sonne war bereits weit an der azurblauen Himmelswand emporgestiegen, als wir die Tore Uzuldarums hinter uns ließen und die nordwärtige Straße nahmen, die nach Commoriom führte. Zum Frühstück erquickten wir uns an einigen Honigmelonen und einem gestohlenen Huhn, das wir im Wald zubereiteten, ehe wir unseren Weg fortsetzten. Trotz der zunehmenden Ermüdung, die uns gegen Tagesende erfasste, hatten wir eine angenehme Reise, denn die wechselnden Landschaften, durch die wir kamen, boten uns ebenso wie ihre Bewohner manche Ablenkung. Einige dieser Bewohner werden, wie ich überzeugt bin, mit Bedauern an uns zurückdenken, denn wir versagten uns nichts, das in Reichweite unserer flinken Finger geriet und unsere Begehrlichkeit weckte.

Es war eine hübsche Gegend mit zahlreichen Bauernhöfen, Obsthainen, Flüssen und grünen, blütenprächtigen Wäldern. Schließlich erreichten wir im Verlaufe des Nachmittags die einstige, seit Langem unbenutzte und beinahe zugewucherte Straße, die vom Hauptverkehrsweg abzweigt und durch den älteren Urwald nach Commoriom verläuft.

Niemand sah, wie wir diese Straße betraten, und auch später begegneten wir keiner Seele. Mit einem einzigen Schritt ließen wir die Menschenwelt hinter uns; es schien, als wäre die Stille des Waldes um uns herum seit dem legendären Auszug des Königs und seines Volkes vor so vielen Jahrhunderten niemals mehr von menschlichen Schritten gestört worden. Die Bäume waren riesiger als alle, die wir je zuvor gesehen hatten, und sie waren verwoben durch ein endloses Labyrinth, durch ein ewiges Netz zahlloser Schlinggewächse, die wohl ebenso alt waren wie sie selbst. Die Blumen erschienen uns krankhaft vergrößert, ihre Blütenblätter schimmerten in tödlicher Blässe oder blutroter Scharlachfarbe – und sie rochen entweder überwältigend süß oder stanken abscheulich. Die Früchte, die wir unterwegs erblickten, waren groß und prall und leuchteten violett und orangefarben und rostbraun, doch aus einem unbestimmten Grund heraus wagten wir nicht, sie zu verzehren.

Der Wald wurde üppiger und unwegsamer, je weiter wir vordrangen, und die Straße, obschon mit Granitplatten gepflastert, war mit jedem Meter stärker zugewachsen, da Bäume in den Rissen und Fugen Wurzeln geschlagen und die großen Blöcke auseinandergetrieben hatten. Obwohl die Sonne noch nicht den Horizont berührte, wurden die Schatten, worin gewaltige Baumstämme und ihr Astwerk uns tauchten, immer dichter, und wir bewegten uns durch ein dunkelgrünes Zwielicht voll bedrückender Aromen üppiger Vegetation und pflanzlicher Fäulnis. Es gab weder Vögel noch andere Tiere, wie man sie in jedem normalen Wald erwarten würde, doch ab und zu schlängelte sich der bleiche, fette Schuppenleib einer verstohlenen Natter auf der Flucht vor unseren Stiefeln ins wuchernde Blattwerk am Rande der Straße, oder ein übergroßer Falter mit grotesk getupften Flügeln von bösartiger Färbung flatterte vor uns davon und tauchte in die Düsternis des Urwalds ein. Purpurrote Fledermäuse mit Augen gleich winzigen Rubinen, die schon zur Dämmerung ihre Verstecke verlassen hatten, erhoben sich bei unserem Herankommen von den giftig aussehenden Früchten, an denen sie sich gütlich taten, und beobachteten uns mit unheilvollem Interesse, während sie lautlos über unseren Häuptern in der Luft kreisten. Bald beschlich uns auch das unbestimmte Gefühl, von anderen, unsichtbaren Kreaturen beobachtet zu werden, und eine scheue Furcht erfasste uns, eine vage Angst vor dem monströsen Urwald. Wir sprachen jetzt nicht mehr laut, noch oft, sondern wechselten nur noch vereinzelt geflüsterte Worte miteinander.

Unterwegs war es uns gelungen, neben anderem eine große lederne Flasche mit Palmwein zu erbeuten. Ein paar Mundvoll der beißend scharfen Flüssigkeit hatten bereits mehr als einmal geholfen, die Mühsal unserer Reise zu lindern, und sie kam uns jetzt sehr zustatten. Jeder von uns beiden nahm einen tiefen Schluck, und mit einem Mal erschien der Urwald weniger Furcht erweckend. Nun fragten wir uns, weshalb wir der Stille und der Düsternis, den lauernden Fledermäusen und der brütenden Gewaltigkeit unserer Umgebung gestattet hatten, auch nur für kurze Zeit unsere Laune zu trüben – und ich glaube, nach einem zweiten Schluck begannen wir sogar zu singen.

Als nach Sonnenuntergang die Dämmerung aufzog und der Mond hoch am Firmament leuchtete, hatte das Abenteuerfieber uns so sehr gepackt, das wir beschlossen, uns zu beeilen und Commoriom noch in derselben Nacht zu erreichen. Unser Abendbrot bestand aus Speisen, die wir dem Landvolk entwendet hatten, und die lederne Flasche ging mehrmals zwischen uns hin und her. Sattsam gestärkt und von Mut und hehrem Abenteuergeist erfüllt, setzten wir unseren Weg fort.

Das Ziel lag jetzt nicht mehr fern. Noch während wir mit einer Begeisterung, die uns die lange Reise vergessen ließ, darüber parlierten, welche Kostbarkeiten wir aus all den fantastischen Schätzen von Commoriom zuerst als Beute wählen würden, erspähten wir im Mondschein den Schimmer von

Marmorkuppeln über den Baumwipfeln, und kurz darauf zwischen den Ästen und Stämmen die fahlen Pfeiler schattendunkler Säulengänge. Noch ein paar Schritte, und wir wandelten über gepflasterte Straßen, die vom Hauptverkehrsweg abzweigten, der uns hergeführt hatte, hinein in die großen, üppigen Wälder zu beiden Seiten, wo die Wedel mächtiger Palmfarne die Dächer uralter Häuser überragten.

Wir hielten inne, und abermals ließ die Stille unvordenklicher Verlassenheit unsere Lippen verstummen. Denn die Häuser waren weiß und verschwiegen wie Grabkammern, und die tiefen Schatten, die alles einhüllten, waren kalt und finster und geheimnisvoll wie der ureigene Schatten des Todes. Es erweckte den Eindruck, als schiene die Sonne schon seit Ewigkeiten nicht mehr auf diesen Ort – als hätte nichts Wärmeres denn die geisterhaften Strahlen des leichenfahlen Mondes den Marmor und den Granit seit jener Massenflucht berührt, welche die Weissagung der Weißen Seherin von Polarion ausgelöst hatte.

»Ich wünschte, wir hätten Tageslicht«, murmelte Tirouv Ompallios. Seine gedämpft hervorgebrachten Laute klangen sonderbar zischend, tönten unnatürlich laut in der Todesstille.

Ich ermahnte ihn: »Tirouv Ompallios, ich vertraue darauf, dass du nicht abergläubisch wirst. Ungern möchte ich sehen, dass du den kindischen Einbildungen des dummen Bauernvolks erliegst. Doch egal – wir wollen uns noch einen Trunk genehmigen.«

Wir erleichterten die lederne Flasche beträchtlich, als wir uns an ihrem Inhalt labten, und wurden dadurch wunderbar frohgemut – so sehr sogar, dass wir umgehend darangingen, eine linker Hand abzweigende Allee zu erkunden, die, obwohl sie mit mathematischer Geradlinigkeit angelegt worden war, bereits in kurzer Entfernung zwischen den Palmblättern verschwand.

Hier entdeckten wir etwas abseits der übrigen Gebäude auf einer Art von Lichtung, die der Urwald noch nicht völlig vereinnahmt hatte, einen kleinen Tempel von altertümlicher Architektur. Er erweckte den Eindruck, weitaus älter als alle benachbarten Gebäude zu sein. Auch in seinem Baumaterial unterschied er sich von diesen, denn er bestand aus einem dunklen Basaltgestein, das dicht mit Flechten überwuchert war, die kaum weniger alt erschienen. Der Tempel hatte einen quadratischen Grundriss und besaß weder Kuppeln noch Türme, auch keine Säulenfront, und nur ein einziges Fenster weit oberhalb des Bodenniveaus. Derartige Tempel sind heutzutage selten in Hyperborea; doch wir erkannten in ihm ein Heiligtum des Tsathoggua, eines der Älteren Götter, der von Menschen nicht mehr verehrt wird. Es heißt jedoch, dass vor seinen aschfarbenen Altären die wilden, verborgen lebenden Tiere des Urwalds – der Affe, das Riesenfaultier, der fangzahnbewehrte Tiger – dabei beobachtet wurden, wie sie ihm huldigten, und bisweilen vernehme man das Winseln und Heulen ihrer unverständlichen Gebete.

Der Tempel war ebenso wie die übrigen Gebäude nahezu vollkommen erhalten: Die einzigen Verfallszeichen offenbarten sich in dem behauenen Türsturz, der an verschiedenen Stellen Risse aufwies und bröckelte. Die Tür selbst, aus dunkler, im Laufe der Zeit von Grünspan überzogener Bronze gegossen, stand einen Spaltbreit offen. Im Wissen, dass das Tempelinnere ein juwelengeschmücktes Götzenbild enthalten musste, ganz zu schweigen von den zahlreichen

Altargefäßen aus kostbaren Metallen, verspürten wir den Stachel der Versuchung.

In der Annahme, dass Körperkraft vonnöten sein würde, um die von Patina überkrustete Tür aufzustemmen, tranken wir einige tiefe Schlucke und machten uns dann ans Werk. Natürlich waren die Scharniere verrostet; und nur vermöge kraftvollen und unermüdlichen Drucks begann die Tür schließlich nachzugeben. Als wir ihr in einem zweiten Anlauf zu Leibe rückten, schwang sie langsam nach innen, wobei sie ein grässliches Knirschen und Quietschen von sich gab, das zu einem geradezu lebendigen Schrei anschwoll, in dem wir die Stimme einer nicht menschlichen Wesenheit zu vernehmen glaubten. Vor uns gähnte das schwarze Innere des Tempels, aus dem der Mief abgestandener Fäulnis, gemischt mit einem sonderbaren und fremdartigen Gestank, hervorquoll. Doch schenkten wir dem in der natürlichen Erregung des Augenblicks wenig Beachtung.

Dank der mir eigenen Voraussicht hatte ich mich früher am Tage mit einem harzgetränkten Aststück versehen, in der Vermutung, es könnte uns bei einer möglichen nächtlichen Erforschung Commorioms gute Dienste leisten. Ich entfachte diese Fackel, und wir betraten das Heiligtum.

Sein Inneres war mit mächtigen fünfeckigen Platten gefliest, die aus dem gleichen Material bestanden, aus dem die Mauern gefügt waren. Der Raum war ziemlich leer, abgesehen von dem Standbild des Gottes, das am gegenüberliegenden Ende thronte, und von dem doppelstufigen Altar aus obszön verziertem Metall vor dem Standbild und von einem sonderbar aussehenden Bronzebecken, das auf einem Dreifuß ruhend die Mitte des Fußbodens einnahm. Ohne diesem Becken weiter Beachtung zu schenken, stürmten wir vorwärts, und ich schleuderte meine Fackel in das Antlitz des Götzenbildes.

Ich hatte noch nie zuvor ein Abbild Tsathogguas erblickt, doch erkannte ich ihn problemlos aufgrund der mir geläufigen Beschreibungen. Er war plump und schmerbäuchig, sein Schädel glich mehr dem einer ungeheuren Kröte als dem einer Gottheit. Sein gesamter Leib war mit der Nachbildung eines kurzen Fells bedeckt, sodass er entfernt sowohl an eine Fledermaus als auch an ein Faultier gemahnte. Seine schläfrigen Lider hingen halb über seinen vortretenden, kugelförmigen Augen und die Spitze einer wunderlichen Zunge ragte aus seinem fetten Mund. Ehrlich gesagt war er keine erhabene und ansehnliche Gottheit und ich wunderte mich nicht über das Ende seines Kultes, der zu allen Zeiten nur sehr niedrige und primitive Menschen angesprochen haben konnte.

Tirouv Ompallios und ich begannen gleichzeitig, die Namen kultivierterer und zivilisierterer Gottheiten für Verwünschungen zu missbrauchen, als wir erkannten, dass noch nicht einmal der gewöhnlichste Halbedelstein irgendwo aufglänzte, weder an noch in irgendeinem Teil von Gesicht oder Körper dieses abscheulichen Götzenbildes. Mit einer Knausrigkeit ohne Beispiel waren sogar die Augen aus dem gleichen glanzlosen Stein gemeißelt wie der Rest dieses widerwärtigen Dinges. Mund, Nase, Ohren und sämtliche übrigen Öffnungen waren unverziert. Wir konnten über den Geiz oder die Armut der Kreaturen, die diese einzigartige Abnormität hervorgebracht hatten, nur staunen.

Nun, da unser Sinn nicht mehr von der Hoffnung auf sofortige Reichtümer gebannt war, kam uns unsere Umgebung deutlicher zu Bewusstsein. Dies galt vor allem für den fremdartigen Gestank, den ich bereits erwähnte und der sich inzwischen unangenehm verdichtet hatte. Wir bemerkten, dass er aus dem Bronzebecken aufstieg, das wir nun näher in Augenschein nahmen, wenn auch ohne die mindeste Erwartung, dass diese Begutachtung profitabel oder auch nur erfreulich ausfallen würde.

Das Becken war, wie ich schon sagte, sehr groß; sein Durchmesser betrug nicht weniger als zehn Meter, seine Tiefe fünf Meter. Sein Rand reichte einem aufrecht stehenden Mann bis zur Schulter. Die Beine des Dreifußes, der das Becken trug, waren geschwungen und massiv und endeten in löwenartigen Tatzen, die ihre Krallen zeigten. Als wir näher traten und über den Rand des Beckens spähten, erkannten wir, dass es eine zähe, halb flüssige Substanz enthielt, die ziemlich trübe und von rußiger Farbe war. Sie war es, die den Geruch verbreitete – einen Geruch, der zwar beispiellos widerlich, aber dennoch kein Verwesungsgestank war, sondern an die Ausdünstung irgendeines ekelhaften und unreinen Sumpfgeschöpfes erinnerte. Das Miasma, das von dem Beckeninhalt aufstieg, war fast nicht zu ertragen. Wir wandten uns bereits ab, als wir ein schwaches Beben auf seiner Oberfläche wahrnahmen, so als würde die rußfarbene Flüssigkeit von unten durch irgendein darin verborgenes Tier oder sonstiges Wesen aufgerührt.

Das Beben nahm rasch zu, die Mitte des schwarzen Flüssigkeitsspiegels quoll auf wie unter dem Gärvorgang eines starken Hefepilzes und wir wurden zu höchst entsetzten Zeugen, wie ein ungeschlachter, formloser Schädel mit trüben, vorstehenden Augen allmählich auf einem immer länger werdenden Hals emporwuchs und uns mit urtümlicher Bosheit anstarrte. Anschließend kamen Zoll für

Zoll zwei Arme – falls man sie Arme nennen konnte – zum Vorschein. Wir erkannten, dass dieses Etwas nicht, wie wir geglaubt hatten, eine in die Flüssigkeit abgetauchte Kreatur war, sondern dass die Flüssigkeit selbst ihren abscheulichen Hals und Kopf emporreckte und nun diese grässlichen Arme ausformte, von denen tentakelartige Fortsätze nach uns fingerten, die ihnen Klauen oder Hände ersetzten!

Eine Furcht, wie sie sogar Albträume nicht gebären und von der wir selbst in unseren gefahrvollsten nächtlichen Unternehmungen nicht den leisesten Vorgeschmack gekostet hatten, raubte uns das Sprachvermögen, wenn auch nicht den Gebrauch der Füße. Wir wichen ein paar Schritte von dem Becken zurück, und entsprechend unserer Absetzbewegung tauchten der schreckliche Hals und die Arme weiter empor.

Dann begann der gesamte dunkle Beckeninhalt sich zu erheben, und weit schneller, als der *Suvana*-Saft aus meiner Feder fließt, ergoss er sich über den Beckenrand wie ein Sturzbach schwarzen Quecksilbers und nahm, sobald er den Boden berührte, eine wabernde, schlangenähnliche Gestalt an, die augenblicklich mehr als ein Dutzend kurzer Beine ausbildete.

Welch unvorstellbarer Schrecken protoplasmatischen Lebens, welch widrige Ausgeburt uranfänglichen Schleims hier hervorgekrochen kam, um auf uns loszugehen – an diese Frage verschwendeten wir nicht eine einzige Sekunde. Die Monstrosität war zu furchtbar, um auch nur die flüchtigste Besinnung zu gestatten. Überdies waren ihre Absichten unverkennbar feindselig und ließen auf menschenfresserische Neigungen schließen, denn das Ding glitt mit rasender Geschwindigkeit und raschen Bewegungen auf uns zu und riss, als es herankam, ein zahnloses Maul von erstaunlichem Fassungsvermögen auf. Als dieser höhlenartige Schlund uns entgegenklaffte und eine Zunge offenbarte, die sich einer langen Schlange gleich entrollte, gähnten die Kiefer des Ungeheuers mit der gleichen außerordentlichen Dehnbarkeit, die all seine Bewegungen begleitete.

Wir erkannten, dass unser Abschied vom Tempel des Tsathoggua jetzt dringlichst geboten war, und indem wir sämtlichen Abscheulichkeiten jenes Unheiligtums den Rücken kehrten, überquerten wir seine Schwelle mit einem einzigen Satz und rannten Hals über Kopf im Mondschein durch die Vororte von Commoriom. Wir bogen um jede sich bietende Hausecke, wir folgten unseren eigenen Fußspuren hinter den Palästen längst vergessener Edelleute und den Lagerhallen unerinnerter Händler und hielten uns möglichst an jene Abschnitte, wo die verwachsenen Urwaldbäume am höchsten und dichtesten standen - und endlich, auf einer Nebenstraße, von wo aus man die äußersten Häuser nicht mehr zu sehen vermochte, hielten wir inne und wagten es, einen Blick zurückzuwerfen.

Unsere überbeanspruchten Lungen platzten fast nach der gewaltigen Anstrengung, und die zahlreichen Strapazen, die wir an diesem Tag durchgestanden hatten, forderten ihren unerbittlichen Tribut - doch als wir das schwarze Ungeheuer erblickten, das uns noch immer auf den Fersen war und uns mit schlängelnder, fließender Mühelosigkeit einem Wasserfall gleich verfolgte, der sich über eine hohe Klippe ergießt, wurden unsere matten Gliedmaßen wundersam belebt. Wir tauchten aus dem verräterischen Licht der Nebenstraße in den weglosen Urwald ein und hofften so, unserem Verfolger in dem Labyrinth aus Baumstämmen und Schlingpflanzen und gigantischen Blättern zu entwischen. Wir stolperten über Wurzeln und umgestürzte Bäume, wir rissen uns am wilden Dorngestrüpp Haut und Kleider auf, wir rannten im Halblicht gegen uralte Baumriesen und biegsames Jungholz, das uns entgegenschnellte, wir hörten das Zischen von Baumschlangen, die aus dem Geäst ihr Gift auf uns herabspien, und das Grunzen und Heulen unsichtbarer Tiere, die während unserer panischen Flucht unter unsere Füße gerieten. Doch wagten wir nicht, ein weiteres Mal stehen zu bleiben oder zurückzublicken.

Wir mussten unser kopfloses Voraneilen stundenlang fortgesetzt haben. Der Mond, der uns durch das dichte Blattwerk hindurch kaum Licht gespendet hatte, sank zwischen den riesigen Blättern der Palmen und den verwobenen Schlingpflanzen tiefer und tiefer. Doch als er unterging, waren seine letzten Strahlen unsere einzige Rettung vor einem stinkenden Sumpf, der sich trügerisch mit Hügeln und Grasbüscheln tarnte. Gnadenlos getrieben rannten wir ohne Halt und Rast durch das tückische Moorgebiet und dicht am pestigen Ufer des Sumpfes entlang, immer den höllischen Verfolger im Nacken.

Jetzt, da der Mond verschwunden war, wurde unsere Flucht noch verzweifelter und halsbrecherischer – ein wahres Delirium aus Grauen, Erschöpfung, Orientierungslosigkeit und einem ungeheuer schwierigen Vorankommen inmitten von Hindernissen, die uns inzwischen kaum noch zu Bewusstsein drangen, durch eine Nacht, die an uns hing und uns hemmte wie eine böse Bürde, wie die Fangfäden eines monströsen Netzes.

Es hatte den Anschein, als könnte die Kreatur, die uns jagte, uns mit ihren unfassbaren Fähigkeiten der Bewegung und der Körperstreckung jederzeit einholen; doch offenkundig fand sie Vergnügen daran, das Spiel auszudehnen. Und so schritt die Nacht in einer scheinbar endlosen Verlängerung ungewisser Schrecken dahin … Aber niemals wagten wir zurückzublicken.

Weit entfernt und fahl, zog ein flimmerndes Zwielicht zwischen den Bäumen auf – ein Vorbote des kommenden Morgens. Müder als die Toten und voller Verlangen nach irgendeiner Rast, irgendeiner Sicherheit, und wäre es die eines namenlosen Grabes, rannten wir auf das Licht zu, und irgendwann taumelten wir aus dem Urwald auf eine gepflasterte Straße hinaus, die zwischen Bauten aus Marmor und Granit verlief. Dunkel und vage, erkannten wir trotz der zermalmenden Last der Erschöpfung, dass wir im Kreis geirrt und zu den Vororten von Commoriom zurückgekehrt waren. Vor uns, kaum einen Speerwurf entfernt, stand der dunkle Tempel des Tsathoggua.

Noch einmal wagten wir zurückzuschauen und erblickten das geschmeidige Ungeheuer, dessen Beine jetzt in die Länge gewachsen waren, sodass es über uns emporragte, und dessen Schlund groß genug war, um uns beide mit einem Bissen zu verschlingen. Es folgte uns mit einem mühelosen Gleiten, mit einer Unbeirrbarkeit der Bewegung und in allzu grässlicher, allzu grausamer Absicht, um es zu ertragen. Wir rannten in den Tempel des Tsathoggua, dessen Pforte noch immer offen stand, so wie wir ihn verlassen hatten, und nachdem wir die Tür in panischer Hast zugedrückt hatten, gelang es uns mit der übermenschlichen Kraft unserer Verzweiflung, einen der eingerosteten Riegel vorzulegen.

Und nun, während die kalte Düsternis der Morgendämmerung schmalen Balken gleich durch die hoch in die

Wände eingelassenen Fenster brach, versuchten wir mit wahrlich heldenhafter Schicksalsergebenheit, wieder zu uns selbst zu finden, und sahen dem entgegen, was immer das Schicksal uns zugedacht hatte. Und während wir warteten, glotzte der Gott Tsathoggua zu uns her mit einer sogar noch idiotischeren Plumpheit und Widerwärtigkeit und Grausamkeit, als er sie im Schein der Fackeln gezeigt hatte.

Ich glaube erwähnt zu haben, dass der Türsturz des Tempeleingangs an verschiedenen Stellen zerbröckelt und rissig war. Die einsetzende Baufälligkeit hatte sogar drei Öffnungen hinterlassen, durch die jetzt das Tageslicht hereindrang und die groß genug waren, um kleinen Tieren oder großen Schlangen Durchlass zu gewähren. Aus irgendeinem Grund hingen unsere Blicke an diesen Öffnungen.

Wir hatten noch nicht lange so gestarrt, als das Licht in allen drei Öffnungen plötzlich verdeckt wurde. Gleich darauf begann eine schwarze Masse durch sie hindurchzusickern. Als dreifaches Rinnsal floss sie an der Tür zu den Bodenplatten hinab, wo die Rinnsale wieder zusammenströmten und die Gestalt der Abnormität annahmen, die uns gejagt hatte.

»Leb wohl, Tirouv Ompallios!«, rief ich mit dem letzten Rest an Atem, den ich aufbieten konnte. Dann schoss ich los und kauerte mich hinter das Standbild des Tsathoggua. Es war groß genug, um mich vor Blicken zu verbergen, doch leider zu klein, um mehr als einem Menschen diesen Dienst zu erweisen. Tirouv Ompallios wäre mir mit diesem löblichen Einfall zur Selbsterhaltung fast zuvorgekommen, doch war ich schneller als er. Und als mein Gefährte erkannte, dass hinter Tsathogguas Kehrseite nicht genug Platz für uns beide war, erwiderte er meinen Abschiedsgruß und kletterte in das große Bronzebecken, das allein inmitten der Kahlheit des Gotteshauses jetzt noch einen Lidschlag lang Deckung bieten konnte.

Ich spähte hinter dem abscheulichen Gott hervor, dessen einziger Vorzug im Umfang seines Wanstes und seines fetten Hinterns bestand, und beobachtete, was das Monster tat. Kaum hatte Tirouv Ompallios sich in dem dreibeinigen Becken klein gemacht, als die namenlose Ungeheuerlichkeit sich einer rußfarbenen Säule gleich aufrichtete und dem Becken näherte. Ihr Kopf hatte sich verformt und verschoben, sodass er kaum mehr war als ein undeutlicher Gesichtsabdruck in der Mitte eines Körpers ohne Arme, Beine oder Hals. Das Geschöpf ragte einen Augenblick lang über dem Beckenrand empor, zog seine gesamte Masse zu einem Klumpen zusammen, der drohend auf einem spitz zulaufenden Schwanz balancierte, und ergoss sich dann einer stürzenden Woge gleich in das Becken und über Tirouv Ompallios. Der gesamte Körper des Ungeheuers schien sich zu öffnen und ein riesenhaftes Maul zu bilden, als es außer Sicht abtauchte.

Vor Grauen kaum eines Atemzuges fähig, verhielt ich mich vollkommen still. Aus dem Becken drang weder ein Laut hervor noch machte sich darin eine Bewegung bemerkbar – noch nicht einmal ein Stöhnen aus dem Munde von Tirouv Ompallios. Schließlich traute ich mich, unendlich langsam und angstvoll und vorsichtig hinter Tsathoggua hervorzukommen. Auf Zehenspitzen am Becken vorbeischleichend schaffte ich es, die Tür zu erreichen.

Nun musste ich, um die Freiheit zu gewinnen, den Riegel zurückziehen und die Türe öffnen. Und davor hatte ich große Angst, weil es unweigerlich Lärm verursachen würde. Mein Gespür sagte mir, dass es äußerst unklug wäre, die Wesenheit im Becken zu stören, während sie Tirouv Ompallios verdaute – doch schien sich mir keine andere Möglichkeit zu bieten, wollte ich jemals aus diesem schrecklichen Tempel hinausgelangen.

Im selben Augenblick, als ich den Riegel zurückstieß, schoss ein einzelner Tentakel mit höllischer Plötzlichkeit aus dem Becken heraus, dehnte sich durch das gesamte Tempelinnere und packte meine rechte Faust mit tödlicher Gewalt. Es fühlte sich anders an als alles, womit ich jemals in Berührung gekommen war, es war unbeschreibbar klebrig und schleimig und kalt, es war ekelerregend weich wie der stinkende Morast eines Sumpfes und schneidend scharf wie zugeschliffenes Eisen. Es übte eine qualvolle Saugkraft und Umklammerung aus, die mir einen lauten Schrei entriss, als der Griff um mein Fleisch sich verstärkte und hineinschnitt wie ein Schraubstock aus Messerklingen.

In meinem Versuch, mich loszureißen, stieß ich die Tür auf und stürzte nach vorn auf die Schwelle. Ein Augenblick grauenvollen Schmerzes folgte, dann begriff ich, dass ich mich von meinem Feind losgerissen hatte. Doch als ich noch hinabblickte, sah ich, dass meine Hand fehlte und nur ein seltsam verdorrter Stumpf zurückgeblieben war, der kaum Blut verlor. Als ich über die Schulter zurück in das Heiligtum spähte, sah ich, wie der Tentakel zurückschnellte und zusammenschrumpfte. Er verschwand hinter der Kante des Beckens außer Sicht, mitsamt meiner abgetrennten Hand, die nun mit dem vereint wurde, was immer von Tirouv Ompallios übrig geblieben war.

Das Tor zum Saturn

Als Morghi, der Hohepriester der Göttin Yhoundeh, mit Verstärkung durch zwölf seiner blutgierigsten und willfährigsten Handlanger im Morgengrauen eintraf, um den berüchtigten Ketzer Eibon in seinem Wohnturm, der auf einer Landspitze oberhalb des nördlichen Festlands aus schwarzem Gneis errichtet worden war, dingfest zu machen, da traf das Ergreifungskommando den Gesuchten zu ihrer aller Überraschung und beträchtlichen Enttäuschung dort nicht an.

Ihre Überraschung war umso größer, als sie alles Machbare unternommen hatten, um ihr Opfer zu überrumpeln. Ihre Intrige gegen Eibon war unter strengster Geheimhaltung in unterirdischen Gewölben und hinter schalldicht versiegelten Türen ausgeheckt worden. Hinzu kam, dass sie die lange Reise zu Eibons Haus noch in der Stunde seiner Verurteilung angetreten hatten und binnen einer einzigen Nacht ans Ziel gelangt waren. Enttäuscht aber waren sie, weil der furchterregende Haftbefehl mit seinen eingebrannten symbolischen Runen auf einer Rolle aus gegerbter Menschenhaut mithin nutzlos geworden war und weil nun keine Aussicht mehr auf die baldige Erprobung der ausgeklügelten Marterwerkzeuge und Foltertechniken zu bestehen schien, die sie mit solcher Hingabe für Eibon ersonnen hatten.

Morghi war besonders enttäuscht. Die Verwünschungen, die er zwischen zusammengepressten Zähnen hervorstieß, als auch das höchstgelegene Zimmer des Wohnturmes sich als leer erwies, waren wahrhaft kabbalistisch in ihrer Länge und in ihrer Entsetzlichkeit.

Eibon war sein Erzrivale auf dem Gebiet der Hexenkunst und erwarb sich schon seit Langem viel zu viel Ansehen unter den Bewohnern von Mhu Thulan, jener äußersten Halbinsel des hyperboreischen Kontinents. Daher hatte Morghi einigen übelwollenden Gerüchten, die über Eibon in Umlauf waren, nur allzu bereitwillig Glauben geschenkt und sie zum Hauptpunkt seiner Anklagen gegen den verhassten Widersacher erwählt.

Diese Gerüchte bezichtigten Eibon, ein Anhänger des längst schon vom Podest gestoßenen heidnischen Gottes Zhothaqquah zu sein, dessen Kult unermesslich viel älter war als die Menschheit. Angeblich verdankte er seine Hexenkräfte der verbotenen Verbindung mit dieser finsteren Gottheit, die vorzeiten von fremden Welten aus einem unbekannten Universum auf die Erde herabgestiegen sei, als der Planet kaum mehr gewesen war als ein Morast aus brodelndem Urschlamm. Zhothaqquahs Macht wurde noch immer gefürchtet – und man munkelte, dass jene, die bereit waren, in seinen Diensten ihre Menschlichkeit aufzugeben, die Erben vorweltlicher Geheimnisse würden und Herren über ein Wissen von so entsetzlicher Natur, dass es nur von fernsten Planeten aus dem Wiegenalter des Weltalls stammen konnte, als Nacht und Chaos herrschten.

Eibons Wohnsitz war in Form eines fünfkantigen Turms erbaut und besaß fünf Geschosse, einschließlich jener beiden, die unterhalb der Erde lagen. Selbstverständlich war jedes einzelne davon mit peinlicher Sorgfalt durchsucht worden. Außerdem hatte man die drei Diener Eibons unter Anwendung kochenden Teers einer langsamen Tropfenfolter unterworfen, um ihnen das Versteck ihres Herrn zu entreißen. Ihr anhaltendes Leugnen, auch nach halbstündiger peinlicher Befragung, wurde als Beweis gewertet, dass sie tatsächlich nichts über den Verbleib des Gesuchten wussten.

Auch war kein Fluchttunnel ans Licht gekommen, als man die Wände und Böden der beiden Kellerräume aufgerissen hatte – trotz aller Gründlichkeit, mit der Morghi sogar die Bodenplatten unter dem Sockel eines obszönen Standbildes des Zhothaqquah hatte aufstemmen lassen, das im untersten Raum thronte. Nur mit äußerstem Widerwillen war er so weit gegangen, denn der plumpe, pelzbedeckte Gott mit seinem fledermausartigen Gesicht und faultierähnlichen Körper erfüllte ihn, den Hohepriester der Elchgöttin Yhoundeh, mit tiefster Abscheu.

Als die Inquisitoren nach einer zweiten Durchsuchung wieder im obersten Turmzimmer standen, mussten sie zugeben, dass sie mit ihrer Weisheit am Ende waren. Viel hatten sie nicht vorgefunden: ein paar Einrichtungsstücke und mehrere alte Bücher voller Beschwörungsformeln, wie sie zum Handwerkszeug jedes Hexenmeisters gehörten. Ferner einige mit abscheulichen Bildern bemalte Pergamentrollen aus Flugechsenhaut sowie eine Anzahl jener primitiven Urnen und Skulpturen und Totempfähle, die Eibon mit beträchtlichem Eifer zusammengetragen hatte.

Bei den meisten davon handelte es sich um unterschiedlichste Darstellungen Zhothaqquahs – sogar von den Henkeln der Urnen blinzelte sein Gesicht den Betrachter mit einem Ausdruck bestialischer Schläfrigkeit an. Außerdem bildete gut die Hälfte der Totems ihn ab (sie waren von unterentwickelten, halb menschlichen Völkern gefertigt), die andere Hälfte zeigte das Walross und das Mammut, den Königstiger und den Yak. Morghi hegte nun keinerlei Zweifel mehr, dass die gegen Eibon erhobene Anklage bestens begründet war. Denn niemand außer einem Jünger Zhothaqquahs konnte wohl Gefallen daran finden, auch nur ein einziges Abbild dieses abscheulichen Wesens sein Eigen zu nennen.

Doch leider trugen solch zusätzliche Schuldbeweise, mochten sie auch noch so schwerwiegend, ja erdrückend sein, wenig zur Auffindung Eibons bei. Und während Morghi aus den Fenstern des obersten Zimmers starrte, unter denen die Mauern des Wohnturms lotrecht abfielen bis zu dem Riff, das an zwei Seiten weitere 100 Meter tief in die tosende Brandung abtauchte, sah der Inquisitor sich gezwungen, die überlegenen magischen Fähigkeiten seines Gegenspielers anzuerkennen. Sonst nämlich hätte das spurlose Verschwinden des Hexers ein unergründliches Geheimnis dargestellt. Und Morghi liebte Geheimnisse nicht, außer sie entstammten seinem eigenen Repertoire.

Er trat vom Fenster zurück und ließ den Blick mit äußerster Aufmerksamkeit durch jeden Winkel des Raumes wandern. Offenkundig hatte Eibon ihn als Arbeitszimmer genutzt, denn er enthielt ein Pult aus Elfenbein, auf dem ein Behälter mit Rohrfedern und eine Anzahl von Tontöpfen mit Tinten in verschiedenen Farben standen. Außerdem lagen Schreibbogen über den Tisch verteilt, die aus einer Art Bastfaser gefertigt waren. Jeder Bogen war bis an den Rand mit astronomischen und astrologischen Berechnungen bedeckt, bei deren Anblick Morghi finster die Stirn in Falten legte, da er sie nicht verstand.

An jeder der fünf Wände hing eine der Pergamentmalereien, die allesamt von irgendeinem Urvolk geschaffen schienen. Die Darstellungen waren blasphemisch und abstoßend, und jede zeigte Zhothaqquah, umgeben von Lebensformen und Landschaften, deren schiere Abnormität und Unförmigkeit wohl auf die ungelenke Technik der primitiven Künstler zurückzuführen waren. Morghi begann nun, die Pergamentbogen einen nach dem anderen von den Wänden zu reißen, als argwöhnte er, Eibon könnte sich auf irgendeine Weise dahinter verbergen.

Sämtliche Wände waren jetzt vollkommen kahl – und Morghi, inmitten des respektvollen Schweigens seiner Schergen, ließ lange Zeit sinnend den Blick auf ihnen ruhen. Die Entfernung des Wandschmucks hatte eine eigenartige Platte zutage gefördert, die genau über dem Pult mit den Schreibutensilien ganz oben in die südöstliche Wand eingelassen war.

Morghis buschige Augenbrauen zogen sich zu einem langen schwarzen Balken zusammen, während er dieses Paneel betrachtete. Es unterschied sich verdächtig vom Rest des dunklen Mauerwerks: ein oval geformtes Stück Wandverkleidung, gefertigt aus irgendeinem rötlichen Metall, das weder Kupfer war noch Gold; ein Metall, dem eine flüchtige Fluoreszenz anhaftete, ein flüchtiges Flirren fremdartiger Farben, wann immer man die Augen zusammenkniff. Doch aus irgendeinem Grund verschwand dieses Farbspiel mit dem Öffnen der Augen sogar aus der Erinnerung.

Morghi – der möglicherweise mehr Fantasie und Scharfsinn besaß, als Eibon ihm zugetraut hatte – schöpfte einen

Verdacht; einen Verdacht, der ganz grundlos und abwegig schien, da die Wand, in die man die Platte eingelassen hatte, zugleich die Außenmauer des Turms bildete und daher höchstens in den Himmel und auf das Meer hinausführen konnte.

Morghi kletterte auf den Schreibtisch und hieb mit geballter Faust gegen das Oval. Was er dabei fühlte, verblüffte ihn ebenso sehr wie das, was unmittelbar darauf geschah. Als seine Faust auf das unbekannte, rötlich gefärbte Metall traf, schoss ein solch extremer Kälteschauer durch seine Hand und durch seinen Arm und durch seinen ganzen Körper, dass er sich kaum von Brandschmerz unterschied. Zugleich schwang die Platte wie geölt nach außen, als drehte sie sich in unsichtbaren Angeln. Sie gab dabei ein hell klingendes, durchdringendes Geräusch von sich, das aus unfassbarer Höhe zu kommen schien. Dahinter erblickte Morghi weder Himmel noch Meer oder überhaupt etwas, das er jemals im Leben gesehen oder wovon er je gehört hatte, nicht einmal in seinen schlimmsten Albträumen …

Er wandte sich zu seinen Gefolgsleuten um. In seinem Gesicht stand ein Ausdruck sprachlosen Staunens, gemischt mit Triumph.

»Wartet hier auf meine Rückkehr«, befahl er – und entschwand mit einem einzigen Satz kopfüber durch die Wandöffnung.

II

Die Anklagen, die gegen Eibon erhoben worden waren, beruhten auf Tatsachen. Der scharfsichtige Zauberer hatte im Verlauf seiner lebenslangen Studien der natürlichen wie der übernatürlichen Prinzipien und Gesetzmäßigkeiten auch jene Mythen von Mhu Thulan einbezogen, die Zhothaqquah betrafen. Dabei war er zu der Überzeugung gelangt, dass es womöglich lohnend wäre, sich mit dieser rätselhaften vormenschlichen Wesenheit näher zu befassen.

So war er vertraut geworden mit Zhothaqquah, dessen Abstieg in der Gunst seiner Anbeter ihn von der Erdoberfläche vertrieben und genötigt hatte, fortan ein unterirdisches Dasein zu fristen. Eibon hatte die vorgeschriebenen Gebete an Zhothaqquah gerichtet, er hatte die ihm geziemenden Opfer dargebracht. Und der seltsame, schlaftrunkene kleine Gott hatte Eibons Zuwendung und Hingabe an ihn mit der Gewährung bestimmter Auskünfte vergolten, die zur Ausübung der schwarzen Magie mehr als dienlich waren. Darüber hinaus hatte der Gott dem Hexer einige Tatsachen über seine Herkunft anvertraut, die viele der verbreiteten Legenden bestätigten und ergänzten. Aus Gründen, die er nicht näher benannte, war Zhothaqquah vor Urzeiten vom Planeten Cykranosh – so hieß der Saturn in Mhu Thulan – herab auf die Erde gekommen, und auch Cykranosh war nur eine Zwischenstation gewesen auf seinen Reisen aus noch weiter entfernten Welten und Räumen.

Als Zeichen seiner besonderen Gunst nach all den Jahren der Anbetung und der auf dem Altar in Rauch verwandelten Brandopfer überließ er seinem Adepten eine große, dünne, oval geformte Platte aus einem ultratellurischen Metall und gebot Eibon, die Platte mit Scharnieren auszustatten und als drehbares Wandpaneel in einem der oberen Räume seines Turmes anzubringen. Von dort nach außen unter freien Himmel aufgestoßen, werde die Platte ihre besondere Gabe offenbaren und den Übertritt gewähren zum Planeten

Cykranosh, Millionen und Abermillionen Kilometer von der Erde entfernt im kosmischen Raum.

Der ungenauen und nicht restlos zufriedenstellenden Erklärung zufolge, die der Gott dem Adepten gewährte, war diese Platte aus einer Materie geschaffen, die einem anderen Universum entstammte als dem von Menschen bewohnten. Dies verlieh der Platte ungewöhnliche Strahlungseigenschaften, die ihr den Anschluss an eine höhere Dimension des Raumes ermöglichten, innerhalb derer selbst astronomische Entfernungen zur bloßen Spanne eines Menschenschrittes zusammenschmolzen.

Doch gemahnte Zhothaqquah den Hexer, nur in äußerster Notlage von dem Paneel Gebrauch zu machen, als letztes Mittel zur Flucht aus einer sonst unentrinnbaren Gefahr. Denn schwierig, wenn nicht gar unmöglich, werde die Rückkehr zur irdischen Heimat sein, wenn er erst einmal auf dem Planeten Cykranosh weile – in einer Welt, an die sich zu gewöhnen einem Erdbewohner alles andere als leichtfallen dürfte. Denn die Lebensbedingungen auf jenem Planeten unterschieden sich doch sehr von jenen in Mhu Thulan, auch wenn sie keine solch völlige Umkehrung aller irdischen Verhältnisse und Normen darstellten, wie sie auf den noch weiter abgelegenen Welten an der Ordnung seien.

Einige Verwandte Zhothaqquahs aus seiner Göttersippe waren noch immer auf dem Planeten Cykranosh zu Hause und wurden von dessen Bewohnern verehrt. Und Zhothaqquah vertraute Eibon den beinahe unaussprechlichen Namen des machtvollsten dieser Gottwesen an und erklärte dazu, dieser Name könnte dem Hexer als eine Art Kennwort von Nutzen sein, sollte dieser jemals gezwungen werden, nach Cykranosh auszuweichen.

Die Vorstellung eines Tores, das sich in eine ferne Welt auftat, kam Eibon reichlich fantastisch, um nicht zu sagen äußerst weit hergeholt vor. Allerdings hatte er Zhothaqquah als eine zu jeder Zeit und in allen Dingen strikt der Wahrheit verpflichtete Gottheit erlebt. Dennoch stellte er die einzigartigen Fähigkeiten des Paneels lange Zeit nicht auf die Probe. So lange nicht, bis Zhothaqquah – der ein wachsames Auge auf alles hielt, was unterhalb der Erdoberfläche geschah – ihn vor den Machenschaften Morghis und dem Ketzertribunal warnte, die in den Gewölben unter dem Tempel der Yhoundeh gegen ihn Gestalt gewannen.

Im Bewusstsein der großen Macht dieser frömmlerischen Neider entschied Eibon, dass es wenig ratsam, ja schiere Tollheit wäre, sich ihnen auszuliefern. Also entbot er Zhothaqquah ein knappes und dankerfülltes Lebewohl und packte ein wenig Brot, Fleisch und Wein zusammen, zog sich in sein Arbeitszimmer zurück und stieg auf das Schreibpult. Sodann hob er das primitive Gemälde einer cykranotheischen Landschaft an, zu der Zhothaqquah den urzeitlichen, halb menschlichen Künstler inspiriert hatte, und stieß das dahinter verborgen gewesene Paneel auf.

Und wirklich erkannte Eibon gleich auf den ersten Blick, dass Zhothaqquah ein Gott war, der die Wahrheit liebte: Denn die Szene, die das aufgestoßene Paneel seinen Augen erschloss, hätte sich auch in die exotischsten Gefilde Mhu Thulans oder einer anderen Erdgegend niemals gebührlich einfügen können. Was er sah, gefiel ihm gar nicht. Doch blieb ihm keine Wahl, sofern er nicht eine Zelle im Ketzerverlies der Göttin Yhoundeh vorzog. Und als er sich dann auch noch die verschiedenen ausgeklügelten und erlesen wirksamen Foltern vorstellte, die Morghi längst für ihn vorbereitet hatte, da setzte er mit einer Gelenkigkeit durch die Öffnung zum Planeten Cykranosh, die bei einem Hexenmeister in fortgeschrittenen Jahren fast schon nach magischer Verjüngung aussah.

Ein einziger Schritt nur – doch als Eibon zurückschaute, erblickte er nicht mehr die geringste Spur von dem Paneel oder von seiner eigenen Wohnstatt. Er selbst stand auf dem ascheartigen Boden eines lang gestreckten Hanges, über den ein zäher Strom abwärtsrann, der statt Wasser ein flüssiges Metall zu führen schien, das an Quecksilber erinnerte. Der Strom entsprang den gewaltigen, unbezwingbaren Schründen und Zacken der darüber aufragenden Gebirgshöhen und ergoss sich in einen bergumkränzten See von der gleichen Flüssigkeit.

Auf dem Hang zu Eibons Füßen verliefen Reihen merkwürdiger Objekte – er vermochte nicht zu entscheiden, ob es sich um Bäume, mineralische Gebilde oder tierische Organismen handelte, da sie bestimmte Merkmale aller drei Kategorien in sich zu vereinen schienen. Diese widernatürliche Landschaft zeichnete sich in jeder Einzelheit erschreckend klar unter einem grünlich-schwarzen Himmel ab, den drei gigantische, hell strahlende Planetenringe von Horizont zu Horizont umfingen. Die Luft war kalt und Eibon achtete nicht ihres schwefligen Gestanks noch des eigentümlich stechenden Gefühls, das diese Luft in seinen Atemwegen und in seiner Lunge hervorrief. Und nach den ersten Schritten auf dem unansehnlichen Untergrund bemerkte er, dass dieser Boden die hinderliche Bröckeligkeit gebackener Asche aufwies, die vom Regen durchweicht und anschließend unter der Sonne getrocknet war.

Er begann hangabwärts zu schreiten, wobei er gleichsam fürchtete, einige der zweifelhaften Objekte um ihn herum könnten ihre mineralischen Äste oder Arme ausstrecken, um ihn festzuhalten. Es schien sich bei den Gebilden um eine Art von purpurblauen Obsidian-Kakteen zu handeln, mit ›Gliedmaßen‹, die in furchterregende, krallenartige Dornen ausliefen, und mit ›Köpfen‹, die alles in allem zu komplex waren, um als Früchte oder Blüten gelten zu können. Sie rührten sich nicht, als er an ihnen vorbeikam – doch vernahm er ein schwaches und befremdliches Klingeln in vielerlei Tonlagen, das ihm auf seinem Abstieg vorausging und nachfolgte. Eibon gewann den unbehaglichen Eindruck, dass die Gebilde sich untereinander verständigten – und vielleicht darüber berieten, was sie mit ihm anstellen oder wie sie gegen ihn vorgehen sollten.

Jedoch erreichte er glücklich und ungehindert den Fuß des Hanges, wo Terrassen und Treppen zerbröckelnden Basalts den tief gelegenen See aus flüssigem Metall gleich einem gigantischen urzeitlichen Amphitheater umsäumten. Unschlüssig, welche Richtung er nun einschlagen sollte, verharrte Eibon auf einer der Terrassenstufen.

Seine Überlegungen wurden unterbrochen, als ihn plötzlich von der Seite her ein Schatten streifte und sich wie ein monströser Fleck auf das bröselnde Gestein zu seinen Füßen legte. Unter diesem Schatten fühlte Eibon sich nicht eben behaglich, denn er lief sämtlichen ästhetischen Normen schändlich zuwider und seine Verformtheit und Verzerrtheit waren geradezu aberwitzig.

Eibon wandte sich um, um zu sehen, welche Art von Lebewesen wohl solch einen Schatten warf. Das betreffende Geschöpf war nicht leicht einzuordnen, mit seinen grotesk kurzen Beinen, seinen unmäßig langen Armen und dem runden, schlafmützig anmutenden Haupt, das von dem kugelförmigen Rumpf herabhing, als schlüge sein Besitzer schlafwandelnd einen Purzelbaum. Nachdem er das Wesen jedoch eine Zeit lang gemustert und ihm dessen pelziges Fell und schlaftrunkene Miene aufgefallen waren, begann er darin ein entfernt ähnliches, von den Füßen auf den Kopf gestelltes Ebenbild des Gottes Zhothaqquah zu erkennen. Er erinnerte sich an Zhothaqquahs Auskunft, dass die Gestalt, die der Gott sich auf dem Planeten Erde zugelegt, nicht ganz derjenigen entsprach, die er zuvor auf Cykranosh besessen hatte. Daher fragte sich Eibon, ob dieses Wesen wohl Zhothaqquahs Sippschaft angehören mochte.

Er versuchte, sich den fast unaussprechlichen Namen ins Gedächtnis zu rufen, den der Gott ihm als Kennwort anvertraut hatte. Im selben Moment begann der Verursacher des ungewöhnlichen Schattens, der die Gegenwart Eibons offenbar gar nicht wahrnahm, die Terrassen und Simse zum See hinabzusteigen. Seine Fortbewegung erfolgte hauptsächlich mithilfe der Hände, denn die lachhaften Beinchen waren um die Hälfte zu kurz für die Höhe der Stufen, die er zu bewältigen hatte.

Sobald das Geschöpf am Ufer des Sees anlangte, schlürfte es das flüssige Metall in langen, tiefen Zügen – dies allein genügte, um Eibon von der Göttlichkeit des Wesens zu überzeugen, denn ganz gewiss wäre kein Angehöriger einer niederen biologischen Daseinsform imstande gewesen, seinen Durst mit solch ausgefallenem Trunk zu löschen. Nach erfolgter Labung stieg das Wesen wieder zu der Terrassenstufe empor, wo Eibon noch immer stand, und schien ihn jetzt zum ersten Male wahrzunehmen.

Eibon indessen war endlich der absonderliche Name wieder eingefallen, nach dem er sein Gedächtnis durchforscht hatte. »Hziulquoigmnzhah«, versuchte er seiner Zunge abzuringen. Fraglos entsprach das Ergebnis nicht ganz den auf Cykranosh geltenden Regeln. Doch war es das Beste, was Eibon mit seinen Sprechwerkzeugen zuwege brachte. Sein Zuhörer schien das Wort zu erkennen, denn er blickte aus seinen verkehrt herum sitzenden Augen etwas weniger schläfrig auf Eibon als zuvor und geruhte sogar, etwas zu äußern, das wie ein Versuch klang, Eibons Aussprache zu berichtigen. Eibon fragte sich, wie er es jemals fertigbringen sollte, eine solche Sprache zu erlernen – oder, falls ihm dies gelänge, wie er sie jemals seiner Zunge gefügig machen sollte. Immerhin schöpfte er ein wenig Hoffnung aus der Erkenntnis, dass er überhaupt verstanden wurde.

»Zho-thaq-quah!«, sprach er und intonierte den Namen drei Mal, und zwar so bedeutungsschwanger, als wollte er den Gott selbst heraufbeschwören.

Die bizarre Kreatur öffnete die Augen noch ein bisschen mehr und verbesserte ihn abermals, indem sie ihm das Wort Zhothaqquah unter einer nicht wiederzugebenden Verkürzung der Vokale und Dehnung der Konsonanten vorsprach. Anschließend stand sie eine Weile lang da und betrachtete Eibon zweifelnd oder auch sinnend. Schließlich hob sie einen ihrer ellenlangen Arme vom Boden und deutete an der Uferlinie entlang auf die Mündung eines seichten Tals, die zwischen den Bergen erkennbar war. Dazu sprach sie langsam und deutlich die rätselhaften Worte: »Iqhui dlosh odhqlonqh.« Während der Hexer noch über die Bedeutung dieser ausgefallenen Silbenreihung grübelte, wandte sein Gegenüber sich von ihm ab und trat den

Rückweg an, indem es über die oberen Basaltstufen zum Säuleneingang einer ziemlich geräumigen Höhle emporstieg, die Eibons Aufmerksamkeit bisher entgangen war.

Kaum war das Geschöpf außer Sicht ins Dunkel der Höhle entschwunden, da hörte Eibon sich unverhofft von dem Hohepriester Morghi angesprochen, der ihn anhand der Fußspuren in dem ascheartigen Boden mühelos aufgespürt hatte.

»Schändlicher Zauberer! Schimpflicher Ketzer! Hiermit bist du festgenommen!«, verkündete Morghi voll hohepriesterlicher Amtsgewalt.

Eibon war überrumpelt, ja bestürzt. Doch als er merkte, dass Morghi allein war, schwand sein Schrecken. Er zückte das Schwert aus feuergehärteter Bronze, das er mit sich führte, und setzte ein Grinsen auf.

»Ich rate dir gut, deine Ausdrucksweise zu mäßigen, Morghi«, drohte er. »Auch ist deine Absicht, mich zu verhaften, jetzt ein wenig fehl am Platze, da wir zwei uns hier allein auf dem Planeten Cykranosh befinden, Millionen und Abermillionen Kilometer von Mhu Thulan und den Kerkern der Yhoundeh entfernt!«

Morghi schien diese Mitteilung nicht sehr zu behagen. Er machte eine finstere Miene und murrte: »Ich schätze, das ist wieder eines deiner nichtswürdigen Zauberkunststückchen.«

Eibon zog es vor, diese Unterstellung mit Nichtachtung zu strafen.

»Ich habe mit einem der Götter von Cykranosh gesprochen«, verkündete er großspurig. »Der Gott, dessen Name Hziulquoigmnzhah lautet, hat mich mit einer Mission betraut, mit der Überbringung einer Botschaft, und er hat mir die Richtung gewiesen, wohin ich mich wenden soll. Ich schlage vor, dass du von unserer kleinen, irdischen Meinungsverschiedenheit ablässt und dich mir anschließt. Gewiss, wir könnten einander auch die Kehlen durchschneiden oder uns gegenseitig die Bäuche aufschlitzen, denn wir tragen beide Waffen. Doch unter den herrschenden Umständen glaube ich doch, dass du einsehen wirst, wie kindisch, ja wie überaus undienlich eine solche Vorgehensweise wäre. Solange wir beide am Leben sind, können wir uns gegenseitig nützen und helfen in einer so fremdartigen Welt, deren Gefahren und Widrigkeiten, falls mich nicht alles täuscht, unserer vereinten Kräfte würdig sind.«

Morghi behielt seine finstere Miene bei und dachte nach.

»Also schön«, erwiderte er widerstrebend. »Ich mache mit. Aber sei dir darüber im Klaren, dass die Dinge ihren festgelegten Gang gehen müssen, sobald wir nach Mhu Thulan zurückkehren.«

»Dies«, versetzte Eibon, »ist eine Möglichkeit, an die keiner von uns beiden einen Gedanken zu verschwenden braucht. Machen wir uns auf den Weg?«

III

Die beiden Hyperboreer folgten einem Hohlweg, der von dem See aus flüssigem Metall fortlief und sich durch eine Berglandschaft schlängelte, deren Vegetation mit abnehmender Höhe immer dichter und vielfältiger wurde. Dies war das Tal, das dem Hexer von dem bizarren zweibeinigen Geschöpf gewiesen worden war.

Morghi, ganz der eingefleischte Inquisitor, löcherte Eibon mit Fragen: »Was war denn das für ein sonderbares

Lebewesen, das in dieser Höhle verschwunden ist, unmittelbar bevor ich dich ansprach?«

»Das war der Gott Hziulquoigmnzhah.«

»Und wer, bitte, ist dieser Gott? Ich muss gestehen, noch nie von ihm gehört zu haben.«

»Er ist ein Oheim väterlicherseits von Zhothaqquah.«

Daraufhin blieb Morghi stumm, abgesehen von einem eigenartigen Geräusch, das entweder ein abgewürgtes Niesen sein mochte oder ein Ausruf der Abscheu. Doch nach einer Weile fragte er: »Und worin besteht diese Mission, die dir aufgetragen wurde?«

»Dies wird zu gegebener Zeit offenbart«, versetzte Eibon erhaben. »Es ist mir gegenwärtig nicht erlaubt, darüber zu reden. Ich bin mit einer Botschaft des Gottes betraut und nicht befugt, sie anderen Personen als den rechtmäßigen Empfängern auszurichten.«

Morghi war wider Willen beeindruckt. »Nun gut, ich nehme an, du weißt, was du tust und wohin du uns führst. Kannst du mir irgendeinen Hinweis auf unser Ziel geben?«

»Auch dieses wird zu gegebener Zeit offenbart werden.«

Die Berge liefen sanft in eine dicht bewaldete Ebene aus, deren Flora irdische Botaniker zur Verzweiflung getrieben hätte. Hinter der letzten Anhöhe gelangten Eibon und Morghi an eine schmale Straße, die urplötzlich begann und sich in die Ferne hinzog. Eibon folgte dieser Straße, ohne zu zögern. Es gab in Wahrheit auch kaum eine andere Möglichkeit, denn das Dickicht aus mineralischen Pflanzen und Bäumen wurde sehr bald unwegsam. Diese Gewächse säumten den Pfad mit gezähnten Ästen, die gebündelten Nadeln und Dolchen, Schwertklingen und Pfeilen glichen.

Eibon und Morghi bemerkten bald, dass die Straße

zahlreiche große Fußspuren aufwies – jeder Abdruck kreisrund geformt und umkränzt von den Abdrücken langer Krallen. Doch keiner der beiden unfreiwilligen Gefährten teilte dem anderen sein Unbehagen mit.

Die Reisenden waren bereits eine oder zwei Stunden lang auf dem nachgiebigen, aschigen Weg voranmarschiert, inmitten jener Vegetation, die grässlicher denn je mit Spitzen und Klingen bewehrt war, als ihre leeren Mägen sich meldeten. Morghi hatte in seiner Eile, Eibon zu verhaften, das Frühstück ausgelassen und Eibon hatte in seiner Hast, Morghi zu entkommen, ebenfalls seine Morgenmahlzeit geopfert. Sie machten am Wegesrand halt und der Hexer teilte seinen Proviant an Essbarem und Wein mit dem Priester. Sie aßen und tranken jedoch sparsam, da der Vorrat begrenzt war und die landschaftliche Umgebung nicht den Eindruck erweckte, als brächte sie Nahrungsmittel hervor, die zur Kost für Menschen taugten.

Durch die bescheidene Erfrischung von neuer Kraft und neuem Mut erfüllt setzten sie ihre Reise fort. Sie waren noch nicht weit gekommen, als sie ein staunenswertes Ungeheuer einholten, das augenscheinlich der Urheber der zahlreichen Fußstapfen war. Das gepanzerte Hinterteil in Richtung der Reisenden gekehrt, hockte es mitten auf der Straße und versperrte mit seiner Masse eine unabsehbare Wegstrecke. Die beiden Herankommenden konnten erkennen, dass das Untier eine Vielzahl kurzer Beine besaß – doch vermochten sie keinerlei Eindruck davon zu gewinnen, wie sein Kopf und seine Vorderseite beschaffen waren.

Eibon und Morghi waren äußerst bestürzt.

»Ist das wieder einer von deinen ›Göttern‹?«, stichelte Morghi.

Der Hexer antwortete nicht. Doch war ihm bewusst, dass er einen Ruf zu verteidigen hatte. Er trat mutig vor und donnerte so machtvoll, wie er nur konnte: »Hziulquoigmnzhah!« Zugleich zückte er sein Schwert und bohrte die Spitze zwischen zwei Platten des Hornpanzers, der den Hinterleib des Monsters bedeckte.

Zu seiner großen Erleichterung begann das Vieh sich zu rühren und trottete weiter über die Straße voran. Die Hyperboreer folgten ihm, und wann immer die Kreatur ihr Tempo verminderte, wandte Eibon erneut das Mittel an, das sich als so wirkungsvoll erwiesen hatte. Morghi konnte nicht umhin, ihn mit einer gewissen Ehrfurcht zu betrachten.

In dieser Weise setzten sie ihre Wanderung mehrere Stunden lang fort. Die drei großen, strahlenden Ringe überspannten noch immer den Zenit, doch hatte inzwischen eine sonderbar kleine, kühle Sonne die Ringe auf ihrer Abwärtsbahn gekreuzt und neigte sich weiter dem westlichen Horizont von Cykranosh entgegen. Noch immer säumte der Wald die Straße gleich einer hohen Mauer aus scharfschneidigem metallischem Laub, doch zweigten jetzt weitere Straßen, Wege und Seitenpfade von jenem ab, den das Monster verfolgte.

Alles war still, abgesehen von dem vielfüßigen Schlurfen dieses unförmigen Viechs. Weder Eibon noch Morghi hatten seit vielen Kilometern eine Silbe gesprochen. Der Hohepriester bereute mehr und mehr die Übereilung, mit der er Eibon durch das Paneel gefolgt war, und Eibon wünschte sich, dass Zhothaqquah ihm zum Eintritt in eine anders beschaffene Welt verholfen hätte.

Aus solchen Betrachtungen wurden die beiden vom Gezeter tief dröhnender Stimmen gerissen, das plötzlich von irgendwoher vor dem Monster erscholl. Es handelte sich um einen wahren Höllenlärm aus nicht menschlichem, heiserem Gebelfer und Geblaff. Die Tonlage klang irgendwie nach scharfer Zurechtweisung und Tadel, wütenden Trommelschlägen gleich, als würde das Monster von einer Schar unvorstellbarer Wesenheiten gemaßregelt.

»Und was weißt du dazu zu sagen?«, fragte Morghi.

»Alles, was uns zu erschauen bestimmt ist, wird sich zu gegebener Zeit offenbaren«, beschied ihm Eibon.

Der Wald wurde zusehends lichter und das belfernde Zetern und Zanken wurde mit schwindender Entfernung immer lauter. Indem sie der Rückansicht ihres vielbeinigen Führers weiterhin folgten, der nur noch mit widerstrebender Langsamkeit vorwärtsschlurfte, gelangten die Reisenden auf einen freien Platz hinaus, wo sich ihren Blicken ein nahezu einzigartiges Schauspiel darbot. Das Untier, das offenkundig von zahmer und harmloser, ja törichter Natur war, kauerte vor einer Traube von Geschöpfen, deren Größe die von Menschen nicht übertraf und deren Bewaffnung lediglich in langen, stachelgespickten Stäben bestand.

Obwohl diese Organismen auf zwei Beinen liefen und hinsichtlich ihrer Körperbauweise nicht dermaßen ohne Beispiel waren wie das Wesen, das Eibon beim See angetroffen hatte, wirkten sie doch hinreichend ausgefallen. Ihre Anatomie wies eine Verschmelzung von Kopf und Rumpf auf, wobei Ohren, Augen, Nase, Mund und gewisse weitere Organe von zweifelhafter Bestimmung in eigenwilliger Anordnung auf Brust und Unterleib saßen. Die Wesen waren splitternackt, ziemlich dunkelhäutig und am ganzen Leib vollkommen unbehaart. Hinter ihnen erhoben sich in geringer Entfernung zahlreiche Gebäude, deren Konstruktion menschlichen

Vorstellungen von architektonischem Ebenmaß einigermaßen zuwiderlief.

Eibon schritt ihnen beherzt entgegen und Morghi folgte ihm unauffällig. Die Rumpfköpfigen stellten ihr Geschimpfe gegen das unterwürfige Monster ein und beäugten die Erdenbewohner mit Mienen, in denen sich wegen der eigentümlichen und verwirrenden Konstellation ihrer Gesichter nur schwer lesen ließ.

»Hziulquoigmnzhah! Zhothaqquah!«, sprach Eibon in feierlich-orakelhaftem Tonfall. Nach einer bedeutungsschwer ausgedehnten Pause setzte er hinzu: »Iqhui dlosh odhqlonqh!«

Das Resultat war in der Tat zufriedenstellend und nicht weniger, als man sogar von einer solch außergewöhnlichen Formel mit Fug und Recht erwarten durfte. Denn die cykranotheischen Geschöpfe ließen ihre Stäbe fallen und verneigten sich vor dem Hexer, bis die Gesichter auf ihren Oberkörpern beinahe den Boden berührten.

»Ich habe meine Mission erfüllt. Ich habe die Botschaft, die Hziulquoigmnzhah mir auftrug, überbracht«, sprach Eibon zu Morghi.

IV

Mehrere cykranotheische Monate lang weilten die beiden Hyperboreer als geehrte Gäste bei dem ebenso drolligen wie biederen Volk, das sich selbst die Bhlemphroim nannte. Eibon besaß eine große Sprachbegabung und überflügelte Morghi beim Erlernen des lokalen Idioms mühelos. Sein Wissen über Bräuche, Sitten, Anschauungen und

Glaubensvorstellungen der Bhlemphroim gewann bald einen beachtlichen Umfang – doch empfand er es nicht nur als einen Quell der Erleuchtung, sondern ebenso der Ernüchterung.

Das gepanzerte Monster, das er und Morghi so mannhaft vor sich hergetrieben hatten, war, so erfuhr er, ein zahmes Lasttier der Bhlemphroim. Es war seinen Besitzern in der Wildnis, die an Vhlorrh, die Hauptstadt dieses Volkes, grenzte, entlaufen und hatte sich dort inmitten der mineralischen Vegetation verirrt. Die Verbeugungen, mit denen man Eibon und Morghi empfangen hatte, waren entgegen Eibons anfänglicher Meinung lediglich ein Ausdruck des Dankes für die sichere Rückbegleitung des Tieres gewesen und nicht etwa ein Kniefall vor den göttlichen Namen, die er auf den Lippen geführt hatte, oder der furchterweckenden Formel »Iqhui dlosh odhqlonqh«.

Bei dem Wesen, das Eibon am See angetroffen hatte, handelte es sich tatsächlich um den Gott Hziulquoigmnzhah; und auch Zhothaqquah fand dunkel überlieferte Erwähnung in einigen frühen Mythen der Bhlemphroim. Doch leider war dieses Volk überaus materialistisch eingestellt und hatte längst aufgehört, zu den Göttern zu beten und ihnen Opfer darzubringen – wenn es auch mit distanziertem Respekt von ihnen sprach und die Götter niemals lästerte.

Eibon brachte in Erfahrung, dass die Worte »Iqhui dlosh odhqlonqh« ganz zweifellos aus einer den Göttern eigenen Sprache stammten, die von den Bhlemphroim nicht mehr verstanden wurde. Doch die Ydheem, eines der Nachbarvölker, erlernten und lehrten diese Sprache noch immer, weil sie Hziulquoigmnzhah und verschiedene verwandte Götter weiterhin auf die alte kultische Art verehrten.

Die Bhlemphroim waren ein ausschließlich praktisch veranlagtes Volk und interessierten sich für wenig anderes als den Anbau zahlreicher Sorten von essbaren Pilzen, die Züchtung und Haltung riesiger, mannigfüßiger Nutztiere und die Fortpflanzung ihrer eigenen Art. Letzterer Vorgang entsprach, wie Eibon und Morghi erfuhren, nicht ganz dem Gewohnten: Zwar waren die Bhlemphroim von Natur aus bisexuell, doch oblag in jeder Generation nur einem einzigen Weibchen die Pflicht zur Fortpflanzung. Die dazu ausersehene Bhlemphroim-Frau wurde, nachdem sie dank einer aus einem speziellen Pilz bereiteten Nahrung zu gewaltiger Größe herangewachsen war, zur Mutter der gesamten nächsten Generation.

Sobald sie mit dem Leben und den Sitten von Vhlorrh genügend vertraut waren, wurde den Hyperboreern die Gunst zuteil, vor die künftige Stammesmutter zu treten. Sie wurde die Djhenquomh genannt und hatte nun nach Jahren der systematischen Mästung die erforderlichen Ausmaße erlangt.

Sie lebte in einem Gebäude, das aus naheliegenden Gründen größer war als jeder der übrigen Bauten in Vhlorrh, und ihre einzige Beschäftigung bestand im Verzehr ungeheurer Essensmengen. Der Hexer und der Inquisitor waren beeindruckt, wenn auch keineswegs betört von dem gebirgsgleichen Umfang ihrer Reize und von deren äußerst eigenwilliger Anordnung. Am Ende bedeutete man ihnen, dass der männliche Elternteil beziehungsweise die männlichen Elternteile der nächsten Generation noch nicht auserwählt worden waren.

Dass die Hyperboreer Köpfe besaßen, die sich vermittels eines Halses vom Rumpf absetzten, schien sie in den Augen ihrer Gastgeber zu Objekten beträchtlichen biologischen Interesses zu erheben. Die Bhlemphroim, so hieß es, waren nicht immer ohne Kopf gewesen. Vielmehr hätten sie ihre gegenwärtige Leibesgestalt im Laufe eines allmählichen evolutionären Prozesses erlangt, wobei der separate Kopf des ursprünglichen Bhlemphroim in unmerklichen Schritten mit dem Rumpf verschmolz. Doch im Gegensatz zu den meisten anderen Völkern betrachteten die Bhlemphroim ihr derzeitiges Entwicklungsstadium nicht mit uneingeschränkter Selbstgefälligkeit. Ihrer einstigen Köpfe zu entbehren war sogar der Ursprung nationalen Kummers; die Einsparung, welche die Natur in dieser Hinsicht vorgenommen hatte, wurde allgemein beklagt. Und so hatte die Ankunft von Eibon und Morghi, die als vollkommene Exemplare der evolutionären Schädelentwicklung galten, dazu beigetragen, diesen Schmerz der Bhlemphroim über ihr genetisches Defizit wieder aufleben zu lassen.

Was den Hexer und den Hexenjäger selbst anging, so empfanden die beiden ihr Dasein unter den Bhlemphroim, nachdem der Reiz des Exotischen verflogen war, als reichlich eintönig und fade. Zum einen bot das Essen wenig Abwechslung – diese endlose Folge von rohen und gekochten und gebratenen Pilzen, die nur in großen Abständen von Gerichten aus dem rohen, wabbeligen Fleisch zahmer Monster unterbrochen wurde. Auch schienen ihre Gastgeber, obschon stets höflich und respektvoll, nicht allzu sehr von Ehrfurcht erfüllt durch die Zurschaustellung hyperboreischer Zauberkünste, mit denen Eibon und Morghi sie beglückten. Morghi musste hinnehmen, dass ihr beklagenswerter Mangel religiöser Inbrunst sämtliche Missionierungsversuche zu einer wenig dankbaren Aufgabe machte. Und schließlich waren die Bhlemphroim wegen ihrer grundsätzlichen Fantasiearmut noch nicht einmal gebührend beeindruckt von der Tatsache, dass ihre Besucher aus einer fernen, ultracykranotheischen Welt zu ihnen gekommen waren.

»Ich glaube«, sagte Eibon eines Tages zu Morghi, »dass der Gott einer bedauerlichen Fehleinschätzung unterlag, als er geruhte, diesen Leuten eine Botschaft zukommen zu lassen.«

Nicht lange nach diesem Stoßseufzer machte eine vielköpfige Abordnung von Bhlemphroimern Eibon und Morghi ihre Aufwartung. Die Delegation setzte die beiden darüber in Kenntnis, dass man sie nach eingehender Beratung als die Väter der nächsten Generation ausersehen habe und unverzüglich mit der Stammesmutter vermählen werde. Dies geschehe in der Hoffnung, dass der Vereinigung ein wieder mit Häuptern reich gesegnetes Geschlecht von Bhlemphroimern entsprieße.

Eibon und Morghi waren restlos überwältigt von der ihnen angetragenen Ehre, der Erbgutaufwertung zu dienen. Bei dem Gedanken an das gebirgsgleiche weibliche Geschöpf, das sie erblickt hatten, war Morghi geneigt, sich seiner priesterlichen Keuschheitsgelübde zu entsinnen, und Eibon konnte es kaum abwarten, seinerseits vergleichbare Gelübde abzulegen. Den Inquisitor übermannte es sogar derartig, dass es selbst ihm beinahe die Sprache verschlug. Der Hexer hingegen versuchte mit ungewöhnlicher Geistesgegenwart, Zeit zu gewinnen, indem er einige Fragen aufwarf bezüglich der rechtlichen und sozialen Stellung, deren Morghi und er selbst sich als Gatten der Djhenquomh würden erfreuen können. Und die naiven Bhlemphroim eröffneten ihm, dass dieser Frage allenfalls eine zeitlich eng begrenzte Bedeutung zukomme; dass nämlich die Gatten nach der Erfüllung ihrer ehelichen Pflichten traditionell in Form von Ragouts und sonstigen Erzeugnissen des Herdes und des Kochtopfs an die Stammesmutter verfüttert würden.

Die Hyperboreer versuchten, vor ihren Gastgebern den Mangel an Vorfreude geheim zu halten, mit dem sie beide der ihnen zugedachten Ehrung in all ihren Stadien entgegensahen. Eibon, jetzt wie stets ein Meister der Diplomatie, ging sogar so weit, die Ehrung in seinem eigenen Namen wie auch im Namen seines Gefährten in aller Form anzunehmen. Erst als die Delegation der Bhlemphroimer sich verabschiedet hatte, sagte er zu Morghi:

»Mehr denn je bin ich davon überzeugt, dass der Gott einer Fehleinschätzung unterlag. Wir müssen die Stadt Vhlorrh schnellstmöglich verlassen und unsere Reise fortsetzen, bis wir ein Volk finden, das der Botschaft des Gottes würdiger ist.«

Offenbar war es den arglosen und patriotischen Bhlemphroim keinen Augenblick lang in den Sinn gekommen, dass die Zeugung des nächsten Wurfs an Stammeskindern ein Vorrecht war, das zu verschmähen irgendjemand sich auch nur im Traum einfallen ließe. Eibon und Morghi wurden keiner Art von Zwang oder Beschränkung unterworfen, ihre Bewegungen noch nicht einmal überwacht. Es war ein Leichtes, das Haus, in dem sie untergebracht waren, zu verlassen, während die rumpelnden Schnarchlaute ihrer Gastgeber zu dem großen Ring der cykranotheischen Monde aufstiegen, um eilig der Überlandstraße zu folgen, die aus Vhlorrh ins Reich der Ydheem führte.

Die Straße vor ihnen war gut sichtbar abgesteckt und der Schein der Planetenringe war fast so klar und hell wie der lichte Mittag. Die beiden wanderten eine weite Strecke durch die abwechslungsreiche und einzigartige Landschaft, die sich in diesem Schein ausdehnte, ehe ihre Flucht bei Sonnenaufgang von den Bhlemphroim entdeckt werden musste. Es ist denkbar, dass diese redlichen Zweibeiner vom Verlust ihrer Gäste, die sie als künftige Stammväter erwählt hatten, viel zu verblüfft und getroffen waren, um eine Verfolgung auch nur zu erwägen.

Das Land der Ydheem war (wie bei früherer Gelegenheit von den Bhlemphroim angedeutet) viele Wegstunden entfernt, und dazwischen lagen Wüsten aus Asche, Ebenen voller mineralischer Kakteen, dichte Pilzwälder und himmelhohe Gebirge.

Die beiden Reisenden ließen das Land der Bhlemphroim – dessen Grenze von einem plumpen Standbild der Stammesmutter am Wegesrand markiert wurde – noch vor Anbruch der Morgendämmerung hinter sich.

Im Laufe des neuen Tages kamen die Wanderer durch die Heimatgebiete von mehr als einer jener außergewöhnlichen Rassen, die das Bevölkerungsbild des Saturn so überaus abwechslungsreich machen. Sie bekamen die Djhibbi zu Gesicht, jenes flügellose Vogelvolk, dessen Angehörige Jahre hintereinander ohne Unterbrechung gleich Säulenheiligen einsam auf ihren jeweiligen Dolomitsitzen hocken und über den Kosmos nachsinnen, wobei sie einander in langen Abständen die rätselhaften Silben *Yop, Yeep* und *Yoop* zuwerfen, von denen es heißt, dass sie eine unermessliche Spanne tiefgründiger esoterischer Gedanken zum Ausdruck bringen.

Und sie begegneten jenen irrwischartigen Zwergwesen, den Ephiqhs, die in den ausgehöhlten Stielen großer Pilze wohnen und sich ständig neue Behausungen suchen müssen, weil die alten binnen weniger Tage zu Staub zerfallen. Die beiden hörten auch das unterirdische Gekrächz der Ghlonghs, jenes geheimnisumwobenen Volkes, das nicht nur das Sonnenlicht fürchtet, sondern ebenso den nächtlichen Schein der Planetenringe, und das noch niemals von irgendeinem der Oberflächenbewohner gesichtet worden war.

Dennoch hatten Eibon und Morghi bei Sonnenuntergang die Gebiete sämtlicher der oben erwähnten Völkerschaften durchquert und sogar die ersten Erhebungen jenes Gebirges erklommen, das die beiden Reisenden noch immer vom Land der Ydheem schied. Hier, auf einem geschützt liegenden Felsvorsprung, nötigte ihre Erschöpfung sie, den Aufstieg zu unterbrechen. Und jetzt, da sie inzwischen keine Verfolgung durch die Bhlemphroim mehr fürchteten, nahmen sie ein karges Mahl aus rohen Pilzen zu sich, krochen zum Schutz vor der kalten Nachtluft tief in ihre Mäntel und schliefen ein.

Doch ihr Schlummer war unruhig; eine Folge kakodämonischer Träume suchte sie heim, in denen die beiden glaubten, die Bhlemphroim hätten sie wieder eingefangen und zwängen sie nun, die Djhenquomh zu ehelichen. Kurz vor Tagesanbruch erwachten sie aus Visionen, deren Einzelheiten erschreckend lebhaft waren, und fühlten sich geradezu erleichtert, die beschwerliche Bergbesteigung wieder aufnehmen zu können.

Die Felswände und Steilhänge, die über ihnen aufragten, waren so abschreckend, dass sie jeden anderen Reisenden, der von geringerer Kühnheit beseelt war oder von weniger begreiflichen Ängsten angetrieben, hätten verzagen lassen.

Die großen Pilzwälder schrumpften binnen Kurzem zu einer kümmerlichen Vegetation, und bald blieben nur noch Gewächse übrig, die kaum größer waren als Flechten – und in noch größerer Höhe folgte nichts mehr außer schwarzem, nacktem Felsgestein. Dem drahtigen, hageren Eibon setzte die Kletterei nicht übermäßig zu; Morghi jedoch geriet dank seiner priesterlichen Leibesfülle und Feistheit schon bald außer Atem. Jedes Mal, wenn er innehielt, um Luft zu schöpfen, mahnte ihn Eibon: »Denk an die Stammesmutter«, woraufhin Morghi den nächsten Hang so flink erklomm wie ein leichtfüßiges, wenn auch ein wenig asthmatisches Bergschaf.

Um die Mittagszeit erreichten sie einen von Felszinnen flankierten Bergpass, aus dessen Höhe das Land der Ydheem sich vor ihren Blicken ausdehnte. Sie überschauten ein weites, fruchtbares Gebiet, mit Wäldern aus Mammutpilzen und sonstigen Thallophyten, die hinsichtlich ihrer Größe und Anzahl alles andere dieser Art weit übertrafen, das den beiden auf ihrer bisherigen Wanderschaft vor Augen gekommen war. Sogar die Berghänge waren auf dieser Seite üppiger bewachsen, denn Eibon und Morghi waren noch nicht lange bergab gestiegen, als sie in einen Hain aus baumhohen Bovisten und Giftpilzen eintauchten.

Sie bestaunten eben die Größe und Mannigfaltigkeit dieser Gewächse, als sie aus den Bergen über ihnen ein donnerndes Getöse vernahmen. Das Rumpeln kam rasch näher und erweckte unterwegs noch lauteres Donnergrollen. Eibon hätte jetzt wohl zu Zhothaqquah gebetet und Morghi gern zu seiner Göttin Yhoundeh gefleht, doch leider reichte dafür die Zeit nicht mehr aus. Die beiden verschwanden unter einer Riesenwoge kullernder Knollengewächse und abknickender Giftpilze, die von der in den Berghöhen ausgelösten Felslawine erfasst worden waren – und fortgerissen mit wachsender Gewalt, in schwindelndem Tempo, mit Tumult und Getöse und gefangen in einer immer weiter anschwellenden Schwemme aus zermalmten Pilzen, vollendeten sie ihren Abstieg aus den Bergen in weniger als einer einzigen Minute.

V

Während sie sich aus dem sie umgebenden Brei aus Pilzen und Knollenbrocken freizukämpfen versuchten, bemerkten Eibon und Morghi, dass noch immer reger Tumult herrschte, obwohl die Lawine inzwischen zum Stillstand gekommen war. In dem Haufen rührte sich noch Weiteres als nur sie selbst. Sobald sie ihre Hälse und Schultern hervorgezwängt hatten, erkannten die beiden, dass das Gewoge von einigen Individuen verursacht wurde, die sich von ihren vormaligen Gastgebern, den Bhlemphroim, allein durch den Besitz von ansatzweise ausgebildeten Köpfen unterschieden.

Diese Kreaturen gehörten zum Volk der Ydheem und eine ihrer Ansiedlungen war soeben von der Lawine überrollt worden. Allmählich tauchten aus dem Geröll und der Masse zermahlener Pilze Dächer und Türme auf. Direkt vor den Hyperboreern ragte ein großes tempelartiges Gebäude empor, aus dessen verschütteter Pforte sich eine Anzahl der Ydheem ans Tageslicht wühlte. Kaum wurden sie Eibons und Morghis ansichtig, unterbrachen sie ihre Arbeit. Der Hexer, der inzwischen aus den Lawinenresten hervorgekrochen war und sich vergewissert hatte, dass seine Knochen heil und seine Glieder gebrauchsfähig geblieben waren, ergriff nun die Gelegenheit, das Wort an die Ydheem zu richten.

»Schenkt mir Gehör!«, rief er gewichtig. »Ich bin gekommen, um euch eine Botschaft des Gottes Hziulquoigmnzhah zu überbringen. Um diesen Auftrag getreulich auszuführen, habe ich einen weiten Weg voller Beschwernisse und Gefahren auf mich genommen. In der eigenen erlauchten Sprache des Gottes lautet seine Botschaft: *lqhui dlosh odhqlonqh!*«

Da Eibon im Dialekt der Bhlemphroim sprach, der sich geringfügig von dem der Ydheem unterschied, ist es fraglich, ob seine Zuhörer den ersten Teil seiner Rede restlos verstanden. Doch Hziulquoigmnzhah war ihr Schutzgott, und sie verstanden die Sprache der Götter. Beim Klang der Worte »lqhui dlosh odhqlonqh« brach die allgemeine Betriebsamkeit erneut aus, nur sehr viel reger als zuvor. Die Ydheem rannten jetzt geschäftig hin und her, gutturale Kommandos wurden laut und noch mehr Köpfe und Körperglieder schälten sich aus den Lawinenresten.

Jene, die sich aus dem Tempel gearbeitet hatten, eilten wieder hinein und tauchten augenblicklich erneut auf. Sie schleppten ein großes Standbild des Gottes Hziulquoigmnzhah, außerdem Abbilder geringerer, aber verwandter Götter und eine sehr alt wirkende Kultfigur, der sowohl Eibon als auch Morghi eine gewisse Ähnlichkeit mit Zhothaqquah anmerkten. Andere Ydheem bargen Hausrat und Möbel aus ihren Wohnstätten. Sie bedeuteten den Hyperboreern, sich ihnen anzuschließen, und schon begann die gesamte Einwohnerschaft, die Ansiedlung zu räumen.

Eibon und Morghi standen vor einem absoluten Rätsel. Erst später, nach der Errichtung einer neuen Ansiedlung auf der pilzbewaldeten Ebene, die sie nach einem Tagesmarsch erreichten, und nachdem die beiden Hyperboreer priesterliche Ämter im neu erbauten Tempel bekleideten, sollten sie den Grund der Massenflucht erfahren sowie die Bedeutung der Worte »lqhui dlosh odhqlonqh«. Sie bedeuteten lediglich: »Weichet von hinnen!« Der Gott hatte sie als eine Verabschiedung an Eibon gerichtet. Doch die zufällig im passenden Moment abgehende Lawine, verbunden mit dem zeitgleichen Auftauchen Eibons und Morghis samt dieser vermeintlichen Botschaft des Gottes, war von den Ydheem als höherer Befehl aufgefasst worden, ihre zerstörte Heimatsiedlung zu verlassen und sich mit ihrer gesamten Habe an einem anderen Ort anzusiedeln. Auf diese Weise kam es zum Massenauszug der Ydheem unter Mitführung ihrer Götterfiguren und ihres beweglichen Besitzes.

Die neue Siedlung wurde Ghlomph getauft, zum Gedenken an ihre von der Lawine verschlungene Vorgängerin. Hier lebten Eibon und Morghi für den Rest ihrer Tage in höchstem Ansehen. Ihr Eintreffen mit der Botschaft »lqhui dlosh odhqlonqh« galt als glückliche Fügung, da das wiedererstandene Ghlomph aufgrund seiner neuen, gebirgsfernen Lage fortan vor Lawinen sicher war.

Die Hyperboreer hatten Anteil an der Zunahme des allgemeinen Wohlstands und Wohlergehens, die aus dieser Sicherheit ersprossen. Eine Stammesmutter war bei den Ydheem, die sich auf weitaus gewöhnlichere Weise fortpflanzten als die Bhlemphroim, unbekannt, sodass das Dasein alles in allem unbedroht und beschaulich verlief.

Zumindest Eibon war ganz in seinem Element. Denn dank der von ihm überbrachten Kunde von Zhothaqquah, der in diesem Teil von Cykranosh noch immer in göttlichen Ehren gehalten wurde, hatte er eine Art minderen Prophetenstatus erlangt, ganz abgesehen von dem Ansehen, das er als Überbringer der Gottesbotschaft und als Gründer der neuen Siedlung Ghlomph ohnehin genoss.

Demgegenüber war Morghi nicht vollkommen glücklich. Obschon die Ydheem gottesfürchtig waren, trieben sie ihren frommen Eifer nicht bis zur Bigotterie und Intoleranz. Daher war es nicht möglich, bei ihnen eine Art von Inquisition ins Leben zu rufen. Doch existierten hierfür durchaus Tröstungen: Der Pilzwein der Ydheem war berauschend, wenn auch von üblem Geschmack – und es gab auch so etwas wie Frauen, jedenfalls wenn man keine allzu hohen Ansprüche stellte. Infolgedessen legten Morghi und Eibon sich eine priesterliche Lebensweise zu, die nicht gar so sehr von den Gewohnheiten der Geistlichkeit abwich, die in Mhu Thulan oder an jedem anderen Ort ihres Herkunftsplaneten vorherrschten.

Dergestalt waren die mannigfachen Abenteuer und dergestalt war das letztendliche Los dieses gefürchteten Gespanns auf dem Planeten Cykranosh. Doch in Eibons Turm aus schwarzem Gneis auf jener Landspitze des nördlichen Meeres in Mhu Thulan warteten Morghis Schergen noch viele Tage lang, da sie weder dem Hohepriester durch das magische Paneel folgen mochten, noch es wagten, unter Missachtung seiner Befehle von der Stelle zu weichen.

Am Ende wurden sie durch eine Sondererlaubnis des Oberpriesters, der zu Morghis einstweiligem Nachfolger berufen worden war, von ihrem Posten zurückbeordert. Doch konnten die Folgen der ganzen Affäre aus der Sicht der Priesterschaft der Göttin Yhoundeh nur als höchst beklagenswert bezeichnet werden. Allgemein glaubte man,

Eibon war vermöge der machtvollen Magie entkommen, die Zhothaqquah ihn gelehrt hatte, und nicht wenige waren sogar überzeugt, dass Morghi sich an Eibons Seite aus dem Staub gemacht hatte. Infolge dieser weitverbreiteten Sichtweise verlor während des letzten Jahrhunderts vor dem Anbruch der großen Eiszeit der Glaube an Yhoundeh seine Macht und der dunkle Zhothaqquah-Kult erwachte in ganz Mhu Thulan zu neuem Leben.

Die namenlose Ausgeburt

Mannigfach an Zahl und Gestalt sind die schemenhaften Schrecken auf Erden, die des Planeten Schicksal bestimmen seit Anbeginn der Zeit. Sie schlummern unter dem unberührten Stein; sie sprießen mit dem Baum aus der Wurzel; sie wandeln auf dem Boden des Meeres und an Orten in den Tiefen des Erdreichs. Ungestört hausen sie an den heiligsten Stätten und entweichen zuweilen dem verschlossenen Sarg aus kostbarer Bronze genauso wie dem lehmversiegelten Grab. Manche sind den Menschen seit Langem bekannt. Andere hinwieder, die kein Sterblicher ahnt, harren noch immer der furchtbaren Stunde ihrer Offenbarung. Die Schrecklichsten und Scheußlichsten von allen traten vielleicht noch gar nicht ans Licht. Doch unter jenen, die sich einstmals zu erkennen gaben und ihr Dasein offenbarten, ist einer, der nicht offen genannt werden darf ob seiner maßlosen Gräulichkeit. Jene Ausgeburt ist gemeint, die der versteckte Behauser der Beinhäuser zeugte und über die Sterblichen brachte.

— Aus dem *Necronomicon* des Abdul Alhazred

In gewisser Hinsicht ist es ein Glücksfall, dass die Geschichte, die ich jetzt zu erzählen habe, überwiegend aus vagen Facetten, unbestimmten Andeutungen und verbotenen Schlussfolgerungen besteht. Andernfalls könnte keines Menschen Hand sie jemals niederschreiben und keines Menschen Auge sie jemals lesen. Mein eigener geringer Anteil an dem schaurigen Drama beschränkt sich auf den Schlussakt; die vorangegangenen Szenen kenne ich nur als uralte und grausige Legende.

Auch so jedoch überlagert das verzerrte Spiegelbild jener widernatürlichen Schrecken rückblickend die wichtigsten Ereignisse des alltäglichen Lebens, lässt sie nur noch als zarte Spinnfäden durchscheinen, gewoben am finsteren, von Sturm umheulten Rand eines neu geöffneten Abgrunds – einer bodenlosen, halb aufklaffenden Leichengrube, in der die widrigste Fäulnis dieser Welt lauert und schwelt.

Die Legende, von der ich spreche, war mir von Kindesbeinen an vertraut, als Gegenstand von Geflüster und Kopfschütteln innerhalb meiner Familie, denn Sir John Tremoth war ein Schulfreund meines Vaters gewesen. Doch war ich Sir John niemals begegnet, hatte niemals Tremoth Hall betreten, bis zum Zeitpunkt der Ereignisse, die sich zu jener abschließenden Tragödie fügten. Mein Vater hatte mich von England nach Kanada mitgenommen, als ich noch ein Kleinkind gewesen war. Er hatte in Manitoba als Imker Erfolg gehabt, und nach seinem Tod war ich mit der Bienenzucht über Jahre hinweg viel zu ausgelastet gewesen, um mir den lang gehegten Traum zu erfüllen, das Land meiner Väter zu besuchen und seine Provinzidylle zu erkunden.

Bei meiner Abreise haftete die Geschichte nur noch sehr vage in meinem Gedächtnis, und als ich eine Motorradtour durch die englischen Grafschaften antrat, war Tremoth Hall nicht auf meiner Route eingeplant. In keinem Fall hätte es mich aus einer morbiden Neugier heraus in jene Gegend verschlagen, wie sie durch die schreckliche Geschichte vielleicht in anderen Menschen geweckt worden wäre. Als es dann doch zu dem Besuch kam, spielte der Zufall eine tragende Rolle. Ich hatte die genaue Lage des Anwesens vergessen und noch nicht einmal im Traum vermutet, dass ich mich in seiner Nähe befand. Andernfalls hätte ich trotz der Umstände, die mich zwangen, eine Unterkunft zu suchen, wohl lieber kehrtgemacht, statt in das geradezu dämonisch kummervolle Dasein des Hausherrn hineinzudrängen.

Bevor ich nach Tremoth Hall kam, war ich einen ganzen frühherbstlichen Tag lang durch eine hügelige Landschaft mit ruhigen, kurvenreichen Straßen und Wegen gefahren. Ein schöner Tag mit hellblauem Himmel über herrschaftlichen Parks, gefärbt von den ersten Gelb- und Rottönen des ausklingenden Jahres. Doch als der Nachmittag voranschritt, kroch von der unsichtbaren See her ein Nebel über die niedrigen Höhen heran und umfing mich mit seinem wirbelnden Gespensterreigen. Irgendwie kam ich in diesem trügerischen Dunst vom Pfad ab und verpasste das Schild, das mir die Richtung zu dem Dorf gewiesen hätte, wo ich die kommende Nacht hatte verbringen wollen.

Auf gut Glück fuhr ich noch eine Zeit lang weiter, denn ich hoffte, schon bald zur nächsten Abzweigung zu gelangen. Der Weg, dem ich folgte, war kaum mehr als ein Holperpfad und bemerkenswert verlassen. Der Nebel war dunkler und dichter geworden und verschluckte die Landschaft. Soweit ich es überhaupt noch erkennen konnte, bestand die Gegend aus Heideland, durchsetzt mit Felsbrocken, ohne jegliches

Anzeichen von Bebauung. Ich erreichte eine flache Hügelkuppe und fuhr einen langen, einförmigen Hang hinab, während der Nebel zunehmend mit dem dichter werdenden Zwielicht verschmolz. Ich meinte, in westlicher Richtung zu fahren – doch vor mir in der fahlen Dämmerung kündete nicht der geringste rötliche Glanz oder Schimmer von der erloschenen Glut des Sonnenuntergangs. Ein dumpfer Geruch mit salzigem Beigeschmack gleich der Ausdünstung meernaher Moore schlug mir ins Gesicht entgegen.

Die Route beschrieb eine scharfe Kurve und es schien, als trüge mein Motorrad mich zwischen Hügelland und Sumpfland dahin. Die Nacht breitete sich fast schon widernatürlich schnell aus, als wollte sie mich einholen, bevor ich ihr entkam. In mir keimten vage Besorgnis und Furcht auf, denn ich schien mich in Gefilde verirrt zu haben, die weitaus unheimlicher waren als eine englische Grafschaft. Der Nebel und das Abendgrauen schienen eine stumme Landschaft kalten, tödlichen, beklemmenden Geheimnisses zu verbergen.

Schließlich erblickte ich rechts des Fahrwegs und ein Stück voraus ein Licht, das irgendwie an ein trauriges, von Tränen getrübtes Auge gemahnte. Es leuchtete inmitten verschwommener, undeutlicher Zusammenballungen auf, als handelte es sich um Bäume eines Geisterwaldes. Eine näher gelegene dunkle Masse löste sich, während ich darauf zufuhr, in ein kleines Pförtnerhaus auf, wie es über die Auffahrt zu einem herrschaftlichen Anwesen wachen mochte. Es lag im Dunkeln und war offenbar unbewohnt. Ich hielt und strengte meine Augen an. Vor mir zeichnete sich ein gusseisernes Tor inmitten einer wild wuchernden Eibenhecke ab.

All dies besaß eine trostlose und abschreckende Aura. Tief im Mark verspürte ich die beklemmende Kälte, die jene düsteren, beständig wirbelnden Nebelschwaden von den unsichtbaren Sümpfen mitgebracht hatten. Doch das Licht versprach menschliche Nähe in dem einsamen Hügelland. Und vielleicht fände ich ein Dach für die Nacht oder würde wenigstens jemanden antreffen, der mir den Weg zu einem Dorf oder einem Gasthof in der Nähe weisen konnte.

Ich war ein wenig überrascht, das Tor unverschlossen vorzufinden. Beim Zurückschwingen gab es ein rostraues Knirschen von sich, als wäre es schon seit langer Zeit nicht mehr geöffnet worden. Das Motorrad vor mir herschiebend, folgte ich einer von Unkraut überwucherten Zufahrt in jene Richtung, die mir das Licht wies. Die weitläufige Masse eines großen Gutshauses schälte sich aus der Dunkelheit, umgeben von Bäumen und Büschen, deren einstmals künstliche Umrisse gleich denen der struppigen Eibenhecke zu weitaus bizarreren Formen verwilderten, als die Schere des Heckengärtners sie ihnen hätte verleihen können.

Der Nebel war einem kalten Nieselregen gewichen. In der Finsternis mehr tastend als sehend, stieß ich ein wenig abseits des Fensters, in dem das einsame Licht flackerte, auf eine dunkle Tür. Als Antwort auf mein hartnäckiges, dreimal wiederholtes Anklopfen vernahm ich schließlich den gedämpften Klang schleppender, schlurfender Schritte. Die Tür wurde mit einer Langsamkeit aufgezogen, die von Argwohn oder Widerwillen zu zeugen schien. Und dann stand ich einem alten Mann gegenüber, der einen Leuchter mit einer brennenden Wachskerze in der Hand hielt. Seine Finger zitterten aufgrund von Alterslähmung oder Altersschwäche. Hinter ihm in der düsteren Diele flackerten monströse

Schatten und streiften seine runzligen Gesichtszüge wie das Flattern unheilvoller, fledermausförmiger Schwingen.

»Was wünschen der Herr?«, fragte er. Er sprach mit zittriger, unsicherer Stimme, aber sein Tonfall klang keinesfalls unwirsch und verriet auch nichts von dem Misstrauen oder der offenen Zurückweisung, für die ich mich insgeheim bereits gewappnet hatte. Dennoch hörte ich Zögerlichkeit oder Unschlüssigkeit heraus. Und als der alte Mann meinen Bericht der Umstände vernahm, die mich dazu veranlasst hatten, an seine einsame Tür zu pochen, bemerkte ich, dass er mich mit einem scharfen Blick musterte, der meinen ersten Eindruck fortgeschrittener Vergreisung Lügen strafte.

»Mir war klar, dass Sie ein Fremder in dieser Gegend sind«, erklärte er, als ich zu Ende gesprochen hatte. »Doch dürfte ich Ihren Namen erfahren, mein Herr?«

»Ich bin Henry Chaldane.«

»Sind Sie nicht der Sohn von Mr. Arthur Chaldane?«

Leicht verblüfft bestätigte ich die mir zugeschriebene Abstammung.

»Sie sehen Ihrem Vater ähnlich, mein Herr. Mr. Chaldane und Sir John Tremoth waren enge Freunde damals, bevor Ihr Vater nach Kanada ging. Wollen Sie nicht eintreten, mein Herr? Dies ist Tremoth Hall. Sir John pflegt schon seit langer Zeit keine Gäste mehr zu empfangen. Aber ich werde ihm melden, dass Sie hier sind. Es kann sein, dass er Sie zu sehen wünscht.«

Bestürzt – und nicht gerade angenehm überrascht angesichts der Mitteilung, an welchem Ort ich mich befand – folgte ich dem alten Mann in ein Arbeitszimmer voller Bücherregale, dessen Einrichtung von Luxus und von Vernachlässigung gleichermaßen zeugte. Hier entzündete er eine altmodische Öllampe mit einem bemalten Schirm, auf dem der Staub lastete, und ließ mich mit den noch staubigeren Büchern und Möbeln allein.

Ich empfand eine eigentümliche Verlegenheit, fühlte mich fast als Eindringling, während ich im trübgelben Schein der Lampe abwartete. Jetzt kamen mir die Einzelheiten der merkwürdigen, grausigen, halb vergessenen Geschichte wieder in den Sinn, die ich in Kindertagen aus dem Mund meines Vaters vernommen hatte.

Lady Agatha Tremoth, Sir Johns Gemahlin, erlitt im ersten Jahr ihrer Ehe Anfälle von Starrsucht. Der dritte Anfall führte offensichtlich zum Tod, da die Kranke nach der üblichen Zeitspanne nicht wieder ins Leben zurückkehrte und alle Anzeichen von *rigor mortis* aufwies. Lady Agathas sterbliche Hülle wurde in die Gewölbe der Familiengruft gebettet, deren Alter und Ausdehnung ans Sagenhafte grenzte und die in den hinter dem Landsitz aufragenden Hügel hineingebaut worden war. Am Tag nach der Beisetzung betrat Sir John, geplagt von einem eigenartigen, beharrlichen Zweifel bezüglich der Endgültigkeit der medizinischen Diagnose, die Gruft zum zweiten Mal. Er kam gerade im rechten Moment, um einen gellenden Schrei zu vernehmen und Lady Agatha zu erblicken, die sich in ihrem Sarg aufrichtete. Der Deckel, der auf den Sarg genagelt worden war, lag auf dem steinernen Fußboden. Es schien undenkbar, dass die Befreiungsversuche der geschwächten Frau ihn dorthin befördert hatten. Doch gab es keine andere glaubhafte Erklärung, zumal Lady Agatha nur wenig Erhellendes über die begleitenden Umstände ihrer ungewöhnlichen Wiederauferstehung beizutragen vermochte.

Halb betäubt und fast wahnsinnig im Bann eines furchtbaren Grauens, das nur allzu verständlich war, berichtete sie unzusammenhängend von dem Erlebten. Sie schien nicht mehr zu wissen, wie sie sich aus dem Sarg freigekämpft hatte. Vor allem wurde sie von Erinnerungen an ein bleiches, abscheuerregendes, nicht menschliches Gesicht geplagt, das sie in der Düsternis erblickt hatte, nachdem sie aus ihrem überlangen, todesgleichen Schlaf erwacht war. Der Anblick ebendieses Gesichtes, das sich über sie beugte, während sie in dem *offenen* Sarg lag, hatte ihr jenen gellenden Schrei entrissen.

Das Ding war verschwunden, ehe Sir John hinzukam, und hastig in die tiefer gelegenen Gewölbe entflohen. Von seiner körperlichen Erscheinung hatte Lady Agatha nur einen unvollkommenen Eindruck bewahrt. Doch glaubte sie, es wäre groß und weiß und wie ein Tier auf allen vieren gerannt, wenngleich seine Gliedmaßen halb menschlich waren.

Natürlich hielt man ihre Geschichte für einen Traum oder eine Ausgeburt ihres Fieberwahns, bedingt durch den furchtbaren Schock ihres Erlebnisses, der jegliche Erinnerung an die real erlittenen Schrecken getilgt hatte. Doch schien die Erinnerung an das grausige Gesicht und die grässliche Gestalt dauerhaft Besitz von ihr zu ergreifen, verbunden mit dem Gefühl einer irrsinnigen Furcht. Sie genas nicht von ihrer Erkrankung, sondern lebte fortan in einem Zustand geistiger und körperlicher Zerrüttung. Neun Monate später starb sie nach der Geburt ihres ersten Kindes.

Ihr Tod kam einer Gnade gleich. Denn das Kind, so schien es, war eine jener schrecklichen Missgeburten, die manchmal in menschlichen Familien auftreten. Worin genau die Abnormität des Kindes bestand, blieb unklar. Aber angeblich wurden von den Ärzten, Krankenpflegerinnen und Bediensteten, die es zu Gesicht bekamen, erschreckende und widersprüchliche Gerüchte in Umlauf gesetzt. Einige der Dienstboten hatten Tremoth Hall verlassen und ihre Rückkehr verweigert, nachdem sie einen einzigen flüchtigen Blick auf den missgebildeten Säugling erhascht hatten.

Nach Lady Agathas Tod hatte sich Sir John aus der Gesellschaft zurückgezogen. Wenig bis nichts wurde bekannt über seinen Zeitvertreib oder über das Schicksal des grauenvollen Abkömmlings. Doch hieß es, das Kind werde in einem abgesperrten Raum mit Eisengittern an den Fenstern verwahrt, den niemand außer Sir John jemals betrat. Die Tragödie hatte sein ganzes Leben zerstört und ihn zum Einsiedler werden lassen, der sein Dasein lediglich in Gesellschaft von einem oder zwei treuen Dienern fristete und seinen Besitz durch Vernachlässigung in trauriger Weise verkommen ließ.

Ohne Zweifel, so sagte ich mir, war der alte Mann, der mich eingelassen hatte, einer der verbliebenen Dienstboten. Mir ging noch immer die grauenvolle Legende durch den Kopf. Und ich versuchte nach wie vor, mir bestimmte, fast schon vergessene Einzelheiten daraus ins Gedächtnis zu rufen, als ich das Geräusch von Schritten vernahm, die nach ihrer Schwerfälligkeit und Kraftlosigkeit zu urteilen von dem zurückkehrenden Hausdiener stammten.

Doch ich irrte mich – denn die Person, die kurz darauf eintrat, war niemand anders als Sir John Tremoth selbst. Die hochgewachsene, leicht gebeugte Gestalt strahlte eine Würde aus, die über die zweifache Verheerung durch menschlichen Kummer und durch menschliche Krankheit zu obsiegen schien. Das zerfurchte Antlitz wirkte, als hätten Rinnsale einer ätzenden Säure sich hineingefressen. Aus irgendeinem Grund hatte ich einen alten Mann erwartet (obwohl ich mir sein Alter leicht hätte ausrechnen können). Doch Sir John war kaum über die mittleren Jahre hinaus. Seine leichenhafte Blässe und der gebrechliche, taprige Gang entsprachen denen eines Mannes, der mit einem schweren Leiden geschlagen ist.

Die Art, in der er das Wort an mich richtete, war untadelig höflich und sogar zuvorkommend. Doch seine Stimme klang nach jemandem, für den der Umgang und die gewöhnlichen Handlungen des menschlichen Zusammenlebens schon seit Langem unwesentlich und belanglos schienen.

»Harper sagt mir, dass Sie der Sohn meines alten Schulfreundes Arthur Chaldane sind«, richtete er das Wort an mich. »Ich heiße Sie willkommen, so bescheiden die Gastlichkeit, die ich zu bieten habe, auch sein mag. Ich habe seit vielen Jahren keine Besucher mehr empfangen und fürchte, dass Sie mein Haus recht langweilig und trostlos finden und mich für einen wenig zuvorkommenden Gastgeber halten werden. Trotzdem bitte ich Sie zu bleiben, und sei es nur für diese Nacht. Harper ist dabei, ein Abendessen für uns zu bereiten.«

»Sie sind zu freundlich«, erwiderte ich. »Doch fürchte ich, ungelegen zu kommen. Wenn –«

»Davon kann keine Rede sein«, widersprach Sir John entschieden. »Sie müssen mein Gast sein. Bis zur nächsten Herberge sind es mehrere Kilometer und der Nebel geht gerade in einen starken Regen über. Glauben Sie mir, ich bin froh, Sie hier zu haben. Beim Abendbrot müssen Sie mir alles über Ihren Vater und sich selbst erzählen. Bis dahin werde ich sehen, dass ich ein Zimmer für Sie finde. Wenn Sie mir bitte folgen wollen.«

Er führte mich ins Obergeschoss des Landhauses und durch einen langen Flur mit Stützbalken und Wandpaneelen aus altem Eichenholz. Wir kamen an einigen Türen vorbei, die fraglos zu Schlafräumen gehörten. Alle waren geschlossen und eine von ihnen mit starken, unheilvoll wirkenden Eisenstreben verstärkt worden, als gehörte sie zu einer Kerkerzelle. Das ließ mich vermuten, dass es sich um jene Kammer handelte, in der man das missgestaltete Kind gefangen gehalten hatte. Und ich fragte mich, ob die Monstrosität jetzt, mehr als 30 Jahre später, immer noch am Leben war.

Wie furchtbar, wie zutiefst abscheulich musste die Abweichung dieser Kreatur von der menschlichen Gestalt gewesen sein, dass man sich genötigt sah, sie schleunigst vor fremden Blicken zu verbergen! Und welche Eigentümlichkeiten ihrer weiteren Entwicklung mochten wohl die Anbringung massiver Eisenstreben an einer Tür aus Eichenholz erforderlich gemacht haben, die allein schon stark genug gewesen wäre, dem Ansturm jedes normalen Menschen oder Tiers zu trotzen?

Ohne die Tür auch nur eines Blickes zu würdigen, schritt mein Gastgeber voran, wobei er uns mit einer Kerze leuchtete, die seine altersschwachen Finger ohne erkennbares Zittern umschlossen. Die sonderbaren Überlegungen, die ich anstellte, während ich ihm folgte, wurden mit nervenzerreißender Plötzlichkeit von einem lauten Schrei unterbrochen, der aus dem ausbruchssicheren Zimmer erscholl.

Dieser Laut bestand in einem anhaltenden, unablässig anschwellenden Geheul, das als tiefer Basston begann wie die aus einer Gruft herauftönende Stimme eines Dämons, um sich dann in furchtbaren Kadenzen zu gellender, hungriger Raserei emporzuschrauben, als wäre der Dämon über eine unterirdische Treppenflucht ins Freie gelangt. Der Laut war weder menschlich noch tierisch, sondern absolut unnatürlich … höllisch … grausam – und ich erschauderte, derartig beklemmend war das Gefühl des Schreckens, das immer noch anhielt, nachdem die dämonische Stimme ihren Höhepunkt überschritten hatte und Stufe um Stufe zu tiefer Grabesstille abgeflaut war.

Sir John hatte dem entsetzlichen Geräusch keine erkennbare Beachtung gezollt, sondern seinen Weg fortgesetzt, ohne dass sein tapriger Gang auch nur eine Spur unsicherer geworden wäre. Er war am Ende des Flurs angelangt und hielt vor der zweiten Tür hinter jenem Kerkerraum inne.

»Ich gebe Ihnen dieses Zimmer«, sagte er. »Es liegt direkt neben dem Gemach, das ich selbst bewohne.« Er wandte mir sein Gesicht beim Sprechen nicht zu und seine Stimme wirkte unnatürlich gepresst und ausdruckslos. Mit einem Schaudern erkannte ich, dass das Zimmer, das er als sein eigenes bezeichnet hatte, unmittelbar neben dem Raum lag, aus dem allem Anschein nach das entsetzliche Geheul hervorgedrungen war.

Das Zimmer, in das Sir John mich eintreten ließ, war offenkundig seit Jahren nicht mehr in Gebrauch gewesen. Die Luft schien mir kalt, abgestanden und stickig zu sein, erfüllt von einer alles durchdringenden Muffigkeit. Auf den altertümlichen Möbeln hatten sich die unvermeidlichen Ablagerungen aus Staub und Spinnweben gebildet. Sir John holte zu einer Entschuldigung aus.

»Mir war der Zustand des Zimmers nicht bewusst«, versicherte er mir. »Nach dem Abendessen werde ich Harper heraufschicken, damit er ein wenig Staub wischt, aufräumt und das Bett frisch bezieht.«

Ich widersprach eher halbherzig, dass kein Anlass für eine Entschuldigung bestehe. Die menschenferne Abgelegenheit und der heruntergekommene Zustand des Landhauses, seine vielen Jahre und Jahrzehnte der Vernachlässigung und die damit einhergehende Einsamkeit seines Eigentümers hatten mich schmerzlicher berührt denn je. Und ich wagte es nicht, allzu viele Spekulationen über das grässliche Geheimnis des versperrten Zimmers anzustellen – und über das höllische Geheul, das noch immer in meinen erschütterten Nerven nachbebte.

Schon bedauerte ich den außergewöhnlichen Zufall, der mich an jenen Ort des Bösen und der schwärenden Schatten geführt hatte. Ich verspürte den starken Drang zu fliehen und meine Reise trotz des kalten Herbstregens und der finsteren Sturmnacht fortzusetzen. Doch fiel mir kein ausreichend stichhaltiger und glaubhafter Vorwand ein. Offenkundig blieb mir keine andere Wahl als zu bleiben.

Unser Abendessen wurde in einem düsteren, wenngleich prachtvoll ausgestatteten Zimmer aufgetragen, und zwar von demselben alten Mann, den Sir John als Harper bezeichnet hatte. Das Mahl war schlicht, aber sättigend und schmackhaft zubereitet. Die Bedienung erfolgte mustergültig. Allmählich mutmaßte ich, dass Harper der einzige Hausangestellte war – eine Mischung aus Kammerdiener, Butler, Haushälter und Koch.

Trotz meines Hungers und der Anstrengungen, die mein Gastgeber zu meinem Wohlbefinden unternahm, war die Mahlzeit eine feierlich-ernste, ja fast schon triste Angelegenheit. Mir ging die Geschichte nicht aus dem Sinn, die mein

Vater mir erzählt hatte. Noch weniger gelang es mir, die versperrte Tür und das unheilvolle Geheul aus meinen Gedanken zu verbannen. Worum auch immer es sich handelte: Die Missgeburt lebte. Ich verspürte eine Mischung aus Hochachtung, Mitgefühl und Grauen, als ich mir das hagere, edelmütige Antlitz von Sir John Tremoth betrachtete und über die lebenslange Hölle nachsann, in die er verdammt worden war. Und über die offenkundige Seelenstärke, mit der er das unvorstellbare Martyrium ertrug, das diese Hölle ihm bereitete.

Eine Flasche erlesenen Sherrys wurde auf den Tisch gestellt. Bei dieser saßen wir eine oder zwei Stunden lang zusammen. Sir John sprach recht ausführlich über meinen Vater, von dessen Tod er noch keine Kenntnis gehabt hatte. Und mit dem unaufdringlichen Geschick des erfahrenen Weltmanns horchte er mich über meine eigenen Angelegenheiten aus. Über sich selbst erzählte er wenig, kein noch so beiläufiges Wort verlor er über die Familientragödie, die ich umrissen habe.

Da ich dem Alkohol nur mäßig zuspreche und mein Glas nicht allzu häufig leerte, wurde der größte Teil des schweren Weines von meinem Gastgeber genossen. Gegen Ende schien dies eine eigentümliche Neigung zur Vertraulichkeit in ihm hervorzukehren. Er kam erstmals auf die schlechte Gesundheit zu sprechen, die überdeutlich aus seinem Aussehen sprach. Ich erfuhr, dass er unter jener höchst schmerzhaften Herzerkrankung namens *angina pectoris* litt und sich erst kürzlich von einem ungewohnt heftigen Anfall erholt hatte.

»Der nächste wird mich töten«, sagte er. »Und er kann jederzeit stattfinden – vielleicht schon in dieser Nacht.« Sir

John traf diese Feststellung ganz beiläufig, als äußerte er eine alltägliche Trivialität oder erlaubte sich eine Voraussage über das Wetter. Dann, nach einer kurzen Pause, fuhr er in eindringlicherem und bedeutsamerem Tonfall fort:

»Vielleicht halten Sie mich für verschroben, doch hege ich ein eingefleischtes Vorurteil gegen jede Erd- oder Gruftbestattung. Ich möchte, dass meine sterblichen Reste vollständig verbrannt werden, und habe hierfür genaueste Anweisungen hinterlegt. Harper wird darauf achten, dass man sie wortgetreu befolgt. Das Feuer ist das sauberste und reinste aller Elemente und erspart einem die ganzen ekelhaften Zersetzungsprozesse zwischen dem Todeseintritt und der letztendlichen Staubwerdung. Ich kann die Vorstellung einer modrigen, wurmverseuchten Gruft einfach nicht ertragen.«

Er breitete sich noch eine Zeit lang weiter über dieses Sujet aus, und zwar auf eine ausführliche und eindringliche Art und Weise, die bewies, dass es sein Denken schon länger beherrschte, wenn er nicht sogar regelrecht davon besessen war. Es schien eine morbide Faszination auf ihn auszuüben … Und während er sprach, trat ein schmerzliches Leuchten in seine eingesunkenen, gequält blickenden Augen und seine Stimme nahm einen Beiklang krampfhaft unterdrückter Hysterie an. Ich musste an die Beisetzung Lady Agathas denken, an ihre tragische Wiedererweckung – und an das finstere, wahnwitzige Grauen der Grabgewölbe, das einen unerklärlichen und vage verstörenden Teil ihrer Geschichte ausgemacht hatte. Sir Johns Abneigung gegen Bestattungen ließ sich unschwer begreifen. Und doch erahnte ich nicht im Entferntesten das volle Ausmaß des Schreckens und des Grauens, auf denen seine Abscheu beruhte.

Harper hatte sich entfernt, nachdem er den Sherry gebracht hatte. Ich vermutete, dass er angewiesen worden war, mein Zimmer herzurichten. Sir John und ich hatten inzwischen unsere letzten Gläser geleert und der Redefluss meines Gastgebers war verstummt. Der Wein, der ihn kurzzeitig angeregt hatte, schien seine Wirkung zu verlieren, denn Sir John sah kränker und ausgemergelter aus denn je. Ich berief mich auf meine eigene Müdigkeit und äußerte den Wunsch, schlafen zu gehen. Sir John bestand in unbeirrbarer Höflichkeit darauf, mich zu meinem Zimmer zu geleiten und sicherzustellen, dass es mir an nichts fehlte, ehe er sich selbst zu Bett begab.

Im Flur des ersten Stockwerks trafen wir auf Harper, der gerade eine Treppe herabstieg, die wohl zu einem Dachboden oder einem weiteren Obergeschoss führte. Er trug einen schweren, eisernen Napf, der noch ein paar Fleischbrocken enthielt. Als er an uns vorbeikam, streifte ein aus dem Gefäß dringendes Aroma deutlicher Überreife, ja, beginnender Verwesung meine Nase. Ich fragte mich, ob Harper die geheimnisvolle Missgeburt gefüttert hatte und ob ihre Fütterung durch eine Falltür in der Decke des versperrten Zimmers erfolgte. Diese Vermutung lag nahe. Dennoch begann der Gestank der Fleischstücke durch eine abseitige, halb literarische Gedankenverbindung andere Vermutungen in mir heraufzubeschwören, welche, so schien es, jenseits des Möglichen und Erklärbaren lagen.

Gewisse zusammenhanglose, schwer fassliche Hinweise schienen sich mit einem Mal zu einem grässlichen und abscheuerregenden Ganzen zu fügen. Es gelang mir nur unvollkommen, mich selbst davon zu überzeugen, dass das Ding, das ich mir unwillkürlich ausgemalt hatte, eine wissenschaftliche Unmöglichkeit darstellte, eine bloße Ausgeburt teuflischen Aberglaubens. Nein, es konnte nicht sein … ausgerechnet hier in England … dass jener Leichen schmausende Dämon arabischer Märchen und Legenden existierte … der *Ghoul.*

Entgegen meinen Befürchtungen wiederholte sich das höllische Geheul nicht, als wir am Geheimzimmer vorbeikamen. Doch meinte ich, ein gemächliches Knirschen zu vernehmen, als ob ein großes Tier sein Fressen verschlang.

Mein Zimmer, obwohl noch immer reichlich düster und trostlos, war von seinen Staubschichten und verfilzten Spinnweben befreit worden. Nachdem er es persönlich in Augenschein genommen hatte, ließ Sir John mich allein und suchte sein eigenes Schlafgemach auf. Als er mir eine gute Nacht wünschte, erschütterten mich seine tödliche Blässe und Schwäche. Mich überkam die schuldbewusste Befürchtung, die Anstrengung, einen Gast zu empfangen und zu bewirten, könnte die schwere Krankheit, unter der er litt, verschlimmert haben. Unter seinem perfekten Schutzpanzer weltgewandter Höflichkeit meinte ich Elend und Qual wahrzunehmen. Ich fragte mich, ob die Wahrung der Etikette nicht einen allzu hohen Preis von ihm gefordert hatte.

Meine Ermüdung nach der ganztägigen Reise im Zusammenklang mit dem schweren Wein hätte bewirken müssen, dass ich schnell einschlief. Doch obwohl ich mit fest geschlossenen Lidern in der Dunkelheit lag, gelang es mir nicht, die bösen Schatten zu verbannen, jene schwarzen, leichenhaften Larven, die aus dem alten Haus hervorkrochen und mich umwimmelten. Unerträgliche und verbotene Dinge drangen mit ihren schmierigen Klauen auf mich ein, streiften mich mit ekelhaften Wurmleibern, während ich mich endlose Stunden lang herumwälzte und von meinem Lager aus das graue Rechteck des vom Sturm verdunkelten Fensters anstarrte. Das Prasseln der Regentropfen sowie das Rauschen und Seufzen des Windes mischten sich zum grässlichen Gewisper halb verständlicher Stimmen, die sich gegen meine innere Ruhe verschworen und in einer dämonischen Sprache abscheuerregend von namenlosen Geheimnissen kündeten.

Schließlich, nach dem scheinbaren Verstreichen nächtlicher Jahrhunderte, erstarb der Sturm und die mehrdeutigen Stimmen verstummten. Das Fenster in der schwarzen Zimmerwand klarte ein wenig auf und die Schrecken der Schlaflosigkeit, die mich die ganze Nacht beherrscht hatten, schienen sich teilweise zu verflüchtigen – jedoch ohne mir den erlösenden Schlummer zu gewähren. Ich wurde mir der vollkommenen Stille bewusst. Und dann gewahrte ich inmitten dieser Stille ein seltsames, leises, beunruhigendes Geräusch, dessen Ursache und Ursprungsort mich viele Minuten lang vor ein Rätsel stellten.

Zeitweise klang der Laut gedämpft und weit entfernt. Dann wieder schien er näher zu kommen und direkt aus dem angrenzenden Zimmer zu dringen. Allmählich identifizierte ich das Geräusch als ein Scharren, wie es etwa die Krallen eines Tieres auf massivem Holz hervorrufen würden.

Ich richtete mich im Bett auf und lauschte angestrengt. Mit neu erwachendem Grausen erkannte ich, dass das Geräusch aus der Richtung des versperrten Zimmers kam. Es trug einen eigentümlichen Widerhall mit sich. Dann wurde es fast unhörbar. Und plötzlich verstummte es vorübergehend. Während dieser Zeit vernahm ich ein einzelnes Stöhnen wie von einem Mann, der unter dem Eindruck großer Pein oder großen Schreckens stand. Über den Ursprung des Stöhnens, das aus Sir John Tremoths Zimmer gedrungen war, bestand kein Zweifel; auch zweifelte ich nicht länger an der Ursache des Scharrens.

Das Stöhnen wiederholte sich nicht. Dafür setzte das höllische, schabende Geräusch erneut ein und hielt bis zum Tagesbeginn an. Anschließend verstummte das leise, emsige Kratzen und ließ sich nicht wieder vernehmen, so als wäre die Kreatur, die es verursachte, ausschließlich nachtaktiv. In einem Zustand dumpfer, albtraumhafter Vorahnung, benommen von Erschöpfung und Schlafmangel, hatte ich mit unerträglich angespanntem Gehör dem Geräusch gelauscht. Als es erstarb, im fahlgrauen Frühlicht, glitt ich in einen tiefen Schlaf hinüber, den die leisen, gestaltlosen Gespenster des alten Familiensitzes mir nicht länger zu verwehren vermochten.

Ich wurde von einem lauten Klopfen an der Zimmertür geweckt – einem Klopfen, dem sogar meine schlaftrunkenen Sinne das Drängende und Dringliche entnehmen konnten. Es musste fast Nachmittag sein. Schlechten Gewissens, weil ich so hemmungslos verschlafen hatte, eilte ich zur Tür und öffnete sie. Der alte Hausdiener, Harper, stand auf der Schwelle. Seine zittrige, gramgebeugte Haltung verriet mir, noch ehe er ein Wort gesprochen hatte, dass etwas Furchtbares geschehen war.

»Ich bedaure Ihnen mitteilen zu müssen, Mr. Chaldane«, sagte er mit schwankender Stimme, »dass Sir John tot ist. Er antwortete nicht wie üblich auf mein Klopfen – daher nahm ich mir die Freiheit, sein Zimmer zu betreten. Er muss heute Morgen in aller Frühe verschieden sein.«

Über die Maßen schockiert von dieser Mitteilung, entsann ich mich des einzelnen Stöhnens, das ich beim ersten Morgengrauen vernommen hatte. Vielleicht hatte mein Gastgeber in genau jenem Augenblick den Geist aufgegeben. Zugleich erinnerte ich mich an jenes abscheuliche, albtraumhafte Schaben. Unweigerlich fragte ich mich, ob das Stöhnen von Angst ebenso wie von körperlicher Pein hervorgerufen worden war. Hatte die körperliche und seelische Anspannung während des Lauschens auf jenes abstoßende Geräusch den letzten Anfall von Sir Johns Krankheit herbeigeführt? Ich konnte dessen nicht sicher sein, doch schwirrte mein Hirn vor lauter grausigen und abscheulichen Mutmaßungen.

Mit den hilflosen Gemeinplätzen, auf die man bei solchen Gelegenheiten zurückgreift, sprach ich dem betagten Hausdiener mein Beileid aus und bot ihm jede Hilfe an, die ich bei den notwendigen Vorbereitungen zum Umgang mit den sterblichen Überresten seines Herrn leisten konnte. Da im Haus kein Telefon vorhanden war, erbot ich mich, einen Arzt aufzutreiben, der den Leichnam untersuchen und den Totenschein ausstellen würde. Der alte Mann schien darüber von beträchtlicher Erleichterung und Dankbarkeit erfüllt.

»Ich danke Ihnen, mein Herr«, sagte er tief empfunden. Dann, wie zur Erklärung: »Ich möchte Sir John nicht allein lassen – ich versprach ihm, dass ich seinen Leichnam streng bewachen würde.«

Sodann kam er auf Sir Johns Wunsch nach Einäscherung zu sprechen. Anscheinend hatte der Baronet explizite Anweisungen hinterlassen, welche die Errichtung eines Scheiterhaufens aus Treibholz auf dem Hügel hinter Tremoth Hall, auf dem seine Leiche verbrannt werden sollte, und das anschließende Verstreuen seiner Asche auf den Feldern des Anwesens betrafen. Er hatte seinen Diener beauftragt und ermächtigt, diese Anordnungen nach seinem Tod schnellstmöglich umzusetzen. Niemand sollte bei der Zeremonie zugegen sein, außer Harper und den bezahlten Leichenträgern. Sir Johns nähere Verwandte (von denen keiner in der Umgegend wohnte) sollten von seinem Ableben erst Kenntnis erlangen, nachdem alles vorüber war.

Ich lehnte Harpers Angebot ab, mir ein Frühstück zu bereiten, und erklärte, im Nachbardorf essen zu wollen. In Harpers Benehmen lag eine sonderbare Unruhe. Mit Gedanken und Gefühlen, die in dieser Erzählung nicht näher ausgeführt werden müssen, erkannte ich, dass Harper kaum abwarten konnte, seine versprochene Totenwache bei Sir Johns Leichnam anzutreten.

Es wäre ermüdend und überflüssig, eingehend bei dem trübseligen Nachmittag zu verweilen, der darauf folgte. Vom Meer her war wieder dichter Nebel aufgezogen und ich schien mir den Weg durch eine klamme und unwirkliche Welt zu ertasten, als ich die nahe gelegene Stadt zu erreichen suchte. Es gelang mir, einen Arzt ausfindig zu machen und ebenso einige Männer anzuheuern, die den Scheiterhaufen errichten und als Leichenträger fungieren sollten. Überall begegnete man mir mit einer eigentümlichen Verschlossenheit und niemand schien geneigt, sich zu Sir Johns Ableben zu äußern oder über die dunkle Legende zu sprechen, die mit Tremoth Hall untrennbar verbunden war.

Zu meiner Verwunderung hatte Harper vorgehabt, die Einäscherung sofort vorzunehmen. Dies erwies sich jedoch als undurchführbar. Denn sobald sämtliche Formalitäten und Vorbereitungen abgeschlossen waren, wich der Nebel einem gleichförmigen, endlosen Regenguss, der das Entfachen des Scheiterhaufens unmöglich machte. Daher sahen wir uns gezwungen, die Zeremonie zu verschieben. Ich hatte Harper zugesagt, dass ich im Haus bleiben würde, bis alles vorüber war. So kam es, dass ich eine zweite Nacht unter jenem Dach fluchbeladener und schrecklicher Geheimnisse verbrachte.

Die Dunkelheit senkte sich früh herab. Nach einem letzten Besuch im Dorf, den ich nutzte, um einige Sandwiches für Harper und mich selbst zu besorgen, welche uns das Abendbrot ersetzen sollten, kehrte ich zu dem einsamen Landsitz zurück. Als ich die Stufen zum Sterbezimmer emporstieg, trat mir Harper entgegen. Sein Gebaren offenbarte eine erhöhte Unruhe, als wäre etwas vorgefallen, das ihm Angst einflößte.

»Ob Sie mir heute Nacht wohl Gesellschaft leisten wollen, Mr. Chaldane?«, fragte er. »Es ist eine grausige Totenwache, an der ich Sie teilzunehmen bitte, und sie könnte auch gefährlich werden. Doch Sir John wäre Ihnen dankbar, dessen bin ich gewiss. Wenn Sie irgendeine Art von Waffe im Gepäck haben, sollten Sie sie besser holen.«

Es war unmöglich, seine Bitte abzuschlagen, und ich willigte sofort ein. Eine Waffe besaß ich nicht. Daher bestand Harper darauf, mich mit einem altertümlichen Revolver zu versorgen, dessen Gegenstück in seiner eigenen Hand ruhte.

»Mal ehrlich, Harper«, fragte ich ihn unumwunden, als wir durch den Flur zu Sir Johns Zimmer gingen. »Wovor haben Sie Angst?«

Bei meiner Frage zuckte er merklich zusammen und schien nicht geneigt, darauf zu antworten. Doch nach einem Augenblick erkannte er wohl, dass Offenheit geboten war.

»Vor dem Ding in dem verschlossenen Zimmer«, erklärte er. »Sie müssen es gehört haben, mein Herr. Wir haben es versorgt, Sir John und ich, 28 Jahre lang. Und immer hatten wir Angst, dass es ausbrechen könnte. Es hat uns nie viel Ärger bereitet ... solange wir ihm genug zu fressen gaben. Doch während der vergangenen drei Nächte scharrte es an der dicken Eichenholzwand zu Sir Johns Zimmer, was es zuvor noch nie getan hat. Sir John glaubte, dass es seinen Tod vorherahnte und an seinen Leichnam herankommen wollte – aus Hunger nach anderer Nahrung als der, die wir ihm vorsetzten. Aus diesem Grund müssen wir Sir John heute Nacht streng bewachen, Mr. Chaldane. Ich bete zu Gott, dass die Wand stabil genug ist. Doch das Ding fährt fort zu scharren und zu scharren wie ein Dämon – und mir gefällt der hohle Klang des Geräuschs nicht. Als wäre das Holz schon recht dünn.«

Entsetzt von dieser Bestätigung meiner furchtbarsten Ahnungen, vermochte ich darauf nichts zu erwidern, da jeder Kommentar erbärmlich unzureichend gewesen wäre. Aufgrund von Harpers offenem Bekenntnis warf die vermutete Abnormität einen dunkleren und weiter reichenden Schatten als zuvor, gewann eine stärkere und machtvollere Bedrohlichkeit. Gern hätte ich auf die versprochene Totenwache verzichtet, doch ein Rückzieher verbot sich natürlich von selbst.

Das bestialische, teuflische Scharren, lauter und ungebändigter als bislang, fiel meine Ohren an, als wir an dem versperrten Zimmer vorüberkamen. Ohne Weiteres begriff ich die namenlose Furcht, die den alten Diener dazu getrieben hatte, um meinen Beistand zu bitten. Das Geräusch war unsagbar angsteinflößend und nervenzermürbend in seiner unerbittlichen, grausigen Beharrlichkeit, seiner Andeutung ghoulischen Hungers. Es wurde sogar noch vernehmbarer, mit einer grässlichen, zermürbenden Resonanz, als wir das Sterbezimmer betraten.

Während des gesamten Bestattungstages hatte ich es vermieden, das Zimmer aufzusuchen, denn mir geht die morbide Neugier ab, mit der viele Menschen beinahe zwanghaft meinen, Tote begaffen zu müssen. So geschah es, dass ich meinen Gastgeber zugleich zum zweiten und letzten Mal erblickte. Vollständig bekleidet und auf die Einäscherung vorbereitet, lag er auf dem kalten weißen Bett, dessen reich verzierte, gobelinartigen Vorhänge zurückgezogen waren. Das Zimmer wurde von mehreren großen Kerzen erhellt, die auf einem kleinen Tisch in sonderbaren, vom Grünspan vieler Jahre überzogenen Messingleuchtern flackerten. Doch schien ihr Schein inmitten der düsteren Weiträumigkeit des Gemachs und seiner leichenhallenartigen Schatten nur ein trügerisches, trostloses Zwielicht zu verbreiten.

Beinahe gegen meinen Willen starrte ich auf die leblosen Gesichtszüge des Toten und wandte den Blick danach rasch ab. Zwar war ich für die reglose Blässe und Starrheit gewappnet gewesen, aber nicht für die restlose Offenbarwerdung der grässlichen Abscheu sowie des unmenschlichen Schreckens und Grauens, die das Herz dieses Mannes im Lauf höllengleicher Jahre zerfressen hatten – und die er im Leben mit nahezu übermenschlicher Willenskraft vor dem flüchtigen Beobachter verborgen hatte. Der Schmerz dieser Offenbarung war übermächtig und ich brachte es nicht über mich, einen zweiten Blick auf ihn zu werfen. In gewisser Weise schien es, als wäre er gar nicht tot – als lauschte er noch immer mit qualvoller Aufmerksamkeit den furchtbaren Geräuschen, die den letzten Anfall seiner Krankheit nur desto schneller herbeigeführt haben mochten.

Im Zimmer standen mehrere Stühle, die nach meiner Einschätzung ebenso wie das Bett aus dem 17. Jahrhundert stammten. Harper und ich wählten Sitzplätze neben dem kleinen Tisch, der zwischen dem Totenbett und jener in dunklem Holz getäfelten Wand aufgestellt war, hinter der das unentwegte, schabende Geräusch hervorzudringen schien. Schweigend, mit gezückten und schussbereiten Revolvern, traten wir unsere grausige Totenwache an.

Während wir auf unseren Stühlen saßen und warteten, verspürte ich einen widerwärtigen, aber unwiderstehlichen Zwang, mir die namenlose Missgeburt auszumalen … In meinen Gedanken jagten gestaltlose oder nur unvollständig manifestierte Bilder albtraumhafter Leichenhausschrecken einander in chaotischem Reigen. Eine grauenvolle Neugier, die mir sonst fremd war, drängte mich, Harper zu befragen. Doch eine noch stärkere Hemmung hielt mich davon ab. Der alte Mann bot von sich aus keinerlei Bemerkung oder Hinweis an, sondern fixierte die Wand mit Augen, die hell waren vor Furcht und in seinem greisenhaft wippenden Kopf keinen Lidschlag lang zu flackern schienen.

Es ist mir unmöglich, einen Begriff von der unnatürlichen Anspannung, der grausigen Ungewissheit und unheilvollen Erwartung der folgenden Stunden zu vermitteln. Die hölzerne Zwischenwand musste eine beträchtliche Stärke und Härte aufweisen, die jeder normalen Kreatur, die nur mit Krallen oder Zähnen versehen war, standgehalten hätte. Doch solch einleuchtenden Argumenten zum Trotz glaubte ich jeden Augenblick die Wand zu uns hereinbrechen zu sehen. Das schabende Geräusch klang endlos fort, und in meiner fiebrigen Vorstellung erscholl es mit jedem Atemzug deutlicher und näher. In regelmäßigen Abständen meinte ich ein leises, gieriges, hundegleiches Winseln zu vernehmen, wie es der Kehle eines hungrigen Tieres entrinnen mochte, das sich dem Ziel seiner Beutejagd nähert.

Weder Harper noch ich selbst hatten ein Wort darüber verloren, was wir tun sollten, falls das Ungeheuer sein Ziel erreichte. Allerdings schien eine unausgesprochene Übereinkunft für unser Vorgehen zu bestehen. Dennoch: Mit einer Neigung zum Aberglauben, deren ich mich nicht für fähig gehalten hätte, fragte ich mich allmählich, ob die Leibesbeschaffenheit des Ungeheuers ausreichend menschenähnlich war, sodass einfache Revolverkugeln ihm gefährlich werden konnten. Inwieweit würde es Merkmale seines unbekannten, legendenhaften väterlichen Elternteils aufweisen? Ich versuchte, mir einzureden, dass derlei Fragen und Überlegungen schlicht abwegig waren. Dennoch kehrte ich immer und immer wieder zwanghaft zu ihnen zurück, als lockte mich ein verbotener Abgrund.

Die Nacht strömte dahin wie ein dunkler, träger Fluss und die hohen, zur Begräbnisatmosphäre beitragenden Kerzen waren heruntergebrannt, bis nur noch die Breite eines Fingers sie von ihren grünspanverkrusteten Kandelabern trennte. Dieser Umstand allein vermittelte mir einen Begriff vom Verstreichen der Zeit – denn ich schien in einer schwarzen Ewigkeit zu ertrinken, gelähmt vom Kriechen und Brodeln blinder Schrecken. Ich hatte mich so sehr an das scharrende Geräusch hinter der Holzwand gewöhnt und es hatte so endlos lange angedauert, dass ich seine ständig zunehmende Deutlichkeit und Hohlheit mittlerweile für eine bloße Sinnestäuschung hielt. So geschah es, dass das Ende unserer Totenwache ohne spürbare Vorwarnung eintrat.

Ich starrte auf die Wand und lauschte mit regungsloser Ausdauer. Plötzlich vernahm ich einen heftigen, splitternden Laut und sah, dass ein langes, schmales Stück Holz aus der Vertäfelung gesprungen war und lose herabhing. Dann, noch ehe ich mich fassen oder dem grässlichen Zeugnis meiner Sinne Glauben schenken konnte, zerbarst und zersplitterte ein großer, halbrunder Abschnitt der Wand unter dem Aufprall eines schweren Körpers.

Vielleicht ist es ein Segen, dass ich nie in der Lage war, mich auch nur halbwegs klar an das Ding zu erinnern, das aus der Wandvertäfelung hervorbrach. Der Schock dieses Anblicks hat durch sein Übermaß an Grauen alle Einzelheiten fast vollständig aus meinem Gedächtnis getilgt. Doch bleibt mir der verschwommene Eindruck eines riesigen, weißlichen, haarlosen, pseudovierbeinigen Körpers, von Hundefängen in einem halb menschlichen Gesicht und von langen, hyänenscharfen Krallen an Vordergliedmaßen, die sowohl Arme als auch Beine waren. Grabgestank ging der Erscheinung voraus wie der Hauch aus der Höhle eines aasfressenden Tiers – und dann war das Ding auch schon mit einem einzigen albtraumhaften Satz über uns.

Ich hörte die Stakkatosalve aus Harpers Revolver, die laut und wütend durch den geschlossenen Raum hämmerte – doch meine eigene Waffe gab nur ein eingerostetes Klicken von sich. Vielleicht war die Patrone zu alt – jedenfalls hatte sich kein Schuss gelöst. Ehe ich den Abzug ein zweites Mal betätigen konnte, wurde ich mit furchtbarer Gewalt auf den Boden geschleudert und knallte mit dem Kopf gegen den massiven Fuß des kleinen Tisches. Ein schwarzer

Vorhang, gesprenkelt von zahllosen Flammen, schien auf mich niederzustürzen und mir die Sicht auf das Zimmer zu rauben. Dann erloschen die Flammen, zurück blieb nur Finsternis.

Erneut gewahrte ich Flammenschein und Schattenspiele. Doch der Flammenschein war hell und unstet und schien immer heller zu leuchten. Dann wurden meine stumpfen, benebelten Sinne abrupt wiederbelebt, als der beißende Geruch brennenden Stoffs an meine Nase drang. Das Innere des Zimmers trat mir wieder vor Augen und ich erkannte, dass ich im Schutz des umgestürzten Tisches auf dem Boden kauerte und auf das Sterbebett blickte. Die brennenden Kerzen waren zu Boden geschleudert worden. Eine von ihnen fraß ein stetig wachsendes Brandloch in den Teppich neben mir. Eine weitere hatte ihr Feuer verteilt und die Bettvorhänge entzündet, die augenblicklich bis zum ausladenden Betthimmel hinauf in hellen Flammen standen. Noch während ich so lag und starrte, fielen große, rötliche Fetzen des brennenden Stoffes an Dutzenden verschiedenen Stellen auf das Bett herab. Der Leichnam von Sir John Tremoth war binnen Sekunden von Feuerpfützen umgeben.

Taumelnd mühte ich mich auf die Beine, noch immer benommen von dem Sturz, der mich ins Vergessen geschleudert hatte. Das Zimmer war leer bis auf den alten Hausdiener, der neben der Tür lag und leise stöhnte. Die Tür selbst stand offen, als wäre jemand – oder etwas – während meiner Ohnmacht aus dem Zimmer entwichen.

Ich blickte wieder auf das Bett, beherrscht von der instinktiven, unbestimmt gefassten Absicht, einen Versuch zum Löschen des Feuers zu unternehmen. Die Flammen breiteten sich rasch aus, schlugen immer höher – doch waren sie nicht schnell genug, um die Hände und das Gesicht (wenn man es noch als ein solches bezeichnen konnte) jenes Etwas vor meinen schaudernden Blicken zu verbergen, das einmal Sir John Tremoth gewesen war. Bezüglich der letzten Schrecken, die ihm am Ende widerfahren waren, muss ich jede klare Andeutung verweigern – und ich wünschte, dass ich ebenso die Erinnerung daran abschütteln könnte … Zu spät war das Ungeheuer von den Flammen in die Flucht gejagt worden!

Mir bleibt nur noch wenig zu berichten. Als ich, Harper auf den Armen tragend, aus dem rauchgeschwängerten Zimmer in den Flur taumelte, warf ich einen letzten Blick zurück. Ich sah, dass das Bett und sein Baldachin sich in ein Meer hoch aufzüngelnder Flammen verwandelt hatten. Der glücklose Baronet hatte in seinem eigenen Sterbezimmer den Scheiterhaufen gefunden, den er sich mit so schrecklicher Inbrunst herbeigesehnt hatte.

Die Morgendämmerung war nicht mehr fern, als wir aus dem zum Untergang verurteilten Herrenhaus flohen. Der Regen hatte aufgehört. Zurückgeblieben war ein Himmel, der von hohen, fahlgrauen Wolken überzogen war. Die kalte Luft schien den bejahrten Hausdiener zu beleben. Kraftlos stand er neben mir und äußerte kein Wort, als wir der immer größer emporwachsenden Flammenhaube zusahen, die aus dem düsteren Dach von Tremoth Hall hervorbrach und einen düsteren Glutschein auf die verwilderten Hecken und knorrigen Bäume warf.

In der zweifachen Beleuchtung durch die glutlose Morgendämmerung und die furchtbare Feuersbrunst erblickten wir beide unter unseren Füßen jene halb menschlichen, ungeheuerlichen Spuren mit dem Merkmal langer, hundeartiger Krallen, die frisch und tief in den matschigen Boden eingeprägt waren. Sie kamen aus der Richtung des Herrenhauses und strebten dem von Heidekraut bewachsenen Hügel zu, der sich dahinter erhob.

Noch immer schweigend folgten wir der Spur. Beinahe ohne Unterbrechung führte sie zum Zugang der alten Familiengrüfte, zu der schweren Eisenpforte in der Hügelflanke, die auf Sir John Tremoths Anweisung eine ganze Generation lang versperrt geblieben war. Die Pforte schwang auf und wir erkannten, dass ihre rostzerfressene Kette und das Schloss mit einer Gewalt zerschmettert worden waren, welche die Körperkräfte jedes Menschen und jedes Tieres übertraf. Als wir ins Innere der Begräbnisstätte spähten, erblickten wir die von feuchter Erde umsäumten Spuren, die ohne Rückkehr über die steinernen Stufen hinab in die Finsternis der Grüfte führten.

Wir waren beide unbewaffnet, hatten wir doch unsere Revolver im Sterbezimmer zurückgelassen. Dennoch zögerten wir nicht lange. Harper verfügte über einen großzügigen Vorrat an Zündhölzern. Ich sah mich um und entdeckte einen schweren Knüppel aus nassem, aufgequollenem Holz, der mir als Waffe dienen konnte. In grimmigem Schweigen, stumm entschlossen und ungeachtet jeglicher Gefahr, führten wir eine eingehende Durchsuchung der nahezu grenzenlosen Grabgewölbe durch und entzündeten ein Streichholz nach dem anderen, während wir inmitten modriger Schatten voranpirschten.

Die ghoulischen Fußstapfen verblassten, je weiter wir ihnen in jene schwarzen Tiefen folgten. Und nirgendwo trafen wir etwas anderes an als nach Fäulnis riechende Feuchtigkeit und staubige Spinnweben sowie die zahllosen Särge der Toten. Das Ding, das wir aufspüren wollten, war spurlos verschwunden, als hätten es die unterirdischen Mauern verschluckt.

Schließlich kehrten wir zum Eingang zurück. Dort standen wir mit grauen und eingefallenen Gesichtern blinzelnd im hellen Tageslicht. Erstmals seit Längerem erhob Harper seine schwache, zittrige Stimme:

»Vor vielen Jahren – kurz nach Lady Agathas Tod – durchforschten Sir John und ich die Grabgewölbe von einem Ende bis zum anderen. Doch entdeckten wir nicht die geringste Spur von dem Ding, das wir dort unten vermuteten. Heute wie damals ist jede Suche sinnlos. Es gibt Geheimnisse, die, so wahr uns Gott helfe, niemals ergründet werden. Alles, was wir wissen, ist, dass die Ausgeburt der Grabgewölbe an ihre Heimstätte zurückgekehrt ist. Möge sie für immer dortbleiben.«

Stumm wiederholte ich in meinem erschütterten Herzen den diesen letzten Worten innewohnenden Wunsch.

Das wunderliche Schicksal des Avoosl Wuthoqquan

I

»Eine Gabe, eine milde Gabe, o wohltätiger und großherziger Schutzherr der Armen!«, flehte der Bettler.

Avoosl Wuthoqquan, der reichste und habgierigste Geldverleiher Commorioms und damit ganz Hyperboreas, schrak aus seinen verträumten Gedanken auf beim Gekeife der unheimlichen, zikadenhaft zirpenden Stimme. Er bedachte den Bittsteller mit einem missgelaunten, mürrischen Blick. Die Betrachtungen, denen er an jenem Abend auf dem Heimweg nachgehangen hatte, waren aufs Köstlichste erfüllt gewesen vom Glanz wertvoller Metalle, von Münzen und Barren aus Silber und Gold und vom Glühen und Glitzern vielfarbiger Edelsteine, die sich als Rinnsale, Ströme und Sturzbäche in die Schatullen Avoosl Wuthoqquans ergossen. Nun war die Vision verflogen – und diese unerbetene und zudringliche Stimme begehrte Almosen.

»Ich gebe nichts.« Avoosl Wuthoqquans Stimme hörte sich an, als schnappte ein Tresorschloss zu.

»Nur zwei *Pazoor,* o Großmütiger, und ich will dir die Zukunft enthüllen!«

Avoosl Wuthoqquan musterte den Bettler genauer. Noch nie, während all seiner Fahrten durch Commoriom nicht, war ihm ein derartig schäbiges Exemplar der Bettlerzunft unter die Augen gekommen. Der Mann besaß ein widernatürlich hohes Alter und seine mumienbraune Haut war, wo immer sie hervorschien, durchfurcht von Falten und Runzeln, die dem dicht gewobenen Netz einer riesigen Urwaldspinne glichen. Der Zustand der Lumpen, die er am Leibe trug, grenzte ans Sagenhafte, und sein Bartgestrüpp, das sich herabwuchernd mit den Lumpen verfilzte, war altersgrau wie das Mooskleid eines urzeitlichen Wacholderstrunks.

»Ich bedarf deiner Orakel nicht.«

»Wenigstens einen einzigen *Pazoor!*«

»Nein!«

Tief in ihren dunklen Höhlen nahmen die Augen des Bettlers einen bösen, heimtückischen Ausdruck an, den Köpfen zweier giftiger kleiner Nattern gleich, die in ihren Nestern erwachen.

»Dann also, o Avoosl Wuthoqquan«, zischte er gepresst, »dann also sollst du deine Zukunft ganz umsonst erfahren. So vernimm denn dein Schicksal: Die gottlose und unmäßige Leidenschaft, die dich an alle weltlichen Güter fesselt, und deine Gier nach ihnen werden dir eine befremdliche Suche aufbürden und dich in ein Verderben führen, welches weder die kalten Augen der Nacht noch das feurige Auge des Tages als Zeugen hat. Verborgene Schätze der Erde werden dich verlocken und verleiten; und zum Schluss wird dich die Erde selbst verschlingen.«

»Fort mit dir«, versetzte Avoosl Wuthoqquan. »Erst prophezeist du geheimnisvolle Vorgänge, die mehr als nur eine Kleinigkeit zu vage sind – und zum Schluss ein Ende, das mir doch arg banal erscheint. Ich brauche keinen Bettler, um mir das gewöhnliche Los aller Sterblichen verkünden zu lassen.«

II

Es war viele Monde später in jenem Jahr, das vor der großen Eiszeit als das Jahr des Schwarzen Tigers in die Annalen der Geschichtsschreibung einging.

Avoosl Wuthoqquan saß in einem Zimmer im Erdgeschoss seines Hauses, das zugleich zur Abwicklung seiner Geschäfte diente. Das flüchtige, durchscheinende Gold der rot versinkenden Sonne durchwob den Raum in schrägen Strahlen, die durch ein Kristallglasfenster brachen, eine Spirale farbenprächtiger Funken in der juwelenbesetzten, von Kupferketten gehaltenen Lampe entzündeten und die verschlungenen Fäden aus gesponnenem Silber und Blattgold in den dunklen Wandbehängen durch ihre Berührung zu feurigem Leben erweckten. Avoosl Wuthoqquan, der in einem erdfarbenen Schattenwinkel jenseits der Insel aus Licht Platz genommen hatte, blickte mit einem Anflug von Spott in der geschäftsmäßigen Miene auf seinen Kunden, dessen braun gebranntes Gesicht und dunkler Mantel vom ersterbenden Glanz des Tages in Gold getaucht wurden.

Der Mann war ein Fremder. Vielleicht ein reisender Kaufmann aus fernen Landen, überlegte der Wucherer – oder ein Fremdländer von weniger ehrbarer Profession. Seine schmalen, schräg geschnittenen, beryllgrünen Augen, sein bläulich schimmernder, struppiger Bart und der wenig elegante Schnitt seiner abgetragenen Kleidung jedenfalls bezeugten hinlänglich, dass er nicht aus Commoriom stammte.

»300 *Djal* sind eine beachtliche Summe«, sprach der Geldverleiher bedächtig. »Zudem kenne ich Euch nicht. Welche Sicherheit habt Ihr zu bieten?«

Der Besucher zog einen kleinen Beutel aus Tigerfell unter dem Oberteil seines Gewandes hervor, der mit einer Sehne zugeschnürt war. Und indem er den Beutel mit rascher Hand öffnete, ließ er zwei ungeschliffene Smaragde von enormer Größe und makelloser Reinheit vor Avoosl Wuthoqquan auf den Tisch rollen. Im Innern der Edelsteine entbrannte ein kaltes, eisig-grünes Feuer, als sie die schrägen Strahlen des Sonnenuntergangs einfingen – und in den Augen des Wucherers glomm ein gieriges Funkeln auf. Doch der Klang seiner Stimme blieb kühl und ungerührt.

»Mit gutem Willen kann ich Euch 150 *Djal* darauf leihen. Smaragde sind schwer verkäuflich. Und falls Ihr nicht zurückkehrt, um die Steine auszulösen und mir mein Geld zurückzuzahlen, könnte ich Grund haben, meine Großzügigkeit zu bereuen. Doch will ich das Risiko auf mich nehmen.«

»Das Darlehen, um das ich Euch ersuche, deckt kaum den zehnten Teil des Wertes dieser Steine«, hielt der Fremde dagegen. »Leiht mir 250 *Djal* … Es gibt auch noch andere Geldverleiher in Commoriom, wie ich mir habe sagen lassen.«

»200 *Djal* ist das Äußerste, was ich anbieten kann. In der Tat, die Steine sind nicht ohne Wert. Doch mögt Ihr sie gestohlen haben. Kann ich das wissen? Es ist nicht meine Art, zudringliche Fragen zu stellen.«

»Nehmt sie«, erwiderte daraufhin der Fremde hastig. Er strich die Silbermünzen ein, die Avoosl Wuthoqquan ihm in die Hand zählte, und erhob keinen weiteren Einwand.

Der Wucherer blickte dem Davoneilenden mit einem höhnischen Grinsen auf den Lippen nach und zog seine eigenen Schlüsse. Er hegte kaum noch Zweifel, dass die

Edelsteine Diebesgut waren, doch fühlte er sich durch diesen Umstand in keiner Weise belastet oder beunruhigt. Gleichgültig, wem sie einst gehört oder welche Wege sie genommen hatten, sie bedeuteten eine willkommene und wertvolle Bereicherung für die Schatztruhen von Avoosl Wuthoqquan. Selbst der kleinere der beiden Smaragde wäre mit 300 Djal lächerlich billig entgolten gewesen. Dennoch hegte der Wucherer überhaupt keine Befürchtung, dass der Fremde jemals wiederkehren und die edlen Stücke zurückfordern könnte … Nein; der Kerl war schlicht und einfach ein Dieb und als solcher heilfroh darüber gewesen, sich der Beweise für sein Vergehen entledigt zu haben. Was den rechtmäßigen Eigentümer der Edelsteine betraf – dies war schwerlich ein Gesichtspunkt, der den Wucherer kümmerte oder mit Neugier erfüllte. Die Smaragde gehörten nun ihm, vermöge jener Summe Silbergeldes, die von ihm selbst ebenso wie von dem Fremden stillschweigend nicht als schlichter Kredit, sondern als Kaufpreis verstanden worden war.

Der Sonnenuntergang, dessen Abglanz das Zimmer durchglühte, verdämmerte rasch, und braunes Zwielicht trübte allmählich die Gold- und Silberstickereien der Vorhänge und das farbige Augenpaar der Smaragde. Avoosl Wuthoqquan entzündete das Licht unter dem kunstvoll durchbrochenen Lampenschirm. Dann schloss er eine kleine bronzene Kassette auf und ergoss daraus eine funkelnde Flut aus Juwelen auf den Tisch neben die beiden Steine. Da lagen Topase aus Mhu Thulan, blass und klar wie Eis, und herrliche Turmalinkristalle aus Tscho Vulpanomi, ebenso kalte, lauernd blickende Saphire aus dem Norden, arktische Karneole wie Tropfen aus gefrorenem Blut und

Diamanten, in deren Mitte weiße Sterne eingefangen waren. Ohne zu blinzeln, starrten rote Rubine aus dem blitzenden Haufen hervor, Chrysoberylle glühten wie Katzenaugen, Granate und Spinelle verstärkten den Lampenschein mit ihrem düsteren Feuer inmitten des ruhelosen Farbenspiels von Opalen. Auch Smaragde waren dabei, doch war keiner davon so groß und makellos wie jene beiden, die Avoosl Wuthoqquan an diesem Abend in seinen Besitz gebracht hatte.

Avoosl Wuthoqquan ordnete die Edelsteine zu schimmernden Ketten und Kreisen, wie er es bereits so viele Male zuvor getan hatte. Die Smaragde der Sammlung reihte er jedoch gesondert auf und setzte an ihre Spitze seine beiden Neuerwerbungen Hauptleuten gleich, die eine Marschkolonne anführen. Er war hocherfreut über das heute getätigte Geschäft, hochzufrieden mit seinen überfließenden Schatullen. Er betrachtete die Edelsteine mit einer habgierigen Liebe, mit einem knauserigen Wohlgefallen. Man hätte seine Augen für kleine Perlen aus Jaspis halten können, eingelassen in sein lederhäutiges Gesicht wie in dem nachgedunkelten Pergamenteinband eines alten Buches voller schädlicher Zauberformeln. Geld und Edelsteine – diese Dinge ganz allein, dachte der Wucherer bei sich, blieben unwandelbar und beständig in einer Welt unentwegter Veränderung und Flüchtigkeit.

An diesem Punkt erlitten seine Betrachtungen eine Unterbrechung, bewirkt durch einen höchst unerhörten Vorgang. Plötzlich und ohne Vorwarnung – denn Avoosl Wuthoqquan hatte sie weder berührt noch auf andere Weise aus ihrer Ordnung gebracht – begannen die beiden großen Smaragde auf der glatten, ebenen Tischplatte aus schwarzem

Ogga-Holz loszurollen und sich von ihren Gefährten zu entfernen. Ehe der verblüffte Geldverleiher seine Hand ausstrecken konnte, um sie aufzuhalten, waren sie von der Tischkante gefallen und mit einem gedämpften Klackern auf dem Teppichboden gelandet.

Damit bewiesen sie ein außerordentlich seltsames und befremdliches, ja ein unbegreifliches Verhalten – doch der Wucherer sprang auf die Füße, ohne an etwas anderes zu denken als an die Rückerlangung der Juwelen. Er eilte um den Tisch herum und sah gerade noch, dass die Steine ihre rätselhafte, rollende Flucht fortsetzten. Soeben entschlüpften sie durch die Außentür, die der Fremde beim Fortgehen spaltbreit offen gelassen hatte. Diese Tür mündete in einen Innenhof, der Innenhof aber führte hinaus auf die Straßen von Commoriom.

Avoosl Wuthoqquan war zutiefst erschrocken, wenn auch mehr wegen der Gefahr, die Smaragde einzubüßen, als aufgrund der unheimlichen und rätselhaften Art ihres Abgangs. Er trat die Verfolgung mit einer Behändigkeit an, die ihm nur wenige zugetraut hätten. Schon stieß er die Tür auf und sah, wie die flüchtigen Smaragde unfassbar leicht und rasch über das bucklige, grob gefügte Pflaster des Innenhofs glitten. Das Grau der Dämmerung verdichtete sich bereits zum Blau der Nacht, doch die Edelsteine waren von einem sonderbaren, eigenständigen Glanz umspielt und schienen ihm spottend zuzublinzeln, als er ihnen nachsetzte. Deutlich sichtbar im Dunkeln ließen sie das angelehnte Tor zurück, das auf eine der Hauptstraßen führte, und kullerten auf und davon.

In Avoosl Wuthoqquan dämmerte die Erkenntnis, dass die Edelsteine verhext waren. Doch selbst im Angesicht dunkler Zauberei war er nicht willens, etwas aufzugeben, für das er die beachtliche Summe von 200 *Djal* geopfert hatte. Mit einem raubtiergleichen Sprung erreichte er die offene Straße, wo er nur kurz innehielt, um sich der Richtung zu vergewissern, in die seine Smaragde entwichen.

Die dunkle Allee lag fast verlassen da, denn um jene Stunde saßen die ehrbaren Bürger von Commoriom beim Verzehr ihrer Abendmahlzeit. Die Juwelen beschleunigten ihre Flucht. Indem sie über den Boden flippten wie Kiesel beim Steineschnellen, schossen sie nach links davon, in Richtung der weniger respektablen Vorstädte und der üppigen Dschungelwildnis, die sich dahinter ausdehnte. Avoosl Wuthoqquan erkannte, dass er die Anstrengung seiner Jagd verdoppeln musste, wenn er seine Edelsteine einholen wollte.

Tapfer um Atem ringend unter der für ihn ungewohnten Anstrengung nahm er die Verfolgung wieder auf; doch allem Schnaufen und Keuchen zum Trotz blieben die Juwelen ihm mit einer geradezu aufreizenden Mühelosigkeit und gespenstischen Hartnäckigkeit in immer gleichem Abstand voraus, wobei sie sich zuweilen mit melodischem Klirren vom Pflaster abstießen. Der erbitterte und fassungslose Wucherer war bald völlig außer Atem. Gezwungen, sein Tempo zu vermindern, fürchtete er schon, die flüchtenden Edelsteine aus den Augen zu verlieren. Doch zu seinem Erstaunen strebten sie von nun an deutlich langsamer vorwärts, passten ihre Geschwindigkeit seiner eigenen an und wahrten einen stets gleichbleibenden Vorsprung.

Verzweiflung übermannte den Geldverleiher. Der Fluchtweg der Smaragde führte ihn in einen Außenbezirk von Commoriom, wo Diebe und Mörder und Bettler hausten.

Hier traf er auf einige abendliche Herumtreiber, ausnahmslos zweifelhafte Gestalten, die entgeistert auf die fliehenden Steine starrten, jedoch keinen Versuch unternahmen, sie aufzuhalten. Dann wurden die schmutzigen Behausungen, zwischen denen der Verfolger dahineilte, zunehmend kläglicher und standen immer weiter auseinander. Bald schon waren es nur noch vereinzelte Hütten, die unter den tief hängenden Wedeln mächtiger Palmen kauerten und aus denen hie und da verstohlener Lichtschein in die jetzt nachtschwarze Dunkelheit hinausfiel.

Noch immer deutlich sichtbar und eine spöttische Phosphoreszenz ausstrahlend, flohen die Juwelen vor ihrem Häscher über die dunkle Straße dahin. Dennoch schien es jenem, als holte er bescheiden zu ihnen auf. Seine wabbeligen Beine und sein schwabbelnder Leib versagten schon fast vor Erschöpfung, zudem quälte ihn Atemnot, doch drängte er in auflebender Hoffnung weiter voran, hechelnd vor Habgier. Über dem Urwald stieg groß und bernsteinfarben der Vollmond auf und begann den Pfad des Verfolgers zu erhellen.

Commoriom lag jetzt weit zurück. Keine Behausungen säumten mehr die einsame Waldstraße, noch war außer dem Wucherer selbst eine Menschenseele unterwegs. Avoosl Wuthoqquan schauderte – entweder aus Furcht oder wegen der kalten Nachtluft, dennoch ließ er in seinem Verfolgungseifer nicht nach. Er holte auf gegenüber den Smaragden, sehr langsam, aber merklich – und er fühlte, dass er sie bald schon wieder an sich bringen würde.

Derartig beansprucht war er von seiner gespenstischen Aufholjagd und derart gebannt war sein Blick auf die unentwegt vorwärtskullernden Edelsteine geheftet, dass er gar nicht bemerkte, wie er längst von der offenen Landstraße abgekommen war. Irgendwie, irgendwo hatte er einen schmalen Nebenpfad eingeschlagen, der sich inmitten monströser Bäume dahinschlängelte, deren Blattwerk vom Mondlicht in ein quecksilberhelles Geflecht voll fantastischer, ebenholzschwarzer Einsprengsel verwandelt wurde. Sich in grotesker Drohung vorneigend wie gigantische Gladiatoren mit Fangnetzen, schienen sie von allen Seiten auf ihn einzudringen. Doch der Geldverleiher bemerkte die schattenhafte Bedrohung nicht und beachtete nicht die finstere Fremdartigkeit und Einsamkeit des Urwaldpfades noch die dumpfig feuchten Gerüche, die unterhalb der Bäume nisteten, unsichtbaren Tümpeln gleich.

Näher und näher rückte er den flüchtenden Juwelen, bis sie aufreizend knapp außerhalb seiner Reichweite dahinglitten und glitzerten wie zwei grünlich glühende Augen, die ihm ködernde Blicke voller Neckerei und Spott zuwarfen. Schon sammelte er seine letzten Kräfte für einen heroischen, alles wagenden Hechtsprung nach den widerspenstigen Steinen – da entschwanden sie so plötzlich außer Sicht, als hätten die Urwaldschatten sie verschlungen, die wie gescheckte Riesenschlangen quer über dem mondbeschienenen Pfad lagen.

Wie vor die Stirn geschlagen blieb Avoosl Wuthoqquan stehen und starrte fassungslos auf die Stelle, wo die Edelsteine scheinbar vom Erdboden verschluckt worden waren. Er sah, dass der Pfad in einen Höhleneingang mündete, der schwarz und stumm vor ihm gähnte und in unbekannte unterirdische Tiefen hinabführte. Es war eine zweifelhafte und verdächtig wirkende Höhle, deren Öffnung spitze Felszacken säumten bleckenden Zähnen gleich, und die umrahmt war von Fransen aus eigenartigen Gräsern, die an Bartgestrüpp gemahnten. In einem seiner kühler denkenden Momente hätte Avoosl Wuthoqquan lange gezögert, bevor er diese Höhle betreten hätte. Doch gerade jetzt war er ausschließlich vom Fieber seiner Jagd und dem Ansporn seiner Habsucht beseelt.

Die Höhle, die seine Smaragde auf so ruchlose Weise verschluckt hatte, führte jäh und steil in die Finsternis hinab. Sie war niedrig und eng und glitschig vor übel riechenden Ausflüssen. Trotzdem fasste der Geldverleiher frischen Mut. Denn als er ein wenig tiefer vordrang, erhaschte er einen flüchtigen Schimmer der funkelnden Juwelen, die unter ihm in der schwarzen Luft zu schweben schienen, als wollten sie ihm voranleuchten. Der Abstieg mündete in einen ebenen, windungsreichen Stollen, in dem Avoosl Wuthoqquan sein flüchtendes Eigentum abermals einzuholen begann – und neue Hoffnung entbrannte in seiner keuchenden Brust.

Wieder waren die Smaragde zum Greifen nah … Doch als der Stollen eine jähe Kehre nahm, verschwanden sie wie von Zauberhand aus Avoosl Wuthoqquans Blick. Er folgte der Biegung – und blieb so abrupt stehen, als wäre er gegen eine Wand gelaufen. Einige Augenblicke lang stand er geblendet in dem fahlen, rätselhaften, bläulich schillernden Licht, das aus Decke und Wänden der gewaltigen Felskammer strömte, die sich vor ihm aufgetan hatte. Und mehr als nur geblendet, ja geradezu betäubt an allen Sinnen wurde er von dem märchenhaften Farbenglanz, der unmittelbar zu seinen Füßen flammte und loderte und funkelte und gleißte.

Er stand auf einem schmalen Felssims, und die gesamte Kammer, die sich vor seinen Augen und ihm zu Füßen erstreckte, war fast bis zu diesem Sims hinauf so reich mit

Juwelen angefüllt, wie eine Kornkammer mit Korn gefüllt ist! Es war, als hätte man sämtliche Rubine, Opale, Berylle, Diamanten, Amethyste, Smaragde, Chrysolithe und Saphire des Erdballs zusammengescheffelt und in eine einzige, gewaltige Grube geschüttet. Avoosl Wuthoqquan glaubte, seine eigenen beiden Smaragde reglos und friedlich in einem vorderen Wellenberg des grenzenlosen Gewoges zu erspähen – doch gab es dort so viele weitere Edelsteine von gleicher Größe und Reinheit, dass er sie nicht mit Sicherheit zu unterscheiden vermochte.

Eine Zeit lang war er kaum imstande, diese unbeschreibliche Vision überhaupt für wahr zu halten. Doch dann sprang er mit einem einzigen Aufschrei der Ekstase vom Sims hinab und versank fast bis zu den Knien im geschmeidigen, klirrenden, wogenden Bad der Juwelen. Mit überfließenden Händen hob er die lodernden und funkelnden Steine empor und ließ sie langsam und wollüstig zwischen seinen Fingern hindurchperlen, dass sie mit hellem Klimpern zurück auf den ungeheuren Haufen rieselten. Mit verzücktem Blinzeln folgte er den an- und abschwellenden Rinnsalen der königlichen Funken und Farben; er sah die Juwelen brennen wie unlöschbare Kohlen und verborgene Sterne, sah sie hervorblitzen als flammende Augen, die sich gegenseitig in Brand zu setzen schienen.

Nicht in seinen kühnsten Träumen hätte der Wucherer die Existenz derartiger Reichtümer auch nur für möglich gehalten. In seliger Beglückung plapperte er laut vor sich hin, während er mit den unzähligen Edelsteinen spielte – und bemerkte daher nicht, dass er mit jeder Bewegung tiefer in das bodenlose Glitzermeer einsank. Die Juwelen standen ihm jetzt schon bis über die Knie und umfluteten bereits seine fleischigen Schenkel, ehe auch nur ein Gedanke an Gefahr durch seinen wonnigen Rausch der Raffgier drang.

Doch endlich bemerkte er voller Entsetzen, dass er in seinem neu entdeckten Reichtum versank wie in einem heimtückischen Treibsand. Erst jetzt versuchte er sich freizukämpfen und die Sicherheit des Felsgesimses wiederzugewinnen – aber er zappelte nur hilflos herum, denn die gleitenden Edelsteine boten ihm keinen Halt. Statt freizukommen, versank er nur noch tiefer in ihnen, bis das glitzernde Gewoge schon seine feiste Taille umspielte.

Inmitten der grausamen Ironie seiner Notlage fühlte Avoosl Wuthoqquan, wie ihn panisches Entsetzen packte. Er schrie, und wie zur Antwort hallte hinter ihm ein durchdringendes, öliges, bösartiges Kichern von den Felswänden wider. Unter schmerzhafter Anstrengung verrenkte er seinen wulstigen Hals, bis er über die Schulter spähen konnte, und erblickte ein höchst eigentümliches Wesen, das auf einem terrassenartigen Felsvorsprung über dem Juwelenpfuhl kauerte.

Die Kreatur war auf abscheuerregende Weise vollkommen unmenschlich. Sie gemahnte auch nicht an irgendeine Tierart und glich keinem der in Hyperborea bekannten Götter oder Dämonen. Ihr Anblick war nicht geeignet, die Angst und die Panik des Geldverleihers zu lindern, denn sie war überaus groß und fahl und plump, mit einem krötenartigen Schädel und einem aufgedunsenen, glitschigen Rumpf und zahllosen tintenfischartigen Greifarmen oder Fortsätzen. Platt ruhte das Wesen auf dem Felsvorsprung, schob den kinnlosen Schädel mit dem breit geschlitzten Maul über den Rand des Vorsprungs hinaus und schielte aus kalten, lidlosen Augen auf Avoosl Wuthoqquan nieder. Ebenso wenig trug es zur Beruhigung des Wucherers bei, als das Wesen mit einer breiigen, widerwärtigen Stimme, deren zähes Tropfen wie das Überschwappen von Leichenschmer aus dem Sudkessel eines Hexenweibs wirkte, zu sprechen anhob.

»Na so was! – Was haben wir denn da?«, sprach es. »Beim schwarzen Altar Tsathogguas, das ist ein fetter Geldverleiher, der sich in meinen Juwelen suhlt wie ein entlaufenes Schwein im Morast!«

»Hilfe! – Hilf mir!«, heulte Avoosl Wuthoqquan. »Siehst du denn nicht, dass ich versinke?«

Abermals kicherte das Wesen auf seine ölige Art. »Natürlich sehe ich es. Deine missliche Lage ist mir wohl bewusst … Was hast du hier verloren?«

»Ich kam auf der Suche nach meinen Smaragden – zwei herrlichen und fehllosen Steinen, für die ich erst heute 200 *Djal* bezahlt habe.«

»*Deine* Smaragde?«, versetze das Wesen. »Ich fürchte, da muss ich dir widersprechen. Denn die beiden Smaragde gehören mir. Sie wurden unlängst aus dieser Höhle gestohlen, in der ich meinen unterirdischen Schatz seit unvordenklichen Zeiten horte und hüte. Der Dieb lief angsterfüllt davon … nachdem er mich erblickt hatte … und ich ließ ihn entkommen. Er hatte nur die beiden Smaragde an sich genommen, und ich wusste ja, dass sie zu mir zurückkehren würden – so wie meine Juwelen stets zu mir zurückkehren –, wann immer es mir beliebt, sie heimzurufen an den Ort, wohin sie gehören. Der Dieb war auch mager und knochig und ich hab gut daran getan, ihn ziehen zu lassen. Denn nun wird mir an seiner statt ein fleischiger und gut gemästeter Wucherer serviert.«

In seinem wachsenden Entsetzen war Avoosl Wuthoqquan kaum fähig, diese Worte zu begreifen oder ihre versteckte

Bedeutung zu erfassen. Langsam, aber stetig war er in den bodenlosen Glitzerhaufen eingesunken; und grüne, gelbe, rote und violette Edelsteine umspielten schillernd seine Brust und quollen mit leisem Klirren unter den Achseln hervor.

»Zu Hilfe! Zu Hilfe!«, kreischte er. »Ich werde verschlungen!«

Mit einem sardonischen Grinsen und einem Lecken seines weißlich fetten, gespaltenen Zungenendes glitt das sonderbare Wesen mit knochenloser Geschmeidigkeit von dem Plateau herab. Und indem es seinen weichen Leib flach über den Juwelenpfuhl breitete, sodass es kaum darin einsank, glitschte es zu einer Stelle hin, die den vor Angst schlotternden Wucherer in Reichweite seiner Krakententakel brachte. Es befreite ihn mit einer einzigen, unfassbar raschen Bewegung. Dann begann es ohne Säumen und Zieren und ohne ein weiteres Wort, ihn langsam und bedächtig aufzufressen.

Das Manuskript des Athammaus

Mir, der ich weder den Bronzegriffel zu schwingen verstehe noch ein Meister der Feder aus Kalmusrohr bin, sondern dessen vertrautes Handwerkszeug einzig das mächtige Beidhänderschwert ist, obliegt es, diesen Bericht über die sonderbaren und beklagenswerten Geschehnisse niederzuschreiben, in deren Folge die Stadt Commoriom von ihrem König und all ihren Einwohnern verlassen wurde. Für diese Aufgabe bin ich der rechte Mann, denn mir fiel eine entscheidende Rolle bei diesen Geschehnissen zu – und ich verließ die Stadt erst, als all die anderen bereits geflohen waren.

Commoriom war ja, wie jedermann weiß, vordem die prächtige, weithin aufragende Metropole und die aus Marmor und Granit gefügte Krone ganz Hyperboreas. Doch in Bezug auf seine Preisgabe sind inzwischen so viele widersprüchliche Legenden und so viele falsche und fantastische Geschichten im Umlauf, dass ich, der ich alt bin an Jahren und dreifach alt an Ehren – ich, der während mehr als fünf Jahrzehnten im Dienst der Allgemeinheit grau und müde wurde –, mich gezwungen sehe, einen schriftlichen Bericht der Wahrheit niederzulegen, ehe sie dem Gedächtnis und der Überlieferung der Menschheit restlos entschwindet. Und ich tue dies, obwohl meine Erzählung das Eingeständnis meiner einzigen Niederlage, meines einzigen Versagens in der pflichtgetreuen Ausführung einer mir anvertrauten Aufgabe einschließt.

All jene, die meinen Bericht in künftigen Zeiten und vielleicht in künftigen Ländern lesen, sollte ich an dieser Stelle mit meiner Person bekannt machen. Ich bin Athammaus, der oberste Scharfrichter von Uzuldarum, der zuvor das gleiche Amt in Commoriom bekleidete. Mein Vater, Manghai Thal, ging mir im Amt des Scharfrichters voran, und die Vorväter meines Vaters bis hin zu den sagenumwobenen Geschlechtern der frühesten Könige, führten das mächtige, kupferne Schwert des Gesetzes über dem Richtblock aus *Eighon*-Holz.

Vergebt einem betagten Mann, wenn er, wie es alten Menschen eigen ist, bei den Erinnerungen seiner Jugendzeit verweilt, die der majestätische Purpurschimmer entrückter Horizonte und die wunderliche Glorie unwiederbringlich verlorener Dinge umspielen. *Schaut nur!* Ich werde wieder jung, sobald ich mich Commorioms entsinne, sobald ich in der gegenwärtigen, grauen Stadt der verflossenen Jahre rückschauend ihre Mauern erblicke, die gipfelhoch auf den Urwald hinabsahen, und die alabasterhelle Vielzahl ihrer an den Wolken schrammenden Turmspitzen. Blühend unter den Städten, und herrlich und herrschaftlich, und alles überstrahlend war Commoriom. Tribute flossen ihr zu, von den Küsten der Atlantischen See bis hin zu jenem Meer, das den gewaltigen Kontinent Mu umspült. Händler reisten von überall herbei – aus dem tiefsten Thulan, das gen Norden von unbekannten Eismauern begrenzt ist, und aus den südlichen Gefilden von Tscho Vulpanomi, das an einem See aus kochendem Teer endet.

Ah …! Erhaben und stolz war Commoriom, und noch seine ärmlichsten Hütten übertrafen, was in anderen Städten als Palast galt. Und falsch ist das Gewäsch der heutigen

Menschen, die Weiße Seherin von der Insel des Schnees mit Namen Polarion und ihre unsinnige Weissagung seien der Anlass dafür gewesen, dass die Pracht und die Größe Commorioms den getupften Ranken des Dschungels und seinen gefleckten Schlangen anheimfielen. Nein, der Anlass bestand in etwas Verhängnisvollerem, in einem greifbaren Grauen, wogegen Herrschergewalt, Priesterweisheit und des Schwertes Schärfe gleichermaßen machtlos waren. *Ah ...!* Nicht leicht unterlag Commoriom und seine Verteidiger wichen nur langsam zurück. Und mögen auch andere vergessen, oder diese Stadt nur als eine eitle und zweifelhafte Mär ansehen, werde ich doch niemals aufhören, um Commoriom zu trauern.

Inzwischen ist meine Kraft beklagenswert dahingeschwunden. Die Zeit hat mir schleichend das Blut aus den Adern gesaugt und mein Haar mit der Asche erloschener Sonnen besät. Doch in jenen Tagen, von denen ich berichte, gab es in ganz Hyperborea keinen stattlicheren und kühneren Scharfrichter als mich. Mein Name war eine blutrote Abschreckung, eine weithin hallende Warnung an die Frevler aus Stadt und Wald und an das Raubgesindel unzivilisierter fremdländischer Völker. Gekleidet in blutrot leuchtenden Purpur, die Farbe meines Berufs, stand ich jeden Morgen auf dem öffentlichen Platz der Stadt, wo ein jeder zugegen und Zeuge sein konnte, und obwaltete zur Erbauung und Besserung der Menschen des mir anvertrauten Amtes. Tag für Tag wurde das harte, rötlich gold'ne Kupfer der mächtigen, gekrümmten Klinge nicht nur einmal, sondern viele Male von dem satten, weinfarbenen Rot des Blutes verdunkelt. Und dank meines unerschütterlichen Armes, meines unfehlbaren Auges und des sauberen

Streichs, der nie ein zweites Mal geführt werden musste, stand ich in hohem Ansehen bei König Loquamethros und den Bürgern von Commoriom.

Gut entsinne ich mich aufgrund ihrer mehr als beispiellosen Bestialität der ersten Gerüchte, die mir während meiner Amtszeit bezüglich des Gesetzlosen Knygathin Zhaum zu Ohren kamen. Dieses Individuum gehörte einem finsteren und äußerst unerquicklichen Volk an, das sich die Voormi nannte. Die Heimat der Voormi waren die schwarzen Eiglophischen Berge, die eine volle Tagesreise von Commoriom entfernt lagen. Dort hausten sie nach Art ihres Stammes in den Höhlen wilder Tiere, die weniger reißend waren als sie selbst und von ihnen entweder getötet oder auf garstige Weise um ihr Obdach gebracht worden waren. Wegen ihrer unmäßigen Behaartheit sowie aufgrund der abscheulichen und gottlosen Riten und Gepflogenheiten, denen sie huldigten, wurden die Voormi allgemein als mehr tierhaft denn menschenähnlich erachtet.

Vornehmlich aus diesen Kreaturen hatte der berüchtigte Knygathin Zhaum seine gefürchtete Bande gebildet, die nun die Bewohner des Hügellands zu Füßen der Eiglophischen Berge tagtäglich mit ihren ruchlosen und schändlichen Raubzügen in Angst und Schrecken hielt. Groß angelegte Plünderungen waren noch die geringste ihrer Untaten – und nackter Kannibalismus keineswegs die schlimmste.

Daraus mag man leicht ersehen, dass die Voormi eine vorzivilisatorische Rasse darstellten, deren Abstammung von der dunkelsten und abscheuerregendsten Art war. Und allgemein hieß es, dass Knygathin Zhaum höchstselbst auf eine noch finsterere Vorfahrenschaft zurückblickte als sein Gefolge. Denn angeblich war er mütterlicherseits mit jenem sonderbaren Gott von nicht menschlicher Gestalt versippt, der während der Herrschaftsperioden der Halbmenschen unter dem Namen Tsathoggua weithin verehrt wurde. Einige raunten hinter vorgehaltener Hand sogar von noch fremdartigerem Blut – falls man es überhaupt Blut nennen konnte – und einer grässlichen Verbindung zu dem dunklen, amorphen Auswurf, der gemeinsam mit Tsathoggua von älteren Welten und aus jenseitigen Dimensionen herabgestiegen war; Welten und Dimensionen, wo die Physiologie und die Geometrie eine der irdischen vollkommen entgegengesetzte Richtung der Entwicklung eingeschlagen hätten. Aufgrund dieser Kreuzung ultrakosmischer Erblinien, so hieß es, weise der Körper Knygathin Zhaums im Unterschied zu seinen zottigen, braunhäutigen Stammesgenossen vom Scheitel bis zur Sohle kein einziges Haar auf und sei mit großen schwarzen und gelben Flecken gesprenkelt. Er selbst stand darüber hinaus im Ruf, sämtliche seiner Kumpane an Grausamkeit und Arglist noch zu übertreffen.

Lange Zeit existierte dieser fluchbeladene Verbrecher für mich nur als abschreckender Name, doch konnte es nicht ausbleiben, dass ich mit einem gewissen beruflichen Interesse an ihn dachte. Es gab viele, die glaubten, dass keine Waffe ihn verwunden könne, und die behaupteten, er sei auf unerfindliche Weise aus mehr als nur einem Kerker entwichen, dessen Mauern ein sterbliches Wesen niemals hätte überwinden oder durchbrechen können. Naturgemäß verwarf ich all diese Geschichten, denn in der Ausübung meines Amtes war mir noch nie ein Individuum untergekommen, das über derartige Eigenschaften oder Fähigkeiten geboten hätte. Überdies war mir die abergläubische Natur des gemeinen Pöbels nur allzu vertraut.

Während ich meinen unausgesetzten Amtspflichten nachkam, erreichten mich mit jedem Tag neue Berichte über die Untaten Knygathin Zhaums. Dieser teuflische Plünderer begnügte sich nicht mit dem bereits weiträumigen Operationsgebiet, das seine heimatlichen Berge und die umliegenden Hoch- und Tieflande mit ihren fruchtbaren Tälern und reich bevölkerten Ortschaften ihm boten. Nein, seine Raubzüge wurden immer kühner und ausgedehnter – bis er eines Nachts in ein Dorf einfiel, das so nahe bei Commoriom lag, dass es schon als einer seiner Vororte galt. Hier verübten Knygathin Zhaum und seine viehische Bande zahlreiche Taten von einer solch bestialischen Rohheit, dass es sich jeder Schilderung entzieht. Anschließend entführten sie zahlreiche Dorfbewohner zu Zwecken, die noch unbeschreiblicher sind, und setzten sich zu ihren Höhlen in den unerklimmbaren Steilhängen der Eiglophischen Gipfel ab, noch ehe die Vertreter des Gesetzes sie einholen konnten.

Die unerschrockene Herausforderung, die in dieser Tat lag, veranlasste Arm und Auge des Gesetzes, all ihre Macht und Wachsamkeit gegen Knygathin Zhaum aufzubieten. Bis dahin waren er und seine Banditen den ländlichen Ordnungshütern vor Ort überlassen geblieben. Nun jedoch hatten seine Schreckenstaten ein solches Ausmaß angenommen, dass sie das unerbittliche Eingreifen der Gesetzesorgane von Commoriom erforderten. Von nun an wurde jede seiner Bewegungen scharf beobachtet. Die Orte, die zu plündern ihm vielleicht einfiel, wurden streng bewacht. Und überall legte man ihm Hinterhalte.

All diesen Anstrengungen zum Hohn gelang es Knygathin Zhaum Monat um Monat, dem Zugriff zu entgehen. Und während dieser ganzen Zeit führte er mit peinlicher Häufigkeit einen ausgedehnten Raubzug nach dem anderen durch. Es war eher dem Zufall zu danken, oder Knygathin Zhaums eigener Tollkühnheit, dass er schließlich am helllichten Tag auf der Überlandstraße, die nahe den Außenbezirken der Hauptstadt verlief, gestellt wurde. Wider jedes Erwarten, denn seine Ungezähmtheit war ja allbekannt, leistete er keinerlei Gegenwehr; vielmehr ergab er sich den gepanzerten Bogenschützen und Axtkämpfern, von denen er sich eingekreist fand, anstandslos mit einem schiefen, hintergründigen Lächeln im Gesicht – einem Lächeln, das noch in vielen darauffolgenden Nächten die Träume derer heimsuchte, die dabei zugegen waren.

Aus nie geklärten Gründen war Knygathin Zhaum bei seiner Gefangennahme ganz allein und keiner seiner Spießgesellen wurde zugleich mit ihm oder späterhin gefasst. Dennoch, in Commoriom herrschten große Aufregung und ein gewaltiger Jubel. Jeder war begierig, den gefürchteten Banditen zu Gesicht zu bekommen. Und mehr noch als die übrigen Einwohner Commorioms spürte ich, dass mein Interesse geweckt war – denn mir würde es zu gegebener Zeit zufallen, Knygathin Zhaum kunstgerecht zu enthaupten.

Aufgrund der haarsträubenden Gerüchte und Legenden, die ich zuvor erwähnte, war ich durchaus auf etwas gefasst, das in seiner Art von der gewöhnlichen Verbrechernatur abwich. Doch schon auf den ersten Blick, als er vor meinen Augen durch eine brodelnde Volksmenge ins Gefängnis gebracht wurde, übertraf Knygathin Zhaum sogar die finstersten und unerfreulichsten Erwartungen. Von der Taille aufwärts nackt, war er nur ins rötlich-gelbe Fell eines langhaarigen Tiers gehüllt, das in schmuddeligen Fetzen bis zu seinen Knien reichte. Allerdings verstärkten diese Einzelheiten kaum noch jene Aspekte seiner Erscheinung, die mich abstießen, ja schockierten. Die Bildung seiner Gliedmaßen, seines Rumpfes, seiner Gesichtszüge entsprach äußerlich der eines Vorzeitmenschen. Auch seine völlige Haarlosigkeit, die entfernt an das gotteslästerliche Zerrbild eines geschorenen Priesterleibes erinnerte, hätte man noch gefasst hingenommen. Ja, sogar die unregelmäßige Fleckung, die seine gesamte Haut zeichnete gleich dem Schuppenkleid einer riesigen Würgeschlange, wäre noch als eine reichlich ausgefallene Eigentümlichkeit in der Pigmentierung durchgegangen.

Anders jedoch verhielt es sich mit der gleitenden, wurmhaften Geschmeidigkeit, dem schlangenhaft Glatten und Fließenden jeder seiner Bewegungen. Dies nämlich wies auf eine innere Leibesbeschaffenheit und Anordnung der Wirbel hin, die nicht mehr menschlich waren. Ja, man konnte fast von einem Fehlen jeglicher Art von Knochengerüst sprechen, was Knygathin Zhaum anatomisch eher ins noch niedrigere Reich der Wirbellosen verwies als in das der Schuppenkriechtiere. Daher betrachtete ich den Delinquenten – und in Bezug auf ihn auch meine berufliche Pflicht – mit unüberbietbarer Abscheu.

Knygathin Zhaum schien eher zu gleiten als zu schreiten und die Anordnung seiner Körpergelenke, der Sitz der Knie, der Hüften, Ellbogen und Schultern, erschien zufällig und erzwungen. Man gewann den Eindruck, dass seine äußere Menschenähnlichkeit nur ein Zugeständnis an anatomische Normalvorstellungen darstellte und dass seine äußere Gestalt mühelos und jederzeit – selbst in ebendiesem

Augenblick – die nie erschauten Formen und unbeschreiblichen Ausmaße anzunehmen vermochte, die in transgalaktischen Welten vorherrschen.

Nun war ich wirklich so weit, den ungeheuerlichen Geschichten über die Abstammung Knygathin Zhaums Glauben zu schenken. Und mit ebenso viel Grauen wie Neugier fragte ich mich, was der Schwertstreich der Gerechtigkeit wohl zutage fördern mochte und welch widerwärtiger, pestiger Leibessaft das unbestechliche Schwert wohl anstelle ehrlichen Blutes beflecken würde.

Es ist unnötig, ausführlich bei den Einzelheiten des Gerichtsprozesses zu verweilen, bei der Anklage Knygathin Zhaums wegen seiner mannigfachen Gräueltaten und bei seiner Verurteilung. Das Gesetz nahm seinen unaufhaltsam zügigen und zuverlässigen Gang, dessen Rechtmäßigkeit weder Ausflüchte noch Aufschub erlaubte. Der Delinquent wurde in ein Verlies gesperrt, das noch unterhalb des Hauptgefängnisses lag – in eine Zelle, die in großer Tiefe aus dem harten, urzeitlichen Gneis gehauen worden war und deren einziger Zugang in einem Loch bestand, durch das er mithilfe eines langen Seils und einer Winde hinabgelassen und hinaufgezogen wurde. Dieses Loch wurde mit einem gewaltigen Steinblock verschlossen und Tag und Nacht von einem Dutzend Soldaten bewacht.

Doch Knygathin Zhaum unternahm keinen Fluchtversuch: Ja, er schien sogar sonderbar ungerührt angesichts seines nahen Todes. Für mich, dem stets ein gewisses prophetisches Gespür zu eigen war, haftete dieser unverhofften Schicksalsergebenheit etwas eindeutig Drohendes an. Auch gefiel mir das Gebaren des Gefangenen vor den Schranken des Gerichts nicht. Das Schweigen, das er nach seiner

Festnahme und Einkerkerung hartnäckig gewahrt hatte, behielt er auch vor seinen Richtern bei. Obwohl Dolmetscher bereitstanden, die den rauen, von Zischlauten durchsetzten eiglophischen Dialekt beherrschten, antwortete er auf keine Frage, noch forderte er einen Verteidiger.

Am allerwenigsten gefiel mir, wie ungerührt und unerschrocken er am Ende das Todesurteil entgegennahm, das am Hohen Gerichtshof von Commoriom von acht Richtern der Reihe nach verkündet und abschließend von König Loquamethros feierlich bestätigt wurde. Danach widmete ich mich geflissentlich dem Schärfen des Richtschwertes und gelobte mir, bei der bevorstehenden Hinrichtung die ganze Kraft eines starken Arms und eine untadelige Henkerskunst walten zu lassen.

Die Ausübung meines Amtes unterlag keinem langen Aufschub, denn der vorgeschriebene zweiwöchige Zeitabstand zwischen Urteilsverkündung und Enthauptung war in Anbetracht der unheimlichen Eigenarten Knygathin Zhaums sowie der verabscheuungswürdigen Anzahl und Schwere der ihm nachgewiesenen Verbrechen auf drei Tage verkürzt worden.

Früh am festgesetzten Morgen, nach einer Nachtruhe, die eine lange Folge der abscheulichsten Träume vergiftet hatte, begab ich mich mit der mir eigenen unfehlbaren Pünktlichkeit zu dem Richtblock aus *Eighon*-Holz, der geometrisch exakt ausgerichtet im Zentrum des größten öffentlichen Platzes stand. Dort drängelte sich bereits eine beachtliche Volksmenge und die helle, bernsteingelbe Sonne strahlte majestätisch nieder auf die Silberinsignien und die roten Ornate der höfischen Würdenträger, auf die groben Wollkleider der Händler und Handwerker und auf die derben

Felle, womit die Besucher aus fremden Ländern umhüllt waren.

Kaum weniger pünktlich erschien kurz darauf Knygathin Zhaum inmitten seines Begleittrupps aus Wächtern, die ihn mit einer stacheligen Hecke aus Hellebarden, Lanzen und Dreizacken umgaben. Zugleich wurden sämtliche Ausfallstraßen der Stadt ebenso wie die Zugänge zum Hinrichtungsplatz von einem massiven Militäraufgebot gesichert, da man fürchtete, die noch in Freiheit befindlichen Mitglieder der Mordbrennerbande könnten einen verzweifelten Versuch unternehmen, ihren verruchten Anführer im letzten Augenblick zu retten.

Unter den scharfen, stets wachsamen Augen seiner Aufpasser trat Knygathin Zhaum vor und heftete den bohrenden, aber ausdrucksleeren Blick seiner lidlosen, ockergelben Augen auf mich. Selbst eine Prüfung aus nächster Nähe hätte in diesen Augen keine Pupillen ausmachen können. Der Verurteilte kniete neben dem Richtblock nieder und bot mir, ohne zu zucken, seinen gefleckten Nacken dar. Als ich abschätzend auf ihn niedersah und mich für den tödlichen Schwerthieb bereit machte, erfasste mich stärker und abstoßender denn je der Eindruck einer scheußlichen, unterschwelligen Verformbarkeit, einer wirbellosen Weichtieranatomie, widerwärtig und unheimlich, die sich unter seiner gottlosen Nachäffung der menschlichen Gestalt verbarg.

Auch konnte ich nicht umhin, die Aura einer widernatürlichen Kaltblütigkeit zu verspüren, einer abstrakten, unergründlichen Verhöhnung, die er mit jedem Körperteil ausstrahlte. Er glich einer gleichmütigen Schlange – oder einer riesigen Dschungelranke, die sich des drohenden Hiebes der Axt überhaupt nicht bewusst ist. Ich war mir vollkommen im Klaren darüber, dass ich es hier womöglich mit Dingen zu tun hatte, die jenseits der allgemeinen Zuständigkeit eines amtlich bestellten Scharfrichters lagen. Dennoch hob ich die Schwertklinge in einem sauberen, gleichmäßig aufblitzenden Bogen und ließ sie mit all meiner bewährten Kraft und Treffsicherheit auf den gescheckten Nacken niederfahren.

Unter der eindringenden Klinge fühlen sich die unterschiedlichen Hälse für die Hand, die das Schwert führt, unterschiedlich an. In Knygathin Zhaums Fall kann ich nur sagen, dass es sich nicht so anfühlte, wie ich es mit dem Durchtrennen jedes bekannten tierischen Gewebes in Verbindung zu bringen gelernt habe. Doch sah ich mit Erleichterung, dass der Hieb erfolgreich gewesen war: Der Kopf von Knygathin Zhaum ruhte sauber abgetrennt auf dem schartigen Block und sein Körper lag ausgestreckt auf dem Pflaster, ohne auch nur die leiseste Zuckung entweichenden Lebens zu zeigen.

Wie ich erwartet hatte, strömte kein Blut aus – nur eine schwarze, teerartige, stinkende Absonderung, deren dünnes Rinnsal nach wenigen Minuten verebbte und deren Spuren restlos von meiner Klinge und dem *Eighon*-Holz verschwanden. Auch ließ das Leibesinnere, das mein Schwert freigelegt hatte, jede naturgemäße Wirbelbildung vermissen. Dennoch hatte Knygathin Zhaum, soweit es sich sagen ließ, sein obszönes Leben ausgehaucht. Und das Urteil, das König Loquamethros und die acht höchsten Richter Commorioms gesprochen hatten, war mit gesetzesgemäßer Präzision vollstreckt worden.

Stolz und dennoch bescheiden nahm ich den Beifall der versammelten Menge entgegen, die bereitwillig den Vollzug meiner amtlichen Aufgabe bezeugte und lautstark über die beseitigte Landplage frohlockte. Nachdem ich gesehen hatte, wie die Überreste Knygathin Zhaums den städtischen Totengräbern überantwortet wurden, die stets die Entsorgung derartigen Schlachtabfalls übernahmen, verließ ich den Richtplatz und ging nach Hause, da an jenem Tag keine weiteren Enthauptungen mehr anstanden. Mein Gewissen war ruhig und ich hatte das Gefühl, mich bei der Erfüllung einer alles andere als angenehmen Pflicht achtbar geschlagen zu haben.

Knygathin Zhaum wurde, wie es bei der Beseitigung der Leichen der schändlichsten Schwerverbrecher üblich war, in unzeremonieller Eile auf einem unfruchtbaren Feld außerhalb der Stadtmauern verscharrt, wo die Leute ihre Küchenreste und ihren Kehricht abluden. Man ließ ihn ohne Grabhügel und Grabstein zwischen zwei Müllhaufen zurück. Dem Gesetz war nun vollständig Genüge getan und jeder war zufrieden, von Loquamethros höchstselbst bis hinab zu den Dorfbewohnern, die unter den Raubzügen des nunmehr unschädlich gemachten Marodeurs und Mörders gelitten hatten.

Nach dem Genuss einer reichlichen Abendmahlzeit aus *Suvana*-Früchten und *Djongua*-Bohnen, die ich mit einem guten Quantum *Foum*-Wein hinunterspülte, legte ich mich an jenem Abend zur Ruhe. Vom moralischen Standpunkt aus hatte ich allen Grund, den Schlaf der Gerechten zu schlafen, doch wie schon in der vorangegangenen Nacht wurde ich das Opfer einer Folge von Träumen, die von bösen Geistern durchdrungen waren. An den Inhalt dieser Träume erinnere ich mich nicht, nur des durchgängigen Bewusstseins einer unerträglichen Spannung, das all diese Träume beherrschte – eines stetig anwachsenden, gestalt- und namenlosen Grauens sowie der unablässigen, quälenden Empfindung sinnloser Wiederholung, einer finsteren, vergeblichen Plackerei ohne Zweck und Ende. Auch lebt in mir eine nebulöse Erinnerung fort, die einfach keine klare, bildhafte Form gewinnen will, an Dinge, die niemals für die Erfassung durch menschliche Sinne oder das menschliche Bewusstsein bestimmt waren. Und jene zuvor erwähnten Empfindungen und all das Grauen waren untrennbar mit diesen Dingen verknüpft.

Nachdem ich fahrig und müde aus einer scheinbaren Ewigkeit der unbelohnten Mühen, der unerklärlichen Tretmühlenfron erwachte, vermochte ich meine nächtlichen Leiden nur auf die *Djongua*-Bohnen zurückzuführen, woraus ich folgerte, dass ich dieser gehaltvollen Speise allzu eifrig zugesprochen hatte. Zum Glück begriff ich die dunkle, unheilvolle Symbolik meiner Träume nicht, die sich schon allzu bald von ganz allein erklären sollte.

Nun muss ich die Dinge zu Papier bringen, die furchtbar sind für die Erde und ihre Bewohner – Dinge, die alles menschliche oder irdische Sein weit hinter sich lassen, die den Verstand untergraben, die der Dimensionen spotten und die Biologie auf den Kopf stellen. Es ist eine schreckliche Geschichte – und noch heute, mehr als ein halbes Jahrhundert später, lässt eine alte Angst meine Hand erzittern, während ich schreibe.

Doch von dergleichen Dingen ahnte ich noch nichts, als ich mich an jenem Morgen auf den Weg zum Hinrichtungsplatz begab, wo drei ziemlich gewöhnliche Verbrecher, deren Schädelmerkmale mir ebenso entfallen sind wie ihre Vergehen, darauf warteten, unter meinem tüchtigen Arm ihr wohlverdientes Ende zu finden. Aber ich war noch nicht weit gekommen, als der Lärm eines unerhörten Aufruhrs an mein Ohr drang, der sich rasch von Gasse zu Gasse, von Straße zu Straße durch ganz Commoriom fortpflanzte. Ich vernahm vielfache Schreie der Wut, des Grauens, der Furcht und der Wehklage, in die anscheinend jeder einstimmte, der zu jener Stunde zufällig sein Haus verlassen hatte.

Als ich einigen Bürgern begegnete, die sich unverkennbar in einem Zustand äußerster Erregung befanden und gar nicht mehr ablassen wollten von ihrem Gezeter, fragte ich nach dem Anlass des Spektakels. Und so vernahm ich, dass Knygathin Zhaum, dessen Verbrecherlaufbahn doch eigentlich beendet sein sollte, wieder zurückgekehrt war. Und dass er dies unheilige Wunder seiner Auferstehung durch die Verübung einer ganz entsetzlichen Untat mitten auf der städtischen Hauptstraße direkt vor den Augen einiger frühmorgendlicher Passanten kundgetan hatte!

Knygathin Zhaum hatte einen ehrbaren Verkäufer von *Djongua*-Bohnen gepackt – und ohne sich um die Schläge, die Mauerziegel, die Pfeile, die Wurfspieße, die Pflastersteine und die Flüche zu scheren, die die zusammenlaufende Menge und die Vertreter des Gesetzes auf ihn niederprasseln ließen, hatte er sogleich damit begonnen, sein Opfer bei lebendigem Leibe zu verspeisen. Erst als er seinen grässlichen Appetit befriedigt hatte, erlaubte er den Ordnungshütern, ihn abzuführen, und ließ dabei wenig mehr an der Stätte dieses ungeheuerlichen Vorfalls zurück als die Knochen und die Kleider des Bohnenverkäufers. Da dieser Fall in der Geschichte der Rechtspflege ohne Beispiel war, wurde Knygathin Zhaum zum zweiten Mal in das Verlies unterhalb des städtischen Gefängnisses geworfen, um dort das Urteil von Loquamethros und der acht Richter zu erwarten.

Das gewaltige Unbehagen, die tief greifende Verwirrung, die mich selbst nicht weniger erfüllten als die Einwohner und das Hohe Gericht von Commoriom, kann man sich leicht vorstellen. Wie jedermann bezeugen konnte, war Knygathin Zhaum fachgerecht enthauptet und vorschriftsmäßig begraben worden; und seine Wiederauferstehung war nicht nur wider die Natur, sondern bedeutete darüber hinaus einen äußerst unverschämten und überaus geheimnisumwobenen Verstoß gegen das Gesetz. Ja, die juristischen Aspekte des Falles waren so ungewöhnlich, dass sie die sofortige Verabschiedung eines Sondergesetzes erforderten, welches die abermalige Aburteilung und Hinrichtung jeglicher Missetäter vorschrieb und ermöglichte, die sich erdreisteten, in der besagten Art aus ihren gesetzlich zugewiesenen Gräbern zurückzukehren. Davon abgesehen herrschte allgemeine Ratlosigkeit – und sogar zu diesem frühen Zeitpunkt waren die Unwissenderen und die Religiöseren unter den Stadtbewohnern bereits geneigt, die Angelegenheit als Vorzeichen eines über dem Gemeinwesen schwebenden Unheils anzusehen.

Was mich selbst betrifft, so veranlasste mich meine wissenschaftliche Grundeinstellung, die das Übernatürliche ablehnt, die Lösung des Rätsels in der außerirdischen Abstammungslinie Knygathin Zhaums zu suchen. Ich war davon überzeugt, dass die Wirkungskräfte einer außerirdischen Biologie, die Eigenschaften eines transstellaren Lebensgrundstoffes auf irgendeine Weise mit der Sache zu tun hatten.

Mit wahrem Forschergeist berief ich die Totengräber zu mir, die Knygathin Zhaum verscharrt hatten, und befahl ihnen, mich zu seinem letzten Ruheflecken auf den Abfallhalden zu führen. Dort wurde eine überaus bemerkenswerte Gegebenheit offenbar: Die Erde war unberührt, abgesehen von einem tiefen Loch an einem Ende des Grabes, wie es etwa von einem großen Nagetier hätte verursacht sein können. Kein Körper von Menschenmaß, oder zumindest von Menschengestalt, konnte aus diesem Loch hervorgekommen sein.

Auf mein Geheiß entfernten die Totengräber die lockere, mit Tonscherben und anderem Müll vermischte Erde, die sie auf den geköpften Verbrecher gehäuft hatten. Als sie bis zum Boden der Grube vorgedrungen waren, fand sich nichts außer einem leicht klebrigen Rückstand, wo die Leiche gelegen hatte – und dieser verflüchtigte sich ebenso wie ein unsäglich fauliger Gestank, der ihn begleitete, sobald beides mit der frischen Luft in Berührung kam.

Verblüfft und ratloser denn je, doch noch immer überzeugt, dass das Geheimnis irgendeine natürliche Auflösung finden würde, sah ich der erneuten Gerichtsverhandlung entgegen. Diesmal arbeitete die Justiz noch rascher und zielstrebiger als zuvor. Abermals vernahm der Delinquent den Schuldspruch, und der Zeitpunkt der Enthauptung wurde bereits auf den folgenden Morgen festgesetzt.

Das Urteil enthielt eine ergänzende Anweisung bezüglich der Entsorgung: Die Überreste des Geköpften sollten in einem stabilen hölzernen Sarkophag versiegelt werden, der Sarkophag dann in einer tiefen Grube im gewachsenen Fels beigesetzt und die Grube mit schweren Steinbrocken aufgefüllt werden. Diese Vorkehrungen, so glaubte man, müssten genügen, um die unheilsamen und regelwidrigen Neigungen dieses abscheulichen Gewaltverbrechers ein für alle Mal zu unterbinden.

Als Knygathin Zhaum mir erneut vorgeführt wurde, umringt von einer verdoppelten Wachmannschaft und einer Volksmenge, die den Richtplatz und alle umliegenden Straßen durchflutete, musterte ich ihn mit gespannter Aufmerksamkeit und mit noch mehr Abneigung als beim ersten Mal. Da ich ein geschultes Gedächtnis für anatomische Details besitze, bemerkte ich einige sonderbare Veränderungen an seinem Körper. Die großen Flecken von mattschwarzer und kränklich gelber Farbe, die ihn von Kopf bis Fuß sprenkelten, wiesen jetzt eine etwas andere Verteilung auf. Die Verschiebung seiner Gesichtsflecken um Augen und Mund herum verlieh ihm einen Ausdruck, der unerträglich finster und höhnisch anmutete. Auch bestand eine merkbare Verkürzung seines Halses, obschon die Stelle, wo er durchschnitten und wieder zusammengefügt worden war, im mittleren Abstand zwischen Kopf und Schultern, kein noch so geringes Zeichen einer Verletzung aufwies. Beim Blick auf seine Glieder bemerkte ich weitere, weniger auffällige Veränderungen.

Trotz meiner Kenntnis in Bezug auf den menschlichen Körper verspürte ich keine Neigung, Mutmaßungen über die physiologischen Vorgänge anzustellen, die diesen Veränderungen zugrunde lagen – und noch weniger war ich gewillt, mir die zweifelhaften Folgen auszumalen, sollten diese Veränderungen noch weitergehen; falls es denn dazu kam. Erfüllt von der inbrünstigen Hoffnung, dass dem Ungeheuer mit Namen Knygathin Zhaum und den abscheuerregenden, schandbaren Eigenschaften seines gottlosen Kadavers nunmehr ein dauerhaftes Ende bereitet würde, hob ich das Schwert des Gesetzes hoch empor und schlug mit heroischer Macht zu.

Abermals ließ die Wirkung des spaltenden Hiebs, soweit für das menschliche Auge ersichtlich, nichts zu wünschen übrig. Der Kopf rollte auf dem *Eighon*-Block nach vorn und der restliche Körper sackte zu Boden und lag schlaff auf dem besudelten Pflaster. Juristisch betrachtet war dieser doppelt fluchwürdige Übeltäter nun zweifach tot.

Wie dem auch sei: Diesmal beaufsichtigte ich die Entsorgung seiner Überreste persönlich und stellte die Verschraubung des robusten Sarkophages aus *Apha*-Holz sicher, der sie aufgenommen hatte. Anschließend sorgte ich für die Auffüllung der drei Meter tiefen Grube, in die der Sarkophag versenkt wurde, mit eigens ausgewählten Felsbrocken. Es bedurfte der Kraft dreier Männer, um auch nur den kleinsten dieser Brocken hochzuheben. Wir alle waren überzeugt, dass der zählebige Knygathin Zhaum nun endgültig Ruhe geben würde.

Doch wehe! Eitel ist alle irdische Hoffnung und vergebens alle menschliche Mühe! Der Morgen kam und mit ihm die unfassbare, grausige Kunde von neuerlicher Untat: Wiederum machte der widernatürliche, halb menschliche Mörder die Straßen der Hauptstadt unsicher, wiederum hatte seine kannibalische Gier ihren Blutzoll unter den achtbaren Bewohnern Commorioms gefordert. Er hatte keinen Geringeren aufgefressen als einen der acht Richter; und nicht damit zufrieden, die Knochen dieses recht beleibten Würdenträgers blank zu nagen, hatte er gleichsam als Nachtisch die mehr hervortretenden Gesichtsmerkmale eines der Gesetzeshüter verschmaust, der versucht hatte, ihn von der Beendigung des Hauptganges abzuhalten. All dies war wie beim ersten Mal inmitten des wütenden Tumults einer aufgebrachten Volksmenge geschehen. Nach einem letzten Bissen von dem wenigen, das vom linken Ohr des unglücklichen Ordnungshüters übrig geblieben war, hatte Knygathin Zhaum anscheinend ein Gefühl der Sättigung verspürt und sich widerstandslos von den Gefängniswärtern abführen lassen.

Ich selbst und jene, die meine Anweisungen zu den aufwendigen Bestattungsarbeiten in die Tat umgesetzt hatten, waren mehr als verblüfft, als sie diese Neuigkeit vernahmen. Und die Wirkung des Geschehens auf die Öffentlichkeit war gewiss beklagenswert. Die abergläubisch Veranlagten und die Furchtsameren unter den Einwohnern begannen ungesäumt, die Stadt zu verlassen; auch wurden längst vergessene Prophezeiungen ausgegraben und unter den verschiedenen Priesterschaften der Stadt war viel die Rede von der Notwendigkeit, ihre auf unerfindliche Weise erzürnten Götter und Götzen mit großzügigen Opfern zu besänftigen. Mich gegen derartigen Schwachsinn taub zu stellen, fiel mir nicht schwer – doch unter den obwaltenden Umständen war die beständige Wiederkehr Knygathin Zhaums vom wissenschaftlichen Standpunkt aus nicht weniger beunruhigend als von dem der Religion.

Wir untersuchten das Grab, wenn auch nur der Form halber. Dort entdeckten wir, dass einige der auf den Sarkophag gehäuften Felsbrocken weit genug verschoben worden waren, um einem Körper von der Breite einer großen Schlange oder einer Bisamratte den Durchschlupf zu gestatten. Der Sarkophag selbst war mitsamt seinen Metallschrauben an einem Ende aufgesprengt – und uns schauderte bei dem Gedanken an die unfassbare Kraft, die hierzu erforderlich gewesen sein musste.

Aufgrund der Art und Weise, wie dieser Fall sämtlichen bekannten Gesetzen der Biologie zuwiderlief, verzichtete man nunmehr auf die Formalitäten des Bürgerlichen Rechtes, und ich, Athammaus, wurde noch am selben Tag, ehe die Sonne im Zenit stand, gerufen und feierlich mit der Amtshandlung betraut, Knygathin Zhaum ohne weiteren Verzug erneut zu enthaupten. Wie man sich seiner Überreste diesmal entledigen würde, durch Vergraben oder eine beliebige andere Methode, oblag jetzt meiner Entscheidung; und für den Fall, dass ich Verstärkung benötigte, wurden die Soldaten der Stadtgarnison sowie die Stadtgendarmen meinem Befehl unterstellt.

Im vollen Bewusstsein der mir dadurch erwiesenen Ehre und zutiefst verwirrt, doch ohne Furcht, begab ich mich zur Stätte meines Wirkens. Als der Verbrecher zum dritten Mal erschien, war es nicht nur für mich, sondern für jedermann unübersehbar, dass seine körperliche Erscheinung ein neues Stadium der Rückentwicklung erreicht und dabei eine höchst auffällige Wandlung durchlaufen hatte. Seine Fleckenzeichnung hatte sich zu mehr als bloß der Andeutung eines erschreckenden und abstoßenden Musters entwickelt und seine menschlichen Merkmale waren von schauderhaften Missbildungen verdrängt worden. Der Kopf entwuchs den Schultern fast ohne verbindenden Hals; die Augen saßen schräg versetzt in einem Gesicht voller Wölbungen und Abflachungen; Nase und Mund offenbarten eine Neigung, den Platz des jeweils anderen einzunehmen – und es gab noch weitergehende Veränderungen, die ich nicht näher benennen werde, denn sie bedeuteten eine ebenso grauenvolle wie beschämende Abwertung der edelsten und ausgeprägtesten Körperteile des Menschen. Immerhin will ich die befremdlichen, hängenden Gebilde, schlauchförmigen Kehllappen oder Halsfalten gleich, erwähnen, zu denen seine Kniescheiben sich entwickelt hatten. Dennoch war es Knygathin Zhaum höchstselbst, der jetzt – sofern man sich nicht scheute, seiner Körperhaltung durch eine solche Wortwahl zu schmeicheln – vor dem Richtblock stand.

Aufgrund der faktischen Ermangelung eines Halses verlangte die dritte Enthauptung ein derartig genaues Auge und eine derart sichere Hand, wie sie aller Wahrscheinlichkeit nach kein Scharfrichter außer mir hätte aufbieten können. Ich freue mich, sagen zu dürfen, dass meine Geschicklichkeit den an sie gestellten Ansprüchen genügte – und wiederum wurde der abscheuliche schädelartige Auswuchs des Übeltäters abgetrennt. Doch wäre die Klinge auch nur um ein weniges nach dieser oder jener Seite fehlgegangen, dann hätte die daraus folgende Amputation aus fachlicher Sicht nicht mehr als Enthauptung gegolten.

Die Sorgfalt und die Mühe, mit denen ich und meine Helfer die dritte Beerdigung ins Werk setzten, waren wahrhaft würdig, mit Erfolg belohnt zu werden. Wir legten den Rumpf in einen stabilen Sarkophag aus Bronze und den Kopf in einen zweiten, kleineren Sarkophag aus demselben Material. Anschließend wurden die Deckel mit geschmolzenem Metall aufgelötet und die beiden Behältnisse in entgegengesetzte Stadtteile von Commoriom gebracht. Den Sarkophag mit dem Rumpf darin versenkten wir in großer Tiefe unter einer gewaltigen Steinmasse. Doch den, der den Kopf enthielt, ließ ich unbeerdigt, damit ich und ein Trupp bewaffneter Wachsoldaten ihn die ganze Nacht über im Auge behalten konnten. Zudem postierte ich zahlreiche Wachen an der Stelle, wo der Rumpf begraben lag.

Dann brach die Nacht an. Und gemeinsam mit sieben

verlässlichen, mit je einem Dreizack bewaffneten Wachen begab ich mich zu der Stelle, wo wir den kleineren der beiden Sarkophage zurückgelassen hatten. Er stand im Hof einer verlassenen Vorort-Villa, weitab von den bevölkerten Stadtteilen. Meine eigene Bewaffnung bestand in einem kurzen Schwert und einer mächtigen Stoßaxt. Mit uns führten wir einen großzügigen Vorrat an Fackeln, der uns eine ausreichende Beleuchtung während der schaurigen Nachtwache sichern sollte. Wir entzündeten mehrere der Fackeln zugleich und steckten sie in die Fugen zwischen den großen Steinplatten des Hofes, wo sie einen hell flammenden Kreis um den Sarkophag bildeten.

Desgleichen hatten wir jede Menge karmesinroten *Foum*-Wein in ledernen Beuteln dabei, außerdem Würfel aus dem Elfenbein von Mammut-Stoßzähnen, mit denen wir die schwarzen Nachtstunden zu vertreiben gedachten. Und mit gelegentlichen, jedoch wachsamen Blicken auf das Objekt des Argwohns sprachen wir maßvoll dem Wein zu und würfelten um geringe Geldbeträge von höchstens fünf *Pazoor,* wie es der Gepflogenheit guter Spieler entspricht, solange sie ihren Gegner noch abschätzen.

Die Dunkelheit nahm schnell zu. In dem saphirblauen Rechteck über unseren Köpfen, dem das Licht der Fackeln eine samtschwarze Färbung verlieh, erblickten wir Polaris und die roten Planeten, die zum letzten Mal auf Commoriom in seiner Pracht und Größe herniedersahen. Doch wir ließen uns nicht träumen, dass Unheil bevorstand, sondern scherzten wacker und stießen in dreister Verhöhnung auf das monströse Haupt an, das jetzt so sicher eingesargt und so weit von seinem abscheulichen Rumpf getrennt war. Der Wein ging von Hand zu Hand. Bald stieg sein rosiger Geist uns zu Kopfe. Wir würfelten um kühnere Einsätze und endlich artete das Spiel in ein wüstes Gelage aus.

Ich weiß nicht, wie viele Sterne über uns im dunstigen Firmament erloschen waren oder wie oft ich Gebrauch von den unentwegt kreisenden Weinschläuchen gemacht hatte. Gut erinnere ich mich hingegen, dass ich nicht weniger als 90 *Pazoor* von den Dreizack-Trägern gewonnen hatte, die alle herzhaft und lärmend fluchten, während sie vergeblich versuchten, meine Glückssträhne zu beenden. Ich selbst hatte ebenso wie meine Gefährten den Gegenstand unserer Nachtwache vollkommen vergessen.

Der Sarkophag, der den Kopf enthielt, war ursprünglich angefertigt worden, um ein kleines Kind aufzunehmen. Seine jetzige Verwendung, hätte man einwenden können, bedeutete eine sündhafte, frevlerische Entwertung kostbarer Bronze; doch zur fraglichen Zeit war nichts anderes von passender Größe und geeigneter Stärke verfügbar gewesen. In unserer wachsenden Spielwut hatten wir, wie ich bereits andeutete, alle aufgehört, ein Auge auf das Behältnis zu haben.

Ich schaudere bei dem Gedanken, wie lange schon etwas ungehört und ungesehen vor sich gegangen war, ehe das ungewohnte, ja beängstigende Verhalten des Sarkophages unsere Aufmerksamkeit auf sich zog. Plötzlich erscholl ein lautes, metallisches Dröhnen, wie von einem Gongschlag oder dem Schwerthieb auf ein Schild, und brachte uns zu Bewusstsein, dass die Dinge nicht so lagen, wie sie eigentlich sollten. Und als wir uns wie ein Mann in die Richtung wandten, aus der das Geräusch kam, sahen wir, dass der Sarkophag inmitten seines leuchtenden Fackelrings auf höchst unziemliche Art hüpfte und bockte. Erst auf einer Kante oder Ecke, dann auf einer anderen, tanzte und pirouettierte er ohne Unterlass unter lautem Geschepper auf den Pflastersteinen.

Kaum war das wahrhaft Schreckliche dieser Situation in unsere benebelten Gehirne gesickert, da trat eine neue und noch grausigere Entwicklung ein. Wir sahen, dass der Kasten sich oben, seitlich und unten unheilvoll ausbeulte und im Nu jede Ähnlichkeit mit seiner ursprünglichen Form verlor. Seine Rechteckform schwoll an und wölbte sich und verlor sich auf fürchterliche Weise wie in einem immer neuen Albtraum, bis das Ding die Gestalt eines riesigen, länglichen Eies angenommen hatte.

Plötzlich ertönte ein höchst beängstigendes Geräusch, zugleich begann die Lötnaht des Deckels zu platzen – und dann brach das Ei gewaltsam auf. Durch den langen, gezackten Riss quoll in höllischem Gesiede eine dunkle, unablässig anschwellende Masse unerfindlicher Zusammensetzung. Brodelnd, als schäumte das Gift von einer Million Schlangen, spritzend wie gärender Wein und stellenweise große, rußig wirkende Blasen werfend, die mittleren Meeresquallen ähnelten, wälzte die Masse mehrere Fackeln nieder und überflutete die Steinplatten des Hofes. Wir alle sprangen in irrer Furcht und Verwirrung zurück, um nicht mit ihr in Berührung zu kommen.

Gegen die rückwärtige Mauer des Hofes gekauert, während die niedergewälzten Fackeln hektisch flackerten und qualmten, beobachteten wir das verblüffende Verhalten der Substanz. Sie hatte innegehalten, als wollte sie sich sammeln – und fiel nun in sich zusammen wie ein dämonischer Teig: Sie schrumpfte, verdichtete sich, bis ihre Ausdehnung kurz darauf wieder der des eingesargten Kopfes zu entsprechen begann, wenn sie auch jeder echten Ähnlichkeit mit seiner ursprünglichen Form ermangelte. Sie wurde zu einer runden, schwärzlichen Kugel, auf deren pulsierender Oberfläche immer deutlicher die Linien eines deformierten Gesichtes sichtbar wurden, flach wie die Striche einer Zeichnung. Mitten auf der Kugel starrte ein lidloses, gelbbraun phosphoreszierendes Auge ohne Pupille. Es hielt den Blick auf uns gerichtet, während das Gebilde um einen Entschluss zu ringen schien. Über eine Minute lang lag es reglos da … Doch auf einmal schnellte es wie vom Katapult geschossen an uns vorbei auf das offen stehende Hoftor zu und von da auf die mitternächtlichen Straßen hinaus, wo es unseren Blicken entschwand.

Trotz unseres Grauens und unserer Verstörung bemerkten wir, welche grobe Richtung das Ding eingeschlagen hatte. Wie sehr steigerte es unseren Schrecken und unsere Bestürzung, dass dort jener Teil Commorioms lag, wo der Rumpf von Knygathin Zhaum begraben war!

Wir wagten nicht, Mutmaßungen darüber anzustellen, was all dies zu bedeuten hatte oder wohin es führen mochte. Doch obwohl wir gegen millionenfache Ängste und Befürchtungen anzukämpfen hatten, griffen wir nach unseren Waffen und folgten jenem unheiligen Haupt so schnellen und zielstrebigen Schrittes, wie es das genossene Quantum an *Foum*-Wein erlaubte.

Außer uns war um diese Stunde, wo selbst die zügellosesten Zecher entweder nach Hause getaumelt waren oder vom Trunk besiegt unterm Kneipentisch lagen, kein Mensch unterwegs. Die Straßen waren dunkel und muteten trostlos an, und die Sterne am Firmament schienen teilweise ausgelöscht wie von dem aufziehenden Brodem eines miasmatischen Pesthauchs. Wir eilten über die Hauptstraße voran, und das Pflaster warf das Geräusch unserer Schritte in der Stille dumpf hallend zurück, so als wäre das massive Gestein unter den Straßen während unserer unheimlichen Nachtwache von Leichengrüften ausgehöhlt worden.

Wo auch immer wir entlangmarschierten, wir entdeckten keinerlei Anzeichen jenes unsagbar widerlichen und fluchwürdigen Wesens, das dem aufgebrochenen Sarkophag entschlüpft war. Und zu unserer Erleichterung und entgegen unserer Befürchtung erblickten wir auch nichts von verwandter oder ähnlicher Art, obwohl dergleichen, falls unsere Vermutungen zutrafen, durchaus unter freiem Himmel umherstreifen mochte.

Stattdessen stießen wir in der Nähe des städtischen Hinrichtungsplatzes mit einem Trupp Soldaten zusammen, die Stoßäxte und Dreizacke und Fackeln trugen und die sich als jene Wächter entpuppten, die ich abends zuvor über dem Ruheflecken von Knygtahin Zhaums Rumpf postiert hatte. Diese Männer befanden sich in einem Zustand erbarmungswürdiger Furcht und sie erzählten uns eine schreckliche Geschichte: Sie berichteten, wie das tief ins Grundgestein geschlagene Grab und die gewaltigen Felsblöcke, die es auffüllten, wie unter Erdstößen gebebt hatten und wie eine schäumende und zischende Substanz, geformt wie eine riesige Schlange, zwischen den Steinbrocken hervorgeströmt und mit Kurs auf Commoriom in der Finsternis verschwunden war. Im Gegenzug berichteten wir ihnen, was sich im Laufe unserer Nachtwache in jenem Hof zugetragen hatte – und wir alle waren uns einig, dass etwas abgrundtief Verderbtes, etwas Tödlicheres und Giftigeres als Raubtier oder Natter freigekommen war und beutegierig durch die

Nacht streifte. Und wir flüsterten voller Entsetzen darüber, was der Morgen offenbaren mochte.

Unser Trupp schloss sich den Männern an, und gemeinsam durchsuchten wir die Stadt, durchkämmten mit Vorsicht ihre Gassen und Straßen und fürchteten mit der Furcht der Mutigen die finstere, bösartige Ausgeburt, auf die der Schein unserer Fackeln hinter jeder Biegung, in jedem Winkel und unter jedem Torbogen treffen konnte. Doch die Suche war vergebens … Über uns verblassten die Sterne im fahlen Firmament; mit einem gespenstischen Silberschimmer zog die Morgendämmerung zwischen den Spitzen der marmornen Türme auf und ein feines, unwirkliches Bernsteinfunkeln überzog Mauern und Gehwege.

Bald darauf hallten in der Stadt weitere Schritte wider, die nicht von uns stammten, und eines nach dem anderen erwachten die vertrauten Geräusche des Lebens. Frühe Fußgänger tauchten auf und aus der Provinz trafen die Obst-, Milch- und Getreideverkäufer ein. Doch von dem, wonach wir suchten, zeigte sich weiterhin keine Spur.

Wir setzten unsere Suche fort, während die Stadt um uns her noch immer dabei war, ihre morgendliche Geschäftigkeit aufzunehmen. Dann, plötzlich und ohne Vorwarnung, und unter Umständen, die den Unempfindlichsten außer Fassung gebracht und den Tapfersten mit Furcht geschlagen hätten, wurden wir fündig. Wir betraten den öffentlichen Platz, wo der *Eighon*-Block stand, auf den so viele Tausend Missetäter ihre sündigen Hälse gelegt hatten, als wir einen solchen Schrei der Todesangst und sterblicher Qual vernahmen, wie ihn nur ein einziges Ding auf der ganzen Welt bewirkt haben konnte. Wir stürmten voran und sahen, dass zwei Passanten, die den Platz in der Nähe des Richtblocks überquert hatten, sich im

Griff eines aberwitzigen Ungeheuers wanden, welches sowohl Naturgeschichte wie auch Fabeldichtung verneint hätten.

Trotz der verwirrenden, unklaren Abnormitäten, die das Ding aufwies, erkannten wir, als wir näher herankamen, Knygathin Zhaum in ihm. Bei der dritten Wiedervereinigung mit dem abscheulichen Rumpf hatte sein Kopf sich maskenhaft abgeflacht und auf die untere Brustpartie verlagert. Und im Zuge dieser eigenwilligen Neuanordnung hatte eines der Augen jede Beziehung zu seinem Zwillingsorgan oder dem Kopf aufgekündigt und saß nun im Bauchnabel, direkt unterhalb des reliefartigen Kinns. Weitere, noch schockierendere Veränderungen hatten stattgefunden: Die Arme hatten sich zu Tentakeln verlängert und die Finger glichen Nestern wimmelnder Vipern. Das Fehlen des Kopfes hatten die Schultern genutzt, um sich zu einem kegelförmigen Höcker aufzustülpen, der in einem napfförmigen Maul endete. Fantastischer und unmöglicher als alles andere jedoch waren die Veränderungen der unteren Gliedmaßen: Jedem Knie und jeder Hüfte entsprossen lange, biegsame Rüssel, die von Hälsen mit Saugmündern gesäumt waren. Unter gemeinsamem Gebrauch ihrer diversen Mäuler und Greiforgane verspeiste die Abnormalität die beiden unglücklichen Opfer, die es erbeutet hatte.

Von den Schreien herbeigelockt strömte hinter uns eine Volksmenge zusammen, während wir uns dieser grässlichen Szene näherten. Fast augenblicklich setzte ein Gekreisch ein, das sich in der ganzen Stadt zu verbreiten schien, ein unablässig anschwellendes Stimmengewirr in der Tonlage eines überwältigenden, alles verheerenden Grauens.

Von unseren Empfindungen als Vertreter des Rechts und als Männer will ich schweigen. Für uns war offenkundig, dass die außerirdischen Einflüsse in Knygathin Zhaums Abstammungslinie sich nach seiner jüngsten Wiederauferstehung mit abscheulicher Beschleunigung durchgesetzt hatten. Doch ungeachtet dessen sowie der ganz und gar unfassbaren Ungeheuerlichkeit dieser Missbildung vor unseren Augen waren wir noch immer gewillt, unsere Pflicht zu erfüllen und die hilflosen Stadtbewohner so gut wir konnten zu verteidigen. Ich prahle nicht mit dem dazu nötigen Todesmut: Wir waren einfache Männer und wir waren nur bereit zu tun, was die Situation unverkennbar von uns forderte.

Wir umkreisten das Ungeheuer und wären ihm auch sofort mit unseren Stoßäxten und Dreizacken zu Leibe gerückt. Doch stießen wir dabei auf ein erhebliches Hindernis: Die Kreatur und ihre Beute waren so stark ineinander verkeilt und verschlungen, und das groteske Ensemble wand sich so ungestüm und stieß derart wild um sich, dass wir keinen Gebrauch von unseren Waffen machen konnten, ohne ernstlich Gefahr zu laufen, unsere Mitbürger aufzuspießen oder sonst wie zu verletzen. Schließlich jedoch ebbte das Gewoge und Gestrampel ab, denn die inwendigen festen und flüssigen Körperbestandteile der beiden Männer waren verzehrt und der grässliche Klumpen aus Fresser und Gefressenen kam allmählich zur Ruhe.

Jetzt oder nie war unsere Chance gekommen – und ich bin überzeugt, wir hätten geschlossen einen Angriff unternommen, so sinn- und aussichtslos er sicherlich gewesen wäre. Doch das Ungeheuer war solchen Geplänkels schlichtweg überdrüssig geworden und gedachte sich nicht länger von menschlichem Ungeziefer behelligen zu lassen. Als wir unsere Waffen in Anschlag brachten und uns zum

Kampf rüsteten, wich das Ding zurück, ohne seine leer gesaugten, schlaffen Opfer freizugeben, und erklomm den Richtblock aus *Eighon*-Holz. Dort begann es vor aller Augen, am ganzen Körper, mit jedem Teil und jedem Glied, anzuschwellen, als würde es sich selbst mit übermenschlicher Feindseligkeit oder Bosheit aufblasen.

Das Tempo, mit dem sein Leibesumfang zunahm, und die Ausmaße, die das Ding gewann, während es allseits über den Richtblock hinausquoll und ihn unter Wogen pulsierender Falten den Blicken entzog, hätten genügt, die Helden der ältesten Sagen um den Schneid zu bringen. Dabei ging der Rumpf, wie ich hinzufügen sollte, mehr in die Breite denn in die Höhe. Als die Abnormität Ausmaße erreicht hatte, die bei irdischen Lebensformen unbekannt sind, als sie sich drohend in unsere Richtung vorwölbte und dabei langsam ihre endlos wachsenden, an Riesenschlangen gemahnenden Arme nach uns ausstreckte – da konnte man meine tapferen und gefürchteten Kameraden schwerlich dafür tadeln, dass sie die Flucht antraten. Noch weniger mache ich der Stadtbevölkerung Vorwürfe, die Commoriom nun in sturzflutartigen Scharen verließ, begleitet von gellendem Geschrei und schrillem Wehklagen. Beschleunigt wurde diese Flucht zweifelsfrei von den Lauten, die das Monster ausstieß und die wir jetzt zum ersten Mal überhaupt vernahmen. Diese Laute waren am ehesten einem Zischen vergleichbar. Doch ihre Lautstärke war zermalmend, ihr Klang machte krank und war eine Folter fürs Gehör. Das Schlimmste jedoch war: Sie drangen nicht nur aus dem Mund unterhalb des Brustkorbs hervor, sondern aus jedem der übrigen Mäuler oder Saugrachen, die dieses Gebilde des Grauens hervorgebracht hatte.

Selbst ich, Athammaus, wich vor diesem Gezisch zurück und hielt mich deutlich außer Reichweite der schlangengleichen, züngelnden Finger. Doch erfüllt es mich mit Stolz, sagen zu können, dass ich noch eine Zeit lang am Rande des entvölkerten Platzes verweilte, wenn ich auch meinen entfliehenden Mitbürgern mehr als nur einen einzigen bedauernden Blick hinterherschickte.

Das Etwas, das Knygathin Zhaum gewesen war, schien zufrieden mit seinem Triumph, und so brütete es träge und gebirgsgleich über dem eroberten Richtblock aus *Eighon*-Holz. Sein tausendfaches Gezisch ebbte zu einem matten, leisen Zischeln ab, wie es ein Nest voller schläfriger Pythonschlangen von sich geben mag. Es unternahm keinen bemerkbaren Versuch, mich anzugreifen oder sich mir auch nur zu nähern. Und schließlich, als ich zu der Erkenntnis gelangte, dass die berufliche Herausforderung, die es mir stellte, zu groß war, und mich außerdem die Ahnung beschlich, dass Commoriom inzwischen ohne König, ohne Gerichtsbarkeit, ohne Ordnungsmacht und ohne Einwohner war, da verließ ich am Ende die zum Untergang verdammte Stadt und schloss mich den anderen an.

Ubbo-Sathla

Denn Ubbo-Sathla ist der Ursprung und das Ende. Vor der Ankunft von Zhothaqquah oder Yok-Zothoth oder Kthulhut von den Sternen hauste Ubbo-Sathla in den dampfenden Mooren der neu erschaffenen Erde: eine Masse ohne Kopf und Gliedmaßen, welche die grauen, gestaltlosen Molche der Urzeit und die grausigen Urbilder irdischen Lebens ausbrütete. … Und alles irdische Leben, so heißt es, wird schließlich über den großen Kreislauf der Zeit zu Ubbo-Sathla zurückkehren.

Das Buch des Eibon

Paul Tregardis entdeckte den milchigen Kristall inmitten einer Unmenge sonderbarer Dinge aus vielen Ländern und Zeiten. Er hatte den Laden des Kuriositätenhändlers auf einen ziellosen Impuls hin betreten, ohne etwas im Sinn zu haben außer der müßigen Ablenkung, ein Sammelsurium entlegener Raritäten zu betrachten und zu berühren. Als er sich planlos umgesehen hatte, war seine Aufmerksamkeit auf einen matten Schimmer auf einem der Tische gelenkt worden, und er hatte den merkwürdigen, kugelförmigen Stein aus seiner schattenumflorten, bedrängten Lage zwischen einem hässlichen kleinen Aztekengötzenbild, dem versteinerten Ei eines Dinornis und einem obszönen Fetisch aus schwarzem Holz vom Niger befreit.

Der Gegenstand hatte die ungefähre Größe einer kleinen Orange und war an den zwei Seiten ein wenig flacher, wie ein Planet an den Polen. Er verwirrte Tregardis, denn er glich keinem gewöhnlichen Kristall: Er war milchig und wechselhaft, und in seinem Herzen leuchtete er stoßweise, als würde er abwechselnd aus dem Innern heraus erhellt und verfinstert. Tregardis hielt ihn vor das winterliche Fenster und betrachtete ihn eine Weile, ohne das Geheimnis dieser einzigartigen und stetig wiederkehrenden Veränderung ergründen zu können. Seine Verwirrung wurde bald durch ein heraufdämmerndes Gefühl einer vagen und unbestimmten Vertrautheit verstärkt, als hätte er das Ding zuvor schon einmal unter Umständen gesehen, die nun gänzlich vergessen waren.

Er wandte sich an den Kuriositätenhändler, einen zwerghaften Hebräer mit der Ausstrahlung staubigen, ehrwürdigen Alters, der den Eindruck erweckte, in einem Netz kabbalistischer Träumerei kaufmännischen Erwägungen erlegen zu sein.

»Können Sie mir hierüber Auskunft geben?«

Der Händler zuckte auf unbeschreibliche Weise zugleich mit den Achseln und den Augenbrauen.

»Er ist sehr alt – paläogen, könnte man sagen. Ich kann Ihnen nicht viel darüber erzählen, denn nur wenig ist bekannt. Ein Geologe fand ihn in Grönland unter Gletschereis, in der Miozän-Schicht. Wer weiß? Er mag einem Zauberer im Thule der Vorzeit gehört haben. Grönland war im Miozän ein warmes, fruchtbares Gebiet unter der Sonne. Ohne Zweifel ist dies ein magischer Kristall; und ein Mann vermag sonderbare Dinge in seinem Herzen zu schauen, blickt er nur lange genug hinein.«

Tregardis war recht bestürzt, denn des Händlers scheinbar überspannte Andeutung hatte ihm seine eigenen Erkundungen auf dem Gebiet obskurer Lehren ins Gedächtnis gerufen; und insbesondere hatte er sich an das *Buch des Eibon* erinnert, jener sonderbarsten und seltensten der vergessenen Schriften des Okkulten, die, so heißt es, über den Umweg vieler Übersetzungen von einem vorzeitlichen Original herrührt, verfasst in der verlorenen Sprache der Hyperboreer. Tregardis hatte unter großen Schwierigkeiten die Version in mittelalterlichem Französisch erworben – ein Exemplar, das Generationen von Zauberern und Satansanbetern gehört hatte –, doch war es ihm nicht gelungen, die griechische Handschrift zu finden, die seiner Fassung zugrunde lag.

Das lange verschollene, sagenhafte Original war, so mutmaßte man, das Werk eines großen Magiers aus Hyperborea, von dem es den Namen hatte. Es war eine Sammlung finstrer und unheilvoller Mythen, von Liturgien, Ritualen und Anrufungen, zugleich böse und esoterisch. Nicht ohne Erschauern hatte Tregardis im Verlauf seiner Studien, welche eine durchschnittliche Person für mehr als eigenartig befunden hätte, den französischen Band mit dem fürchterlichen *Necronomicon* des verrückten Arabers Abdul Alhazred verglichen. Er hatte viele Übereinstimmungen von schwärzester und widerlichster Bedeutsamkeit entdeckt, ebenso viele verbotene Angaben, welche dem Araber entweder nicht bekannt gewesen waren oder die er oder seine Übersetzer unterschlagen hatten.

War es dies, woran er sich zu erinnern versucht hatte, fragte sich Tregardis – der kurze, unbestimmte Verweis im

Buch des Eibon auf einen milchigen Kristall, welcher dem Magier Zon Mezzamalech in Mhu Thulan gehört hatte? Gewiss, dies alles war zu fantastisch, zu hypothetisch, zu unglaublich – doch Mhu Thulan, jener nördliche Teil des alten Hyperborea, sollte angeblich grob mit dem heutigen Grönland übereinstimmen, welches früher als Halbinsel mit dem Hauptkontinent verbunden gewesen war. Konnte der Stein in seiner Hand durch einen sagenhaften Zufall der Kristall des Zon Mezzamalech sein?

Tregardis lächelte voll innerlicher Ironie über sich selbst, diesen absurden Gedanken überhaupt entwickelt zu haben. Solche Dinge geschahen einfach nicht – zumindest nicht im heutigen London; und aller Wahrscheinlichkeit nach war das *Buch des Eibon* ohnehin reine abergläubische Fantasie. Dennoch hatte der Kristall etwas an sich, das ihn weiterhin reizte und verlockte. Es endete damit, dass er ihn zu einem moderaten Preis erwarb. Die Summe wurde vom Verkäufer genannt und vom Käufer bezahlt, ohne zu feilschen.

Mit dem Kristall in der Tasche eilte Paul Tregardis zurück in seine Unterkunft, anstatt sein gemütliches Umherbummeln wieder aufzunehmen. Er stellte die milchige Kugel auf seinen Schreibtisch, wo sie auf einem ihrer flachen Enden festen Halt fand. Dann, noch immer über seinen absurden Gedanken lächelnd, nahm er das gelbe Pergamentmanuskript des *Buches des Eibon* von seinem Platz innerhalb einer fast allumfassenden Sammlung ausgesuchter Literatur. Er öffnete den wurmzerfressenen Ledereinband mit den Schließspangen aus mattem Stahl und las sich selbst vor, wobei er ebenden Absatz aus dem altertümlichen Französisch übersetzte, der sich auf Zon Mezzamalech bezog:

»Dieser Magier, der unter den Zauberern der mächtigste war, hatte einen milchigen Stein gefunden, kugelgleich und an zwei Seiten flach, in welchem er Gesichte der irdischen Vergangenheit schauen konnte, selbst bis zum Anfang der Welt, als Ubbo-Sathla, der ungezeugte Ursprung, gewaltig und geschwollen und gärend inmitten des dampfenden Schleims lag … Doch von dem, was er geschaut, hinterließ Zon Mezzamalech nur wenig Kunde; und die Menschen sagen, er sei bald darauf auf unbekannte Weise verschwunden; und nach ihm ging auch der milchige Kristall verloren.«

Paul Tregardis legte das Manuskript beiseite. Wiederum war da etwas, das ihn quälte und betörte wie ein verlorener Traum oder eine Erinnerung, die dem Vergessen anheimfiel. Gedrängt von einem Gefühl, das er nicht prüfte oder hinterfragte, setzte er sich an den Tisch und fing an, aufmerksam in die kalte, neblige Kugel zu starren. Er verspürte eine Erwartung, die irgendwie so vertraut war, ein so durchdringender Teil seines Bewusstseins, dass er sie nicht einmal vor sich selbst benannte.

Minute um Minute saß er da und beobachtete das Wechselspiel von Aufleuchten und Verlöschen des geheimnisvollen Lichtes im Herzen des Kristalls. In unmerklichen Abstufungen überkam ihn ein Gefühl traumähnlicher Zweiheit seiner selbst und seiner Umgebung. Er war nach wie vor Paul Tregardis – und doch war er ein anderer; das Zimmer befand sich nach wie vor in seiner Londoner Wohnung – und war doch eine Kammer an einem fremden, aber wohlbekannten Ort. Und in beiden Umgebungen blickte er unverwandt in denselben Kristall.

Nach einer Weile war der Vorgang des Persönlichkeitswechsels ohne Überraschung für Tregardis vollendet. Er wusste, dass er Zon Mezzamalech war, ein Zauberer aus Mhu Thulan und ein Erforscher aller Lehren, die seiner Zeit vorangingen. Erfüllt von dem Wissen um schreckliche Geheimnisse, die Paul Tregardis, dem Laien auf dem Gebiet der Anthropologie und der okkulten Wissenschaften im späteren London, nicht bekannt waren, strebte er danach, mithilfe des milchigen Kristalls ein noch älteres und furchtbareres Wissen zu erlangen.

Er hatte den Stein auf zweifelhafte Weise in seinen Besitz gebracht, ihn aus einer mehr als finsteren Quelle bezogen. Der Stein war einzigartig und ohne seinesgleichen in irgendeinem Land oder irgendeiner Zeit. In seinen Tiefen ruhten der Sage nach alle früheren Jahre gespiegelt, alle Dinge, die je gewesen, und würden sich dem geduldigen Betrachter offenbaren. Und durch den Kristall, so war es Zon Mezzamalechs Traum, wollte er die Weisheit der Götter erlangen, die vor Erschaffung der Erde gestorben waren. Sie waren in den lichtlosen Abgrund eingegangen und hatten ihre Lehren auf Tafeln aus ultrastellarem Gestein hinterlassen; und diese Tafeln wurden im Ursumpf von dem gestaltlosen, idiotischen Demiurgen Ubbo-Sathla behütet. Nur mithilfe des Kristalls konnte Zon Mezzamalech hoffen, die Tafeln zu finden und zu lesen.

Zum ersten Male erprobte er die berühmten Eigenschaften der Kugel. Um ihn herum entschwand ein elfenbeingetäfeltes Gemach voller magischer Bücher und Utensilien allmählich aus seinem Bewusstsein. Vor ihm, auf einem Tisch aus dunklem hyperboreischem Holz, in das sonderbare Zeichen eingeritzt waren, schien der Kristall anzuschwellen und sich zu vertiefen, und in seinen trüben Abgründen erblickte er einen raschen und gebrochenen Wirbel düsterer Szenen, die wie Blasen eines Mühlgerinnes vorüberschwebten. Als blickte er auf eine wirkliche Welt, strömten Städte, Wälder, Berge, Seen und Weiden an ihm vorbei, erhellt und verfinstert vom Ablauf der Tage und Nächte in einem merkwürdig beschleunigten Fluss der Zeit.

Zon Mezzamalech hatte Paul Tregardis vergessen – hatte die Erinnerung an seine eigene Identität und seine Umgebung in Mhu Thulan verloren. Mit jedem Augenblick wurde die fließende Vision in dem Kristall bestimmter und deutlicher, und die Bilder in der Kugel gewannen an Tiefe, bis ihm schwindelte, als spähte er aus unsicherer Höhe in einen unermesslichen Abgrund. Er wusste, dass die Zeit in dem Kristall rückwärtsraste und für ihn das Schauspiel aller vergangenen Tage entrollte; doch eine sonderbare Angst hatte ihn ergriffen, und er fürchtete sich davor, weiter hineinzusehen. Wie jemand, der fast von einer Klippe gefallen wäre, fing er sich mit einem heftigen Ruck ein und zog sich aus der mystischen Kugel zurück.

Vor seinen Augen wurde die gewaltige, wirbelnde Welt, in welche er geblickt hatte, wieder zu einem kleinen und geäderten Kristall auf dem runenverzierten Tisch in Mhu Thulan. Dann schien sich der große Raum mit seinen Relieftafeln aus Mammutelfenbein nach und nach zu einem anderen und schäbigeren Ort zu verkleinern; und Zon Mezzamalech verlor seine übernatürliche Weisheit und magische Kraft und wurde über eine sonderbare Rückentwicklung wieder zu Paul Tregardis.

Und doch, so schien es, konnte er nicht gänzlich zurückkehren. Tregardis fand sich benommen und verstört vor dem Schreibtisch, auf den er die an zwei Seiten abgeflachte Kugel gestellt hatte. Er verspürte die Verwirrung von jemandem, der geträumt hat und aus diesem Traum noch nicht völlig erwacht ist. Das Zimmer irritierte ihn ein wenig, als könnte mit dessen Größe und Einrichtung etwas nicht stimmen; und seine Erinnerung daran, den Kristall bei einem Kuriositätenhändler erstanden zu haben, war auf merkwürdige und widersprüchliche Weise mit dem Eindruck vermischt, den Stein auf einem gänzlich anderen Weg erworben zu haben.

Er spürte, dass etwas sehr Sonderbares mit ihm geschehen war, als er in den Kristall geblickt hatte; doch was genau das gewesen war, dessen schien er sich nicht entsinnen zu können. Es hatte ihn in einer Art seelischer Benebelung zurückgelassen, wie sie auf eine Haschischorgie folgt. Er versicherte sich selbst, dass er Paul Tregardis sei, dass er in einer Straße Londons wohne, dass man das Jahr 1933 schreibe; aber solche abgedroschenen Wahrheiten hatten auf irgendeine Weise ihre Bedeutung und ihre Gültigkeit verloren; und alles um ihn herum war schattenähnlich und unwirklich. Selbst die Wände schienen wie Rauch zu schwanken; die Menschen auf den Straßen glichen Schemen von Schemen; und er selbst war ein verlorener Schatten, ein umherwanderndes Echo von etwas, das schon lange vergessen war.

Er fasste den Entschluss, seinen Versuch mit dem Kristall nicht zu wiederholen. Die Folgen wären zu unangenehm und fragwürdig. Doch bereits am nächsten Tag folgte er einem unvernünftigen inneren Antrieb, dem er sich fast mechanisch und ohne Widerstand ergab, und fand sich vor der neblichten Kugel wieder. Erneut wurde er zu dem Zauberer Zon Mezzamalech im Reich Mhu Thulan; wieder träumte er davon, das Wissen der vorweltlichen Götter zu erlangen; wieder zog er sich von dem vertiefenden Kristall mit dem Entsetzen eines Menschen zurück, der zu fallen befürchtet; und einmal mehr – doch voller Zweifel und undeutlich wie ein blasses Gespenst – war er Paul Tregardis.

An drei aufeinanderfolgenden Tagen wiederholte Tregardis diese Erfahrung und jedes Mal waren seine eigene Person und die ihn umgebende Welt danach dürftiger und wirrer als zuvor. Seine Empfindungen waren wie jene eines Träumenden am Rande des Erwachens; und London selbst war unwirklich wie die Länder, die aus des Träumers Gesichtskreis gleiten und in trüben Nebel und wolkiges Licht entweichen. Hinter alledem fühlte er das Dräuen und Drängen gewaltiger Bilderwelten, fremd und doch halbwegs vertraut. Es schien, als löste sich die Fantasmagorie aus Raum und Zeit um ihn herum auf, um eine wahrhaftigere Wirklichkeit zu offenbaren – oder einen weiteren Traum von Zeit und Raum.

Endlich kam der Tag, da er sich vor den Kristall setzte – und nicht mehr als Paul Tregardis zurückkehrte. Es war dies der Tag, da Zon Mezzamalech, der kühn gewisse böse und unheilvolle Warnungen außer Acht ließ, sich dazu entschloss, seine sonderbare Furcht zu überwinden, körperlich in jene visionäre Welt zu stürzen, die er schaute – eine Furcht, die ihn bislang davon abgehalten hatte, dem rückwärtigen Zeitenstrom auch nur ein Stück weit zu folgen. Er musste, so versicherte er sich, seine Angst besiegen, wollte er je die verlorenen Tafeln der Götter schauen und lesen. Er hatte bisher lediglich einige Bruchstücke der Jahre von Mhu Thulan unmittelbar vor der Gegenwart – den Jahren seines eigenen Lebens – gesehen, und es lagen unschätzbare Zeitenläufe zwischen diesen Jahren und dem Anfang.

Wieder gewann der Kristall unter seinem Blick unermessliche Tiefen, und Szenen und Geschehnisse flossen in einem rückläufigen Strom dahin. Wieder entschwanden die magischen Schriftzeichen auf dem dunklen Tisch seiner Sicht und die zauberisch geschnitzten Wände seines Gemachs verschmolzen zu weniger als einem Traum. Erneut überkam ihn schrecklicher Schwindel, als er sich über das Wirbeln und Kreisen der entsetzlichen Schluchten der Zeit in der weltengleichen Kugel neigte.

Ängstlich wollte er sich ungeachtet seines Entschlusses zurückziehen; doch hatte er zu lange hineingesehen und sich vornübergeneigt. Ein Gefühl abgrundtiefen Fallens ergriff ihn, ein Saugen wie von unentrinnbaren Winden, von Mahlströmen, die ihn durch flüchtige, unstete Visionen seines eigenen vergangenen Lebens in die Jahre und Dimensionen vor seiner Geburt hinabrissen. Er schien die Qualen einer umgekehrten Auflösung zu erleiden; und dann war er nicht länger Zon Mezzamalech, der weise und gelehrte Betrachter des Kristalls, sondern ein tatsächlicher Teil des unheimlich dahinrasenden Stromes, der rückwärtslief, um erneut den Anfang zu erreichen.

Er schien ungezählte Leben zu leben, zahllose Tode zu sterben, und jedes Mal vergaß er den Tod und das Leben, die vorangegangen waren. Er kämpfte als Krieger in halb legendären Schlachten; er spielte als Kind zwischen den Ruinen einer uralten Stadt in Mhu Thulan; er war der König, der die Stadt in ihrer Blütezeit beherrschte; der Prophet, der von der Gründung und dem Niedergang dieser Stadt kündete. Als Frau weinte er um die dahingegangenen Toten in lange verfallenen Nekropolen; als altertümlicher Magier raunte er die groben Flüche der frühen

Zauberkunst; als Priester eines vormenschlichen Gottes schwang er das Opfermesser in Tempelhöhlen aus Basaltsäulen. Leben um Leben, Zeitalter um Zeitalter verfolgte er die langen und sich vorwärtstastenden Zyklen zurück, in denen Hyperborea aus der Barbarei zu einer Hochkultur erwuchs.

Er wurde zum Barbaren eines troglodytischen Stammes, der vor dem langsamen, mit Spitztürmen versehenen Eis einer früheren Eiszeit in Länder flüchtete, die von dem roten Lodern ewiger Vulkane erhellt wurden. Dann, nach unzähligen Jahren, war er kein Mensch mehr, sondern ein menschenähnliches Tier, das durch Wälder aus gewaltigen Farnen und Kalamiten streifte oder ein ungeschlachtes Lager in den Ästen der mächtigen Zykadeen baute.

Durch Äonen vorzeitlicher Empfindungen, derber Lust und Hungers, eingeborenen Entsetzens und Irrsinns, war da jemand – oder etwas –, der in der Zeit immer weiter zurückreiste. Tod wurde zu Geburt, Geburt war Tod. In einer langsamen Vision rückläufigen Wandels schien die Erde fortzuschmelzen, schienen die Hügel und Berge ihre späteren Schichten abzustreifen. Immer größer und heißer wurde die Sonne über den dampfenden Sümpfen, in denen es vor rohem Leben wimmelte, mit immer widerlicherer Vegetation. Und das Ding, das einst Paul Tregardis gewesen war, das einst Zon Mezzamalech gewesen war, war Teil dieser ungeheuerlichen Entartung. Es flog mit den krallenbewehrten Schwingen des Pterodaktylus, es schwamm in den lauen Meeren mit der gewaltigen, sich windenden Masse eines Ichthyosaurus, es brüllte plump mit der gepanzerten Kehle eines vergessenen Behemoths den riesigen Mond an, der durch liassische Nebel brannte.

Endlich, nach Äonen unendlicher Viehhaftigkeit, wurde es zu einem jener verschollenen Schlangenmenschen, die auf dem ersten Kontinent der Welt ihre Städte aus schwarzem Gneis erbauten und Gift sprühende Kriege führten. Es schritt unbekümmert über vormenschliche Straßen, durch sonderbare, gekrümmte Gewölbe; es blickte von hohen, babylonischen Türmen empor zu den urzeitlichen Sternen; es verneigte sich mit gezischten Litaneien vor riesigen Schlangengötzen. Es kehrte durch Jahre und Zeiten der ophitischen Ära zurück und ward zu einem Ding, das im Schleim kroch, das noch nicht zu denken und träumen und erschaffen gelernt hatte. Und es kam die Zeit, da es nicht länger einen Kontinent gab, sondern nur einen gewaltigen, chaotischen Sumpf, ein Meer aus Schleim, ohne Ufer oder Horizont, in dem es vom blinden Zucken formloser Dünste gärte.

Dort, am grauen Urbeginn der Erde, ruhte die gestaltlose Masse namens Ubbo-Sathla inmitten von Schleim und Dünsten. Kopflos, ohne Organe oder Gliedmaßen, sonderte es von seinen feuchten Seiten in langsamer und unaufhörlicher Folge die Urgestalten irdischen Lebens ab. Entsetzlich wäre es gewesen, hätte jemand den Schrecken wahrzunehmen vermocht, und ekelhaft, hätte jemand Ekel empfinden können. Um es herum lagen hingestreckt oder gekippt die mächtigen Tafeln aus stellarem Gestein, die mit der unfassbaren Weisheit der vorweltlichen Götter beschrieben waren.

Und dorthin, ans Ziel einer vergessenen Suche, wurde das Ding gezogen, das einst Paul Tregardis und Zon Mezzamalech gewesen war – oder dereinst sein würde. Es wurde zu einem formlosen Molch der Urzeit und kroch träge und selbstvergessen über die gefallenen Tafeln der Götter, und es kämpfte und fraß blind mit der restlichen Brut von Ubbo-Sathla.

Von Zon Mezzamalech und seinem Verschwinden steht nirgends geschrieben, mit Ausnahme des kurzen Abschnittes im *Buch des Eibon.* Bezüglich Paul Tregardis, der ebenfalls verschwand, gab es eine knappe Mitteilung in mehreren Londoner Zeitungen. Niemand scheint irgendetwas über ihn gewusst zu haben: Er verschwand, als hätte es ihn nie gegeben; und vermutlich ist auch der Kristall fort. Jedenfalls hat niemand ihn je gefunden.

Die Heiligkeit des Azédarac

I

»Beim Widder mit den tausend Zibben! Beim Schwanze Dagons und bei den Hörnern des Derceto!«, knurrte Azédarac und tippte mit den Fingern gegen die kleine, bauchige Phiole auf dem Tisch, in der eine zinnoberrote Flüssigkeit schwamm. »Wegen dieses vermaledeiten Bruders Ambrosius muss endlich etwas unternommen werden. Eben habe ich herausgefunden, dass er vom Erzbischof von Averoigne nur deshalb hierher nach Ximes geschickt wurde, um Beweise für meinen verborgenen Umgang mit Azazel und den Alten Wesen zu beschaffen. Er hat meine Dämonenbeschwörungen in den Gruftgewölben ausgespäht, er hat die geheimen Beschwörungsformeln erlauscht und sogar das leibhaftige Erscheinen von Lilit mitangesehen, ja, selbst das von Iog-Sotôt und Sodagui, den beiden Dämonen, die noch älter sind als die Welt. Und gleich heut früh, vor einer Stunde nun, hat er sich auf seinen weißen Esel geschwungen, um nach Vyônes zurückzukleppern.

Es gibt jetzt genau zwei Möglichkeiten – eigentlich läuft es auf ein und dasselbe hinaus –, wenn man das Aufsehen und das Ungemach einer Anklage wegen Hexerei zu vermeiden wünscht: Entweder muss dem Ambrosius der Inhalt dieses Fläschchens verabreicht werden, ehe er das Ziel seiner Reise erreicht – oder ich bin, im Falle des Scheiterns, gezwungen, meinerseits ein Mittel nach gleicher Rezeptur einzunehmen.«

Jehan Mauvassoir sah das Fläschchen an, dann fasste er Azédarac ins Auge. Er war nicht im Mindesten erschrocken, ja, noch nicht einmal überrascht ob der unbischöflichen Flüche und der einigermaßen unklerikalen Äußerungen, die er eben aus dem Munde des Bischofs von Ximes vernommen hatte. Er kannte den Bischof jetzt schon zu lange und war ihm ein zu enger Vertrauter, auch hatte er seinem Herrn schon zu viele ausgefallene Dienste geleistet, um überhaupt noch Überraschung zu empfinden. Tatsächlich hatte er Azédarac bereits gekannt, als der Hexer sich noch gar nicht hätte träumen lassen, einmal geistliche Würden zu bekleiden, in einem früheren Abschnitt seines Lebens, von dem die Bürger von Ximes nicht die blasseste Ahnung hatten. Zudem war Azédarac nie sehr bemüht gewesen, allzu viel vor seinem Gehilfen geheim zu halten.

»Alles klar«, sprach nun Jehan. »Seid gewiss, dass der Inhalt des Fläschchens über des Mönchleins Lippen fließen wird. Bruder Ambrosius kann auf dem huflahmen weißen Esel schwerlich einen Gewaltritt unternehmen. Daher wird er Vyônes nicht vor dem morgigen Mittag erreichen. Es bleibt also reichlich Zeit, ihn vorher einzuholen. Zwar kennt er mich natürlich – zumindest ist ihm Jehan Mauvassoir bekannt … doch dem kann unschwer abgeholfen werden.«

Azédarac lächelte zuversichtlich. »Ich lege die Angelegenheit – und das Fläschchen – in deine Hände, Jehan. Egal wie es ausgeht, dank all der satanischen, ja, sogar prä-satanischen Fähigkeiten, die mir zu Gebote stehen, sollten diese ganzen hohlköpfigen Frömmler mir letztlich nicht allzu viel anhaben können. Doch habe ich mich hier in

Ximes aufs Behaglichste eingelebt, und das Los eines christlichen Oberhirten, dem der Ruch von Weihrauch und Frommheit anhaftet, während er privat im Einvernehmen mit dem Erzfeind steht, ist dem gebeutelten Dasein eines Hinterhofmagiers eindeutig vorzuziehen. Ich werde nur ungern belästigt oder gestört oder gar aus meiner Pfründe vertrieben, sofern dergleichen sich abwenden lässt.

Möge Moloch diesen scheinheiligen kleinen Milchbart namens Ambrosius verschlingen!«, fuhr er grimmig fort. »Ich werde wohl schon alt und senil, dass ich ihn nicht bereits früher in Verdacht hatte. Erst der von Grauen gezeichnete, ausweichende Blick, der mir in letzter Zeit an ihm auffiel, brachte mich auf den Gedanken, er könne heimlicher Zeuge der unterirdischen Riten geworden sein. Als ich dann hörte, dass er sich zur Abreise bereit macht, kam mir der kluge Einfall, meine Bibliothek zu überprüfen – und siehe da: Das *Buch des Eibon,* das die ältesten Anrufungen und die von der Menschheit vergessene Geheimlehre des Iog-Sotôt und des Sodagui enthält – es fehlte! Wie du weißt, Jehan, habe ich den vormaligen Einband aus der Haut halb tierischer Urmenschen entfernt und durch den schafsledernen Einband eines christlichen Messbuchs ersetzt. Zudem stand das Buch eingereiht in eine Sammlung unverdächtiger Gebetsbücher. Nun jedoch trägt Ambrosius das Buch, verborgen unter seiner Kutte, davon, als unwiderlegbaren Beweis, dass ich der schwarzen Magie fröne. Zwar wird in ganz Averoigne niemand imstande sein, die unvordenklich alte hyperboreische Handschrift zu entziffern; doch der in Drachenblut ausgeführte Buchschmuck mitsamt den eindeutigen Illustrationen ist bereits entlarvend genug und wird zu meiner Verurteilung vollauf genügen!«

Herr und Gehilfe sahen einander eine Zeit lang in vielsagendem Schweigen an. Jehans Blick ruhte voll tiefen Respekts auf der stolzen Gestalt, den finster gefurchten Zügen, der ergrauten Tonsur. Die bleiche Stirn war gezeichnet von einer auffälligen, rötlichen Narbe in Sichelform, und glimmende Punkte orangefarbenen Feuers brannten tief in der kalten, flüssigen Schwärze von Azédaracs Augen. Azédarac wiederum musterte voller Vertrauen das füchsische Gesicht und das unauffällige, unverfängliche Äußere Jehans, der vom Kaufmann bis zum Geistlichen alles hätte darstellen können – und es im Bedarfsfall auch tat.

»Es ist beklagenswert«, fügte Azédarac hinzu, »dass sich überhaupt irgendwelche Zweifel an meiner Heiligkeit und an meiner rechtschaffenen Frömmigkeit unter dem Klerus von Averoigne eingeschlichen haben. Aber wahrscheinlich musste es irgendwann so weit kommen – auch wenn der Hauptunterschied zwischen mir und vielen anderen Herren geistlichen Standes darin besteht, dass ich dem Teufel wissentlich diene, aus eigener, freier Entscheidung, während sie dasselbe aus bigotter Verblendung tun … Doch wie dem auch sei, wir müssen alles daransetzen, den schlimmen Augenblick der öffentlichen Bloßstellung und der Vertreibung aus unserem behaglich ausstaffierten Nest hinauszuzögern. Bislang verfügt niemand außer Ambrosius über Beweise, die mir Ungemach bereiten können; und du, Jehan, wirst Ambrosius in Gefilde befördern, wo selbst der Tratsch des Mönchleins kaum noch von Belang ist. Von da an werde ich doppelt auf der Hut sein. Der nächste Abgesandte aus Vyônes, das kannst du mir glauben, wird nichts weiter zu melden haben außer Gottesfurcht und Beteifer.«

II

Die Gedanken von Bruder Ambrosius waren zutiefst aufgewühlt und standen somit in schroffem Gegensatz zu der landschaftlichen Schönheit und Waldesruhe, die ihn rings umgaben, während er unterwegs von Ximes nach Vyônes durch den Forst von Averoigne ritt. Grauen nistete in seinem Herzen gleich einem Knäuel giftiger Nattern, und das ruchlose *Buch des Eibon,* jenes Kompendium uralter Hexenkünste, drückte unter der Kutte groß und glühend gegen seine Brust wie ein satanisches Brandsiegel. Nicht zum ersten Mal ertappte er sich bei dem Wunsch, Erzbischof Clément möge einen anderen ausgesandt haben, um die schwarze Verworfenheit Azédaracs zu entlarven. Im Laufe des einmonatigen Aufenthalts im Bischofssitz hatte Ambrosius weitaus mehr in Erfahrung gebracht, als dem Seelenfrieden jedes frommen Gottesdieners guttat, und er hatte Dinge gesehen, die als ein beschämender, grauenerregender Makel in seiner bislang unbefleckten Erinnerung hafteten wie ein schmutziger Abdruck auf der weißen Seite eines Buches. Mit eigenen Augen zu sehen, dass ein christlicher Würdenträger im Dienst der Mächte höllischer Verdammnis stand, dass er mit den Schrecknissen Umgang pflegte, die älter waren als Asmodai, verstörte seine fromme Seele zutiefst. Seither vermeinte er ringsumher nichts als Verderbtheit wahrzunehmen und witterte allseits die schlängelnde Anpirschung des finsteren Widersachers.

Während er zwischen den düsteren Föhren und grünenden Buchen dahinritt, wünschte er sich zudem, ein schnelleres Fortbewegungsmittel unter sich zu haben als den geduldigen, milchweißen Esel, mit dem der Erzbischof ihn ausgestattet hatte. Ihn jagten Schemen, die das Aussehen bösartig schielender Teufelsfratzen annahmen; unsichtbare Satanshufe verfolgten ihn durch das Dickicht der Bäume und hefteten sich auf den schattigen Windungen der Straße an seine Fersen. Länger und länger wurden die Schatten im schräg einfallenden Licht der untergehenden Sonne. Und im Abendgrauen, zu dem der sterbende Nachmittag die Schatten verwob, schien der Wald mit innegehaltenem Atem das abscheuliche, verstohlene Vorüberschreiten namenloser Dinge zu erwarten. Und doch war Ambrosius kilometerweit niemandem begegnet, und er hatte im sommerlichen Forst weder einen Vogel zu Gesicht bekommen noch eine Schlange oder sonst ein Getier.

Immer wieder musste er angstgepeinigt an Azédarac denken, den er nunmehr als hünenhaften, ungeheuerlichen Antichristen ansah, der seine riesige Gestalt auf schwarzen Schwingen aus dem flammenden Pfuhl des Abaddon erhob. Von Neuem standen ihm die Gewölbe unterhalb der Bischofsresidenz vor Augen, in denen er nächtens Zeuge einer Szene voll infernalischer Schrecknisse und Abscheulichkeiten geworden war – wo sogar er den Bischof beobachtet hatte, umwogt von fantastischen Dämpfen aus unheiligen Weihrauchschalen, die kräuselnd in die Luft aufstiegen und sich mit den Pech- und Schwefeldämpfen der Hölle vermählten. Und durch die Dämpfe hindurch hatte er die lasziv wogenden Gliedmaßen, die schwellenden und zerfließenden Fratzen verderbter, riesenhafter Wesenheiten erblickt ... Schon bei der bloßen Erinnerung erbebte er abermals vor der präadamitischen Lüsternheit der Lilit, schauderte im Angesicht der transgalaktischen Gräulichkeit des Dämons Sodagui und der ultradimensionalen

Widerwärtigkeit jenes Wesens, das den Hexern von Averoigne unter dem Namen Iog-Sotôt geläufig ist.

Wie angsteinflößend gewaltig und zersetzend, so dachte der Mönch bei sich, war doch die Macht dieser uralten Teufel, die ihren Erfüllungsgehilfen Azédarac mitten in den Schoß der Kirche gepflanzt hatten, in eine Vertrauensstellung, die ebenso hoch war wie heilig. Volle neun Jahre schon hatte der verruchte Prälat unverdächtig und unangefochten sein Amt bekleidet, hatte den Bischofsstuhl von Ximes durch gottlose Taten entweiht, schlimmer noch als die der Heiden. Doch irgendwie, über namenlose Zuträger, war Clément ein Gerücht zu Ohren gekommen – eine Flüsterwarnung, die laut werden zu lassen sogar der Erzbischof selbst nicht gewagt hatte. Und er hatte Ambrosius, den blutjungen Mönch vom Orden der Benediktiner, entsandt, seinen eigenen Neffen, um der schwärenden Verderbnis, welche die Lauterkeit der Kirche bedrohte, heimlich auf den Grund zu gehen. Nun erst entsann man sich, wie wenig tatsächlich über das Vorleben Azédaracs bekannt war; wie dürftig seine Ansprüche auf hohe geistliche Würden waren oder auch nur auf das Priestergewand; wie undurchsichtig und fragwürdig doch die Mittel erschienen, durch die er ins Amt gelangt war. Da erst hatte man begriffen, dass wohl furchtbare Hexenkunst am Werk gewesen war.

Angstvoll fragte sich Ambrosius, ob Azédarac denn schon bemerkt haben mochte, dass das *Buch des Eibon* nicht mehr im Regal zwischen den Gebetsbüchern stand, die es durch seine gotteslästerliche Gegenwart entweiht hatte. Und seine Furcht steigerte sich noch, als er darüber nachsann, wie lange es denn dauern mochte, bis Azédarac das Fehlen des Bandes und die Abreise seines Besuchers miteinander in Verbindung brachte, und was er daraufhin wohl unternehmen würde.

An diesem Punkt wurden die Überlegungen des Mönchs vom harten Hufgetrappel eines galoppierenden Pferdes unterbrochen, das von hinten heranpreschte. Das Auftauchen eines Zentauren aus dem ältesten Wald der Heidenzeit hätte ihn kaum mehr entsetzen können, und er starrte dem nahenden Reiter über die Schulter angstvoll entgegen. Er erblickte ein herrliches Ross mit reich verziertem Zaumzeug und auf dessen Rücken einen Mann mit üppigem Vollbart, offenbar eine Persönlichkeit von Rang, denn der Berittene trug die prächtigen Gewänder eines Adeligen oder Höflings. Er holte Ambrosius ein und bedachte den Mönch mit einem höflichen Nicken, während er vorübersprengte, anscheinend ganz auf die eigenen Angelegenheiten bedacht. Ambrosius fühlte sich ungemein erleichtert, wenn ihn auch einen Moment lang eine vage, beunruhigende Ahnung heimsuchte, dass er schon einmal andernorts, unter Umständen, die ihm nicht mehr erinnerlich waren, jene schmalen Augen und das scharf geschnittene Profil gesehen hatte, die so eigentümlich schlecht zu dem breiten Bart des Reiters passten. Aber er war hinreichend sicher, dass er den Mann zumindest in Ximes noch nie zuvor gesehen hatte.

Bald schon verschwand der Reiter hinter einer von Laub beschatteten Biegung der baumgesäumten Straße, und Ambrosius erging sich aufs Neue in den frommen Schrecken und Ängsten seines stummen Selbstgesprächs.

Während er weiter dahinritt, war ihm, als ginge die Sonne allzu früh unter, und noch dazu beängstigend rasch. Obwohl keine Wolke das Firmament und kein Nebel die Luft in den Niederungen trübte, verfinsterte eine unerklärliche

Düsternis den Wald, die sich vor den Augen des Mönchs ringsum verdichtete. In dieser Düsternis wirkten die Baumstämme sonderbar missgestaltet, und die tief hängenden Blätterkronen nahmen unnatürliche und beunruhigende Formen an. Ambrosius wollte es scheinen, als wäre die Stille, die ihn umgab, nur ein hauchdünner Film, durch den jeden Moment das kehlige Krächzen und Knurren teuflischer Stimmen hervorbrechen konnte, ganz so wie fauliges, abgesunkenes Treibgut von Zeit zu Zeit emporsteigt und die Oberfläche eines träge strömenden Flusses durchstößt.

Zu seiner großen Erleichterung fiel ihm jetzt ein, dass er nicht mehr sehr weit entfernt sein konnte von einem Reisegasthof, bekannt als Wirtshaus zur *Bonne Jouissance*. Und da er noch beinahe die Hälfte der Strecke bis nach Vyônes vor sich hatte, beschloss er, zur Nacht dort einzukehren.

Kaum hatte er den Gedanken gefasst, da erblickte er auch schon die Lichter der Schänke. Vor ihrem freundlichen, goldenen Leuchten schienen die zweifelhaften Schatten, die ihn verfolgten, haltzumachen und zurückzuweichen. Ambrosius hielt mit einer solchen Erleichterung Einzug in den schützenden Hafen, den der Innenhof der Schänke ihm bot, als wäre er nur um Haaresbreite einer Heerschar übernatürlicher Gefahren entronnen.

Nachdem er sein Reittier der Obhut eines Stallknechts überantwortet hatte, betrat Ambrosius den Schankraum. Hier wurde er von dem feisten, schmierigen Gastwirt mit der Ehrehrbietung empfangen, die seinem mönchischen Habit gebührte, und man sicherte ihm die beste Unterkunft zu, die der Gasthof zu bieten habe. Alsdann ließ der Mönch sich an einem der Tische nieder, um die sich bereits andere Gäste in Erwartung des Abendessens versammelt hatten.

Unter ihnen bemerkte Ambrosius den Reiter mit dem auffälligen Bart, der ihn erst eine Stunde zuvor im Wald überholt hatte. Der Mann saß für sich allein und ein wenig abseits. Die übrigen Gäste, mehrere fahrende Stoffhändler, ein Notar und zwei Söldner, würdigten die Gegenwart des Klosterbruders mit geziemender Artigkeit. Der Bärtige jedoch erhob sich von seinem Tisch, trat an Ambrosius heran und beehrte ihn sofort mit Aufmerksamkeiten, die über bloße Höflichkeit hinausgingen.

»Wärt Ihr geneigt, gemeinsam mit mir zu speisen, mein werter Herr Mönch?«, lud er ihn ein, in schroffem Tonfall, doch mit schmeichlerischer Miene. Die Stimme kam Ambrosius verblüffend bekannt vor, ebenso wie das wölfische Profil des Mannes, doch entsann er sich noch immer nicht, woher ihm beides vertraut war.

»Ich bin der Sieur des Émaux aus der Touraine, zu Euren Diensten«, fuhr der Mann fort. »Wie mir scheint, haben wir denselben Reiseweg – und vielleicht sogar dasselbe Ziel. Meines ist die Domstadt Vyônes. Und welches ist das Eure?«

Obwohl er vage beunruhigt, ja, sogar ein wenig misstrauisch war, fühlte Ambrosius sich außerstande, die Einladung abzulehnen. Auf die zuletzt gestellte Frage hin räumte er ein, dass auch er auf dem Wege nach Vyônes sei. Er mochte diesen Sieur des Émaux ganz und gar nicht, in dessen schmalen Augen das Kerzenlicht der Schänke ein heimtückisches Glitzern hervorrief und dessen Gebaren ein wenig zu überschwänglich, um nicht zu sagen anbiedernd erschien. Aber ihm fiel kein Vorwand ein, unter dem er die fraglos gut gemeinte und ehrliche Einladung hätte ausschlagen können. Also begleitete er seinen Gastgeber zu dem abseitsstehenden Tisch.

»Ihr seid vom Orden der Benediktiner, wie ich sehe«, sagte der Sieur des Émaux und musterte den Mönch mit einem eigentümlichen Lächeln, das eines Anflugs von Ironie nicht entbehrte. »Es ist dies ein Orden, dem seit jeher meine höchste Wertschätzung gilt – eine überaus edle und ehrbare Bruderschaft. Wollt Ihr mir nun nicht auch Euren Namen verraten?«

Ambrosius gab die gewünschte Auskunft, wenn auch sonderbar widerstrebend.

»Wohlauf, Bruder Ambrosius«, sprach nun der Sieur des Émaux. »Ich schlage vor, wir trinken mit dem roten Wein von Averoigne auf Eure Gesundheit und das Gedeihen Eures Ordens, während wir darauf warten, dass man das Abendbrot aufträgt. Wein ist immer ein Labsal nach langer Reise, und er ist vor einer guten Mahlzeit ebenso bekömmlich wie danach.«

Ambrosius brachte eine widerwillig gebrummelte Zustimmung über die Lippen. Er wusste selbst nicht, warum, aber die Art des Menschen stieß ihn mehr und mehr ab. Der Mönch meinte einen unheilvollen Unterton in der säuselnden Stimme wahrzunehmen, und in dem Blick unter den schweren Lidern las er eine böse Bedeutung. Und unablässig marterte eine verschollene Erinnerung sein Hirn mit allerlei unguten Ahnungen. Hatte er seinen Tischgenossen schon einmal in Ximes gesehen? War der angebliche Sieur des Émaux vielleicht gar ein verkleideter Handlanger Azédaracs?

Sein Gastgeber verließ jetzt den Tisch, um beim Schankwirt den Wein zu bestellen, ja, er bestand sogar darauf, mit in den Keller hinabzusteigen, um höchstpersönlich einen passenden Tropfen zu wählen. Ambrosius bemerkte die Ehrehrbietung, die das im Gasthof versammelte Volk dem Manne zollte, und dass man den Fremden sogar mit Namen anredete, was ihn halbwegs beruhigte. Und als der Wirt, gefolgt vom Sieur des Émaux, mit zwei Tonkrügen voll Weines erschien, war es ihm schon fast gelungen, die unbestimmten Zweifel und Ängste zu verscheuchen.

Zwei große Humpen wurden nun auf den Tisch gestellt und sogleich vom Sieur des Émaux aus einem der Krüge gefüllt. Ambrosius glaubte, im ersten Humpen bereits eine kleine Menge blutroter Flüssigkeit bemerkt zu haben, noch ehe der Fremde den Wein eingeschenkt hatte. Doch mochte er bei der trüben Beleuchtung nicht darauf schwören und meinte, wohl einer Täuschung erlegen zu sein.

»Wir haben hier zwei höchst vorzügliche Weine«, erklärte der Sieur des Émaux und wies auf die Krüge. »Beide sind so erlesen, dass ich mich außerstande sah, einem von beiden den Vorzug zu geben. Ihr jedoch, Bruder Ambrosius, habt vielleicht einen empfindsameren Gaumen als ich und vermögt daher besser über die Güte dieser edlen Reben zu urteilen.«

Er schob einen der gefüllten Humpen zu Ambrosius herüber. »Dies ist der Wein aus La Frênaie«, sagte er. »Trinkt davon! Wahrhaftig, dieser Tropfen wird Euch in eine andere Welt entführen, denn in seinem Herzen schlummert ein Feuer von ganz besonderer Kraft!«

Ambrosius ergriff den angebotenen Humpen und hob ihn an die Lippen. Der Sieur des Émaux beugte sich über sein eigenes Trinkgefäß, um das Bouquet des Weins zu erschnuppern, und etwas an seiner vornübergeneigten Haltung kam Ambrosius entsetzlich vertraut vor. Jäher, eisiger Schrecken durchfuhr ihn, als ihm die Erinnerung kam: dass die hageren, scharf geschnittenen Züge, die der buschige Bart zur Hälfte verbarg, dem Gesicht jenes Jehan Mauvassoir aufs Verdächtigste glichen, das er im Amtssitz des Azédarac häufig erblickt hatte und dessen Besitzer, wie er Grund hatte anzunehmen, in die schwarzmagischen Untaten des Bischofs verstrickt war. Er fragte sich, warum ihm die Ähnlichkeit erst jetzt auffiel und welche Zaubermacht sein Gedächtnis bis eben derart getrübt haben mochte. Sogar jetzt noch war er sich seiner Sache nicht sicher; doch schon der bloße Verdacht erfüllte ihn so sehr mit Grauen, als hätte eine todbringende Schlange ihren Schädel über den Tisch vorgereckt.

»Trinkt nur, Bruder Ambrosius«, drängte der Sieur des Émaux und leerte seinen eigenen Humpen. »Auf Euer Wohl und das aller braven Benediktiner!«

Ambrosius zögerte noch. Doch er fühlte die kalten, hypnotischen Augen seines Gegenübers auf sich gerichtet, und er konnte einfach nicht ablehnen, all seinen Befürchtungen zum Trotz. Er erschauderte leicht im Gefühl, einem unwiderstehlichen Zwang zu erliegen, und mit dem Gedanken, die jähe Wirkung eines heimtückisch beigebrachten Giftes werde ihn tot vom Stuhl kippen lassen, trank er den Humpen ohne abzusetzen aus.

Im selben Augenblick spürte er auch schon, wie seine ärgsten Befürchtungen wahr wurden. Der Wein verbrannte ihm Lippen und Rachen wie die flüssigen Flammen des Phlegethon, er schien ihm durch die Adern zu rinnen wie heißes, höllisches Quecksilber. Dann, urplötzlich, war sein ganzes Selbst von unerträglicher Kälte durchdrungen. Ein eiskalter Sturm umschlang ihn mit tosenden Wirbeln, unter ihm schmolz der Stuhl dahin, und er stürzte durch bodenlose

Frostklüfte hinab in die Tiefe. Die Wände der Wirtsstube waren zerronnen wie Gebilde aus Rauch und die Lichter waren verloschen wie Sterne im schwarzen Nebelgebrodel über dem Moor. Und schließlich verschwand auch das Gesicht des Sieur des Émaux vor den wirbelnden Schatten, als wäre es nur eine Blase auf dunklem, zerwühltem Gewässer.

III

Nur mühsam machte sich Ambrosius bewusst, dass er wohl noch lebte. Er hatte scheinbar einen endlosen Sturz durchgemacht, inmitten grauer Nacht, die bevölkert war von ständig sich wandelnden Formen, von verwischten, stets veränderlichen Haufengebilden, die zu neuen Haufengebilden zerflossen, ehe sie deutliche Gestalt annehmen konnten. Einen Augenblick lang meinte er, wieder von Wänden umschlossen zu sein, und dann stürzte er in einer Welt voller gespenstischer Bäume eine endlose Flucht von Geländestufen hinab. Zuweilen wähnte er, menschliche Gesichter zu erkennen, und doch war alles unklar und flüchtig, war nichts denn wehender Rauch und wogende Schatten.

Plötzlich, übergangslos und ohne spürbaren Aufprall, merkte er, dass der Sturz vorbei war. Die vagen Truggebilde um ihn herum hatten sich in einen realen Schauplatz zurückverwandelt – in einen Schauplatz allerdings, an dem weit und breit nicht die geringste Spur vom Gasthof zur *Bonne Jouissance* oder dem Sieur des Émaux existierte.

Mit ungläubig starrenden Augen blickte Ambrosius in die Runde. Wahrhaftig, die Lage, in der er sich fand, war unfassbar. Es war Tag, und er saß auf einem großen rechteckigen Block aus grob behauenem Granit, mitten auf einer grasbewachsenen Lichtung. Gesäumt war sie von den hohen Föhren und ausgreifenden Buchen eines viel älteren Waldes, dessen Astwerk schon in den goldenen Glanz der untergehenden Sonne getaucht war.

Unmittelbar vor Ambrosius stand eine Gruppe von Männern.

Diese Männer schienen Ambrosius mit ungeheurem, ja, geradezu religiösem Staunen zu betrachten. Bärtig waren sie und von barbarischem Aussehen, und sie trugen weiße, kuttenartige Gewänder nach einem Schnitt, den Ambrosius noch nie zuvor gesehen hatte. Ihr Haar war lang und verfilzt, gleich einem Gewirr schwarzer Schlangen, und in ihren Augen loderte ein wildes Feuer. Jeder von ihnen hielt ein primitives, spitz zugehauenes Steinmesser in der rechten Faust.

Ambrosius fragte sich, ob er am Ende doch gestorben war und ob es sich bei diesen Kreaturen um die eigentümlichen Teufel einer noch eigentümlicheren Hölle handelte. Angesichts dessen, was sich kurz zuvor ereignet hatte, und auch im Licht der frommen Überzeugungen des Benediktiners besehen, war das eine keineswegs abwegige Schlussfolgerung.

Furchtsam und unruhig spähte Ambrosius zu der vermeintlichen Dämonenschar hin. Er begann auch, ein leises Stoßgebet zu jenem Gott emporzuschicken, der ihn unerklärlicherweise an seine Seelenfeinde ausgeliefert hatte. Dann jedoch entsann er sich der Zauberkräfte Azédaracs und gelangte zu einer anderen Vermutung – nun glaubte er, dass er mit Haut und Haar aus der Schänke zur *Bonne Jouissance* hinweggehext und jenen präsatanischen Kreaturen preisgegeben worden war, die im Dienst des schwarzmagischen Bischofs standen. In dieser Vermutung sah er sich bestärkt, als ihm bewusst wurde, dass er nach wie vor eine intakte körperliche Hülle besaß, was ja wohl kaum dem typischen Zustand einer entleibten Seele entsprach. Und da auch die ringsumher sich ausbreitende Waldlandschaft schwerlich zu höllischen Gefilden passte, meinte Ambrosius die zutreffende Erklärung gefunden zu haben. Jawohl, er befand sich nach wie vor am Leben und noch immer auf Erden, wenn auch seine Lage und ihre Begleitumstände mehr als rätselhaft erschienen und zudem umlauert von schrecklicher, unabsehbarer Gefahr.

Bisher hatten die befremdlichen Geschöpfe vollkommenes Schweigen bewahrt, ganz so, als hätte es ihnen vor lauter Verblüffung die Rede verschlagen. Doch als sie Ambrosius' halblaut gemurmelte Litaneien vernahmen, fiel die Überraschung von ihnen ab, und sie fanden nicht nur die Sprache wieder, sondern redeten auf einmal lautstark durcheinander. Ambrosius verstand die rau hervorgestoßenen Wörter nicht, diese Mischung aus Zischlauten und Hauchlauten und Kehllauten, die nachzuahmen der gewöhnlichen menschlichen Zunge meist schwergefallen wäre. Doch immerhin schnappte Ambrosius den Begriff *Taranit* auf, der mehrfach fiel, und fragte sich, ob es sich wohl um den Namen eines besonders grausamen Dämons handele.

Indessen begann der Krakeel der unheimlichen Geschöpfe einen primitiven Rhythmus anzunehmen, den Beschwörungsformeln eines feierlichen urzeitlichen Sprechgesangs gleich. Zwei von ihnen traten vor und packten Ambrosius, während der Chor ihrer Gefährten zu einer schrillen, triumphalen Litanei anschwoll.

Ambrosius wusste kaum, wie ihm geschah, und noch weniger, was ihm bevorstand. Im Handumdrehen fand er sich rücklings auf den Granitblock geworfen und von einem der Angreifer niedergehalten, während der zweite mit dem spitzen Dolch aus Feuerstein ausholte, den er in der Faust hielt. Die Klinge schwebte über Ambrosius' Brust, und in jähem Schrecken erkannte der Mönch, dass sie schon im nächsten Moment mit tödlicher Raschheit herabstoßen und ihm mitten durchs Herz fahren würde.

Zur gleichen Zeit hörte er, wie der dämonische Singsang, der sich zu bösartig-irrer Ekstase gesteigert hatte, vom lieblich klingenden, doch auch gebieterischen Ruf einer Frauenstimme übertönt wurde. Kopflos, wie er vor Entsetzen war, kamen ihm die Worte fremd und ohne Sinn vor. Doch seine Peiniger verstanden sie offenbar und fassten sie als Befehl auf, der keine Missachtung duldete. Schon sank der Arm mit dem Steindolch widerwillig herab und Ambrosius wurde freigegeben, sodass er sich von dem Steinblock erheben und zu sitzender Haltung aufrichten konnte.

Seine Erretterin stand am Rande der Lichtung, im breiten Schatten einer uralten Föhre. Jetzt schritt sie heran und die weiß verhüllten Gestalten wichen scheu vor ihr zurück. Die Frau war hochgewachsen und von unerschrockenem, ja, majestätischem Gebaren. Gewandet war sie in dunkles, schimmerndes Blau – das Blau des Himmelszelts in sternklarer Sommernacht. Ihr langes, goldbraunes Haar war zum Zopf geflochten, der so üppig schien wie der biegsame Leib einer fernöstlichen Schlange. Ihre Augen besaßen ein eigentümliches Bernsteingelb, die Lippen waren purpurrot mit einem Hauch von schattiger Waldeskühle, und die Haut war hell wie Alabaster. Ambrosius erkannte wohl, wie wunderschön die Fremde war. Aber sie erfüllte ihn mit derselben

Ehrfurcht, die er gegenüber einer Königin verspürt hätte, und dazu mit einem Anflug von Verwirrung und Bangnis, wie sie etwa ein züchtiger junger Mönch in der gefährlichen Nähe eines verführerischen Buhldämons empfinden mag.

»Kommt und folgt mir«, gebot sie Ambrosius in einem Idiom, das er dank seiner klösterlichen Studien als veraltete Variante des Französischen, wie es in Averoigne gebräuchlich war, erkannte. Es war ein Dialekt, den vermutlich seit etlichen Jahrhunderten kein Mensch mehr gesprochen hatte. Gehorsam und überaus verwundert erhob er sich und folgte ihr, ohne dass seine finster blickenden und widerwillig beiseitetretenden Feinde ihn aufhielten.

Die Frau geleitete ihn zu einem schmalen, windungsreichen Pfad, der in die Tiefe des Waldes hineinführte. Schon nach wenigen Augenblicken waren die Lichtung, der Granitblock und die Gruppe weiß umhüllter Männer hinter der dichten Laubwand verschwunden.

»Wer seid Ihr?«, fragte die Dame und drehte sich zu Ambrosius um. »Ihr seht aus wie einer dieser verrückten Missionare, die neuerdings immer häufiger in Averoigne auftauchen. Ich glaube, die Leute bezeichnen sie als Christen. Die Druiden haben schon so viele von ihnen an Taranit geopfert, dass ich über Eure Kühnheit staune, Euch hierherzutrauen.«

Ambrosius hatte Schwierigkeiten, die altertümliche Wortwahl zu verstehen, und der Sinn dieser Rede war so überaus befremdlich und rätselhaft, dass er sicher war, er habe ihn missverstanden.

»Ich bin Bruder Ambrosius«, erwiderte er stockend und ungelenk in der längst außer Gebrauch gekommenen Mundart. »Und gewiss, ich bin Christ. Doch muss ich zugeben, dass ich nicht recht begreife, was Ihr da sagt. Zwar habe ich schon von den heidnischen Druiden gehört, doch wurden sie ja wohl sämtlich schon vor vielen Hundert Jahren aus Averoigne vertrieben.«

Sichtlich erstaunt und voller Mitleid starrte die Frau Ambrosius an. Ihre gelbbraunen Augen waren so hell und klar wie lange gereifter Wein.

»Mein armer Junge«, sagte sie dann. »Ich fürchte, Eure schlimmen Erlebnisse haben Euch ein wenig durcheinandergebracht. Zum Glück kam ich gerade eben des Weges und entschloss mich einzuschreiten. Sonst mische ich mich ja nur selten in die Opferbräuche der Druiden. Doch als ich Euch eben auf dem Altar sitzen sah, fand ich mich angerührt von Eurer Jugend und von Eurer Wohlgestalt.«

Ambrosius gelangte mehr und mehr zu der Überzeugung, dass er einem ganz außerordentlichen Hexenstreich zum Opfer gefallen war. Doch selbst jetzt noch hatte er nicht den blassesten Schimmer vom wirklichen Ausmaß dieses Zaubers. Trotz seiner beträchtlichen Verwirrung und Bestürzung begriff er immerhin, dass er der ungewöhnlichen und schönen Frau, die neben ihm ging, das Leben schuldete, und er versuchte stammelnd, seinen Dank auszudrücken.

»Ihr braucht mir nicht zu danken«, sagte die Dame und lächelte hold. »Ich bin Moriamis, die Zauberin, und die Druiden fürchten meine Magie, weil sie größer und mächtiger ist als die ihre. Obschon ich sie nur zum Wohle der Menschen gebrauche und nicht, um ihnen zu schaden oder Böses zu tun.«

Der Mönch erschrak, als er vernahm, dass seine schöne Retterin eine Zauberin war, mochte auch ihre Zaubermacht angeblich freundlicher Natur sein. Dies Wissen stürzte ihn nur noch mehr in Ängste. Doch hielt er es für klüger, seine Empfindungen in diesem Punkt für sich zu behalten.

»Nein, wahrhaftig, ich stehe in Eurer Schuld!«, widersprach er. »Und wenn Ihr mir nun den Weg zum Gasthof zur *Bonne Jouissance* weisen wolltet, wo ich vor Kurzem erst eingekehrt bin, wäre ich Euch sogar noch tiefer verpflichtet.«

Moriamis legte die klare Stirn in Falten. »Von einem Gasthof zur *Bonne Jouissance* habe ich noch niemals gehört. So etwas gibt es hier in der Gegend nicht.«

»Aber das hier ist doch der Wald von Averoigne, oder etwa nicht?«, vergewisserte sich Ambrosius verwirrter denn je. »Und befinden wir uns denn nicht unweit der Straße, die zwischen dem Städtchen Ximes und der Domstadt Vyônes verläuft?«

»Auch von Ximes oder Vyônes habe ich noch nie gehört«, entgegnete Moriamis. »Es stimmt, dies Land heißt Averoigne, und dieser Forst ist der große Wald von Averoigne, der auch schon seit ewigen Zeiten bei den Menschen so heißt. Aber Städte wie die von Euch genannten gibt es hier nicht. Bruder Ambrosius, ich fürchte, Ihr seid noch immer nicht ganz beieinander.«

Ambrosius wusste sich keinen Rat mehr, so unerklärlich erschien ihm das alles. »Ich bin aufs Abscheulichste getäuscht worden«, sprach er schließlich halb zu sich selbst. »All das muss das Werk dieses fluchwürdigen Hexenmeisters Azédarac sein, da bin ich mir sicher.«

Die Frau fuhr zusammen, als hätte eine Wespe sie gestochen. Sie sah Ambrosius durchdringend an, mit einem Ausdruck, der so erwartungsvoll wie grimmig war.

»Azédarac?«, forschte sie nach. »Was habt Ihr mit Azédarac zu schaffen? Ich kannte einst einen Mann dieses Namens, und ich wüsste zu gern, ob wir denselben meinen. Ist Euer Azédarac von hoher Statur und schon ein wenig ergraut, mit dunklen, brennenden Augen und von hochfahrender, ungehaltener Art und trägt er eine sichelförmige Narbe auf der Stirn?«

Sehr erstaunt und noch beunruhigter denn zuvor bekannte Ambrosius, dass die Beschreibung zutraf. Er begriff, dass er in unerfindlicher Weise auf das geheime Vorleben des Hexers gestoßen war, und so erzählte er Moriamis, was ihm widerfahren war, in der Hoffnung, sie werde ihm daraufhin aus ihrer Kenntnis Weiteres über Azédarac enthüllen.

Die Frau lauschte seinem Bericht mit sichtlichem Interesse, zeigte aber nicht die mindeste Verwunderung.

»Nun wird mir alles klar«, bemerkte sie, als er ausgeredet hatte. »Und ich will Euch sogleich alles begreiflich machen, was Euch zurzeit noch vor Rätsel stellt und ängstigt. Ich glaube, dass auch ich diesen Jehan Mauvassoir kenne. Er war lange Zeit die rechte Hand Azédaracs, nur hieß er damals Melchire. Diese beiden sind schon immer dem Bösen untertan gewesen und haben den Alten Wesen auf eine Art und Weise gedient, von der die Druiden nichts mehr wissen und vielleicht sogar niemals etwas wussten.«

»Ich hoffe wirklich, Ihr könnt etwas Licht in die Geschehnisse bringen«, sagte Ambrosius. »Es ist eine angsteinflößende und wundersame und gottlose Sache, zu abendlicher Stunde in einer Schänke einen Schluck Wein zu trinken und sich gleich darauf bei Tageslicht, am Spätnachmittag, im Herzen des Waldes wiederzufinden, umringt von Teufelsgestalten wie jenen, vor denen Ihr mich errettet habt.«

»Wahrhaftig«, versetzte Moriamis, »es ist sogar noch seltsamer, als Ihr Euch träumen lasst. Sagt mir, Bruder Ambrosius, welches Jahr schrieb man, als Ihr im Gasthaus zur *Bonne Jouissance* abstiegt?«

»Was tut das zur Sache? Wir schreiben ja doch das Jahr des Herrn 1175. Welches denn sonst?«

»Die Druiden haben eine andere Zeitrechnung«, erwiderte Moriamis, »aber mit dieser Zählung könntet Ihr ohnehin nichts anfangen. Wenn man jedoch nach dem geht, was die Missionare derzeit in Averoigne einführen wollen, befinden wir uns jetzt im Jahr 475 n. Chr. Ihr wurdet nicht weniger als 700 Jahre in eine Ära zurückversetzt, die für Eure Zeitgenossen die Vergangenheit darstellt. Und der Druidenaltar, auf den hingestreckt ich Euch erspähte, befindet sich möglicherweise am künftigen Standort des Gasthauses zur *Bonne Jouissance.*«

Ambrosius war wie vor den Kopf geschlagen. Sein Verstand weigerte sich, die volle Tragweite von Moriamis' Worten zu erfassen.

»Ja, aber wie ist denn so etwas möglich?«, rief er aus. »Wie kann ein Mensch durch die Zeit reisen, zurück in längst vergangene Epochen und unter Menschen, die schon seit Ewigkeiten zu Staub zerfallen sind?«

»Dieses Mysterium zu enträtseln, vermag vielleicht Azédarac. Fest steht: Gestriges wie Künftiges und das, was wir die Gegenwart nennen, existieren zugleich. Die Vergangenheit und die Zukunft nehmen jeweils eine Hälfte des Zeitkreises ein. Irgendwo auf dem Kreis stehen wir, haben beide Hälften im Blick und benennen sie gemäß unserem Standort, aus unserer jeweiligen Perspektive.«

Ambrosius beschlich die Erkenntnis, Hexenmächten unheiligster und beispiellosester Art erlegen zu sein, ein

Opfer teuflischer Machenschaften, die der Christenheit unbekannt sind.

Aller Worte beraubt durch die Erkenntnis, dass keine Erwiderung und kein Einwand seiner Lage gerecht wurde, ja, dass selbst Gebete hier nicht halfen, bemerkte Ambrosius nun, dass ein Steinturm mit kleinen, rautenförmigen Fenstern über der Zackenlinie der Baumkronen längs des Pfades sichtbar geworden war, auf dem er und Moriamis dahinschritten.

»Dort wohne ich«, verkündete Moriamis, als die Bäume zurückwichen und sie den Fuß einer kleinen Anhöhe erreichten, auf welcher der Turm sich erhob. »Und Ihr, Bruder Ambrosius, sollt mein Gast sein!«

Ambrosius konnte das freundliche Anerbieten schwerlich ausschlagen, auch wenn ihm schien, dass Moriamis nicht gut geeignet war als Gastgeberin für einen keuschen und gottesfürchtigen Mönch. Dabei konnten die frommen Skrupel, die sie in ihm wachrief, keineswegs die Anziehung verleugnen, welche ihre Schönheit und ihr Hexenwesen auf ihn ausübten. Zudem klammerte er sich, einem verirrten Kinde gleich, an die einzige beschützende Hand in einem Reich schrecklicher Gefahren und unerhörter Geheimnisse.

Das Hauptgemach des Turms war sauber, aufgeräumt und wohnlich, aber die Einrichtung bestand aus Möbeln von derberer Art als jene, die Ambrosius kannte, sowie aus prachtvollen, jedoch grob gewobenen Wandbehängen. Eine Dienerin, hochgewachsen wie Moriamis, aber dunkler, tischte eine große Schale voll Milch und dazu Weizenbrot für den Mönch auf, der nun endlich dazu kam, seinen Hunger zu stillen, was ihm im Gasthof zur *Bonne Jouissance* versagt geblieben war.

Als er sich vor der schlichten Mahlzeit niederließ, machte sich die Last bemerkbar, die er noch immer unter der Kutte verbarg. Er zog das *Buch des Eibon* hervor und schob es mit spitzen Fingern zu Moriamis hinüber. Ihre Augen wurden groß, aber sie sagte nichts, bis er zu Ende gegessen hatte. Erst dann erklärte sie:

»Dies Buch gehört in der Tat Azédarac, der früher einmal mein Nachbar gewesen ist. Ich habe den Halunken recht gut gekannt – genau genommen kannte ich ihn sogar zu gut.« Ihr Busen wogte unter einer unerfindlichen Gefühlsaufwallung, während sie einen Moment lang verstummte.

Sie fasste sich jedoch und fuhr fort: »Er war der gelehrteste und mächtigste Hexer der gesamten Zunft, und der geheimnisumwobenste obendrein. Niemand wusste nämlich, wann und auf welche Weise er nach Averoigne gekommen war, noch wie er das unvordenklich alte *Buch des Eibon* in seinen Besitz gebracht hatte, dessen in Runenschrift verfasster Inhalt sich dem schwarzen Wissen sämtlicher übrigen Hexenmeister verschloss. Er war versiert in allen Hexenkünsten, besaß Macht über Dämonen und war auch bewandert in der Bereitung hochwirksamer magischer Tränke. Darunter waren Mixturen, angerührt mittels machtvoller Zauberformeln und ausgestattet mit einzigartigen Eigenschaften, die den, der davon trinkt, durch die Zeit befördern und in die Vergangenheit oder in die Zukunft versetzen. Ein solcher Trank, nehme ich an, wurde Euch von Melchire, auch Jehan Mauvassoir geheißen, heimlich verabreicht. Auch Azédarac selbst und sein Gehilfe haben – womöglich nicht zum ersten Mal – von einem derartigen Gebräu Gebrauch gemacht, als sie sich aus dem jetzigen Zeitalter der Druiden ins künftige Zeitalter der

Christenherrschaft begaben, welchem Ihr angehört. Das Fläschchen, das den Trank für die Vergangenheit enthielt, hatte eine karmesinrote Füllung, und das mit dem Zukunftstrank eine solche in Grün. Seht her! Ich besitze jeweils ein Fläschchen von beiden Sorten – obschon Azédarac nicht einmal ahnte, dass ich überhaupt von ihnen wusste.«

Moriamis schloss einen kleinen Wandschrank auf, der die diversen Zaubermittel und heilkräftigen Zutaten, die an der Sonne gedörrten Kräuter und im Mondschein gemischten Essenzen enthielt, von der Art, wie sie Hexen zu verwenden pflegen. Sie kramte ein wenig herum und brachte dann die beiden Phiolen zum Vorschein, von denen eine mit einer blutroten und die andere mit einer smaragdgrün leuchtenden Flüssigkeit gefüllt war.

»Es war reine weibliche Neugier, dass ich mich eines Tages an seinem verborgenen Vorrat an Tränken und Elixieren und Rezepturen vergriff«, fuhr Moriamis fort. »Ich hätte dem Schurken folgen können, als er sich in die Zukunft verdrückte, wenn mir danach gewesen wäre. Aber ich bin glücklich in meiner eigenen Zeit. Und vor allem gehöre ich nicht zu der Sorte Frau, die einem überdrüssigen und dann auch noch abtrünnigen Liebhaber nachläuft …«

»Demnach«, sagte Ambrosius erstaunter denn je, aber mit aufkeimender Hoffnung, »bräuchte ich also nur den Inhalt des grünen Fläschchens zu trinken, um in mein eigenes Zeitalter zurückzukehren?«

»Ganz recht. Und nach dem, was Ihr mir berichtet habt, bin ich sicher, dass Eure Rückkehr Azédarac viel Verdruss bereiten würde. Das passt zu dem Kerl, sich in einer fetten kirchlichen Pfründe einzunisten! Er war schon immer meisterlich darin, sich aushalten zu lassen, und stets darauf erpicht, ein recht behagliches Aus- und Unterkommen zu finden. Es würde ihm nicht sehr gefallen, so viel ist sicher, wenn Ihr doch noch beim Erzbischof eintreffen würdet … Zwar bin ich nicht rachsüchtig veranlagt … doch andererseits …«

»Man mag gar nicht glauben, dass irgendjemand Eurer überdrüssig werden könnte«, sprach Ambrosius galant, sobald er die Situation zu erfassen begann.

Moriamis schenkte ihm ein Lächeln. »Das habt Ihr schön gesagt. Ihr seid auch selbst ein sehr einnehmender junger Mann, will ich meinen, trotz Eurer unkleidsamen Kutte. Ich bin froh, dass ich Euch vor den Druiden bewahrte, die Euch das Herz aus der Brust gerissen und es Taranit, ihrem Dämon, dargebracht hätten.«

»Jetzt aber werdet Ihr mich wieder in meine eigene Zeit zurückschicken?«

Moriamis kräuselte die Stirn, doch dann nahm sie ihren verführerischsten Ausdruck an.

»Habt Ihr es denn so eilig, Eure Gastgeberin zu verlassen? Nun, da Ihr in einem anderen Jahrhundert als dem Eurigen weilt, bedeuten doch ein Tag, eine Woche, ein Monat keinen Unterschied für den Zeitpunkt der Rückkehr. Ich habe auch die Rezepturen Azédaracs aufbewahrt und weiß daher, wie die Wirkung des Tranks sich bei Bedarf verstärken oder abschwächen lässt. In der üblichen Zusammensetzung überbrückt er genau 700 Jahre, aber diesen Zeitraum kann man beliebig verkürzen oder strecken.«

Die Sonne war hinter den Föhren versunken, und ein sanftes Zwielicht begann den Turm zu erfüllen. Die Dienerin hatte das Zimmer verlassen. Moriamis kam um den Tisch herum und setzte sich neben Ambrosius auf die roh gezimmerte Bank. Noch immer lächelnd, heftete sie den Blick ihrer bernsteinfarbenen Augen auf ihn, in deren Tiefen eine träge Flamme glomm – eine Flamme, die umso heller zu lodern schien, je dunkler das Dämmerlicht wurde. Ohne ein Wort begann sie langsam, ihr fülliges Haar zu entflechten, dem ein zarter und köstlicher Wohlgeruch wie von blühenden Reben entströmte.

Ambrosius war arg in Verlegenheit gebracht durch diese betörende weibliche Nähe. »Ich weiß gar nicht recht, ob es sich überhaupt schickt, wenn ich bleibe. Was soll denn der Erzbischof davon halten?«

»Mein lieber Junge, der Erzbischof wird noch nicht einmal geboren sein, ehe 650 oder mehr Jahre vergangen sind. Sogar noch länger wird es dauern, bis Ihr selbst auf die Welt kommt. Sobald Ihr zurückgekehrt seid in Eure eigene Zeit, wird demnach alles, was Ihr während Eures Aufenthaltes bei mir getan habt, mindestens 700 Jahre zurückliegen … was wohl lang genug sein sollte, um die Vergebung jedweder Sünde zu erlangen, und hat man sie auch noch so häufig genossen.«

Gleich einem Mann, der in einen unwirklichen Traum eintaucht und feststellt, dass der Traum alles andere als unangenehm ist, fügte sich Ambrosius dieser Logik, die ebenso weiblich wie zwingend war. Er besaß kaum einen Begriff davon, was ihn erwartete; doch unter den besonderen Umständen, die Moriamis herausgestellt hatte, mochte es wohl gestattet sein, die klösterliche Zucht in fast jedem denkbaren Ausmaß zu lockern, ohne seelische Verdammnis oder auch nur eine ernsthafte Verletzung mönchischer Gelübde zu riskieren.

IV

Einen Monat nach jenem Abend standen Moriamis und Ambrosius wieder neben dem Druidenaltar. Die Nacht war angebrochen. Über der verlassenen Lichtung war ein fast voller Mond aufgegangen und säumte die Baumkronen mit gesponnenem Silber. Die warme Sommernachtsbrise war so sanft wie das Seufzen einer schlummernden Frau.

»Musst du denn wirklich fortgehen?«, sprach Moriamis mit trauriger Stimme und bittendem Blick.

»Mich ruft die Pflicht. Ich muss zu Clément zurückkehren und ihm das *Buch des Eibon* überbringen, nebst all den sonstigen Beweisen, die ich gegen Azédarac zusammengetragen habe.« Die Worte, die er sprach, klangen ein wenig unwahrhaftig in Ambrosius' eigenen Ohren, und sosehr er sich mühte, vermochte er selbst nicht, an die Richtigkeit und Stichhaltigkeit seiner Gründe zu glauben. Die Idylle seiner Gemeinschaft mit Moriamis, in der er seltsamerweise nichts zu erkennen vermochte, was irgendwie sündhaft erschien, hatte allem, was davor gewesen war, den schalen Anschein des Unwirklichen verliehen. Bar jeder Verantwortlichkeit oder Hemmung, in schierer, traumverlorener Selbstvergessenheit, hatte er gelebt wie ein glücklicher Heide. Nun aber musste er zurückkehren ins trostlose Dasein eines mittelalterlichen Mönchs, gedrängt von einem unbestimmten Pflichtgefühl.

»Ich werde dich nicht aufhalten«, seufzte Moriamis. »Aber ich werde dich vermissen und als achtbaren Liebhaber und angenehmen Gespielen in der Erinnerung bewahren. Hier ist das Fläschchen.«

Die grüne Essenz schimmerte kalt und fast farblos im

Mondschein, während Moriamis sie in einen kleinen Becher umfüllte und ihn dann Ambrosius überreichte.

»Bist du auch sicher, dass das Elixier genauso wirkt wie gewünscht?«, vergewisserte sich der Mönch. »Bist du sicher, dass ich wieder im Gasthof zur *Bonne Jouissance* eintreffe, und zwar nicht allzu lange nach dem Moment meines Weggangs von dort?«

»Gewiss«, versetzte Moriamis, »denn der Zaubertrank ist unfehlbar. Aber warte noch, ich habe auch das andere Fläschchen dabei – das Fläschchen mit dem Trank, der in die Vergangenheit führt. Nimm es mit – denn wer weiß, vielleicht ist dir irgendwann einmal danach, zurückzukehren und mich erneut zu besuchen.«

Ambrosius nahm das rote Fläschchen entgegen und verstaute es unter seiner Kutte bei dem uralten Handbuch hyperboreischer Hexenkunst. Und nachdem er sich gebührend von Moriamis verabschiedet hatte, setzte er kurz entschlossen den Becher an die Lippen und trank ihn in einem Zug aus.

Die mondbeschienene Lichtung, der graue Altar und auch Moriamis, all das verschwand in einem Wirbel aus Feuer und Schatten. Es war, als flöge Ambrosius durch endlose phantasmagorische Klüfte empor, inmitten der fortwährenden Umformung und Auflösung kurzlebiger Dinge, des wechselreichen Erstehens und Vergehens langlebiger Welten.

Am Ende saß er erneut in der Schänke zur *Bonne Jouissance,* ja, sogar vor demselben Tisch, wie er glaubte, den er vormals mit dem Sieur des Émaux geteilt hatte. Heller Tag herrschte jetzt, der Gastraum war voller Menschen, unter denen er vergeblich nach dem rötlichen Gesicht des Schankwirts Ausschau hielt, und auch die Bediensteten und übrigen Gäste von früher waren nicht zu entdecken. Ein jeder hier war ihm fremd, und die Einrichtung kam ihm sonderbar abgenutzt und auch schmieriger vor, als er sie in Erinnerung hatte.

Kaum hatten sie seine Anwesenheit bemerkt, begannen die Leute den Mönch ganz erstaunt und mit ungeniertem Interesse zu beäugen. Ein groß gewachsener Mann mit hohlen Wangen und trübseligem Blick trat eilig herbei und machte eine Verbeugung, wobei seine Miene zwar dienstfertig war, aber auch fast unverschämt in ihrer Neugier.

»Was wünschen der Herr?«, fragte er.

»Ist das der Gasthof zur *Bonne Jouissance?*«

Der Wirt starrte Ambrosius an. »Nein, jetzt ist es der Gasthof zur *Haute Espérance,* und er gehört mir nun schon seit 30 Jahren. Habt Ihr denn das Wirtshausschild nicht gelesen? Zu Lebzeiten meines Vaters war es noch der Gasthof zur *Bonne Jouissance,* aber der Name wurde nach seinem Tode geändert.«

Äußerste Bestürzung erfasste Ambrosius. »Aber der Gasthof hatte noch den alten Namen und auch einen anderen Inhaber, als ich vor gar nicht langer Zeit hier eingekehrt bin«, rief er entgeistert. »Der Wirt war ein fülliger, frohgemuter Bursche, ganz anders als Ihr.«

»Die Beschreibung passt auf meinen Vater«, versetzte der Gastwirt und musterte Ambrosius nun noch bedenklicher als zuvor. »Aber der liegt nun schon seit den besagten 30 Jahren im Grabe. Ihr hingegen könnt ja wohl zum Zeitpunkt seines Todes noch gar nicht auf der Welt gewesen sein!«

Nun dämmerte es Ambrosius allmählich. Der smaragdgrüne Zaubertrank hatte ihn aufgrund einer falschen Mischung oder einer zu starken Wirkung viele Jahre nach seiner eigenen Zeit in der Zukunft abgesetzt!

»Ich muss schleunigst nach Vyônes weiterreisen«,

stammelte er, noch ehe die Folgen seiner Lage ihm voll zu Bewusstsein gekommen waren. »Ich habe eine Nachricht für den Erzbischof Clément – und darf nicht noch länger damit warten, sie ihm zu überbringen.«

»Aber Clément ist ja sogar noch länger tot als mein Vater«, rief der Schankwirt aus. »Woher kommt Ihr bloß, dass Ihr nichts davon wisst?« Sein Verhalten verriet deutlich, dass ihn Zweifel an der Zurechnungsfähigkeit von Ambrosius beschlichen. Etliche Gäste, die das eigenartige Gespräch zufällig mit angehört hatten, umdrängten nun den Mönch und setzten ihm mit scherzhaften und mitunter unflätigen Fragen zu.

»Und was ist mit Azédarac, dem Bischof von Ximes? Ist er etwa auch tot?«, erkundigte sich Ambrosius händeringend.

»Ihr meint gewiss den heiligen Azédarac. Der hat zwar Clément überlebt, aber auch er ist längst tot und geziemend heiliggesprochen seit nun schon 32 Jahren. Manche behaupten, er sei gar nicht verschieden, sondern leibhaftig gen Himmel gefahren, und dass sein Leichnam niemals in dem großen Mausoleum beigesetzt wurde, das man in Ximes für ihn errichtet hat. Aber das ist wohl nur eine Legende.«

Welch tiefe Niedergeschlagenheit und Ratlosigkeit Ambrosius nun überkamen, lässt sich gar nicht beschreiben. Inzwischen hatten sich auch immer mehr Menschen um ihn versammelt, und ohne Rücksicht auf sein Mönchsgewand war er derben Späßen und Spottreden ausgesetzt.

»Der fromme Bruder hat den Verstand verloren!«, höhnten die einen, und andere feixten: »Er ist dem Averoigner Wein nicht gewachsen!«

»Welches Jahr schreiben wir jetzt?«, verlangte Ambrosius voller Verzweiflung zu wissen.

»Das Jahr des Herrn 1230«, antwortete der Wirt, ehe er in höhnisches Gelächter ausbrach: »Was dachtet denn Ihr, welches Jahr wir haben?«

»Beim vorigen Mal, als ich im Gasthof zur *Bonne Jouissance* weilte«, bekannte Ambrosius, »hatten wir das Jahr 1175.«

Seine Mitteilung rief neuerliches Gespött und Gelächter hervor. »Mit Verlaub, junger Herr, in dem von Euch genannten Jahr wart Ihr ja noch nicht einmal im Leib Eurer Mutter!«, sagte der Wirt. Doch dann schien er sich an etwas zu erinnern, und er setzte in etwas nachdenklicherem Ton hinzu: »Als ich noch ein Kind war, hat mein Vater mir von einem jungen Mönch erzählt, etwa in Eurem Alter, der eines Abends im Sommer des Jahres 1175 in den Gasthof zur *Bonne Jouissance* kam und auf unerklärliche Weise verschwand, nachdem er einen Schluck Rotwein genossen hatte. Ich glaube, der Mönch hieß Ambrosius. Vielleicht seid ja Ihr jener Ambrosius und seid just von Eurem Ausflug ins Niemandsland zurückgekehrt.« Er zwinkerte vielsagend, und der neue Scherz fand Anklang und flog augenblicklich von Mund zu Mund unter den in der Schankstube versammelten Gästen.

Währenddessen versuchte Ambrosius, die volle Tragweite seiner misslichen Lage zu erfassen. Sein Auftrag war sinnlos geworden, nachdem Azédarac verstorben oder verschwunden war, und in ganz Averoigne gab es keine Menschenseele mehr, die Ambrosius kannte oder die seiner Geschichte Glauben geschenkt hätte. Er empfand die ganze Hoffnungslosigkeit eines Menschen, der sich mutterseelenallein ausgesetzt findet in einer fremden Zeit und unter fremden Menschen.

Im selben Moment besann er sich auf die rote Phiole, die Moriamis ihm zum Abschied mitgegeben hatte. Der

Zaubertrank, den sie enthielt, mochte ebenso wie die grüne Mixtur unpräzise in der Wirkung sein. Aber der Jüngling war nur noch von dem einen Wunsch beseelt, seiner gegenwärtigen Lage und der unheimlichen Verwirrung und Verstörung, die sie mit sich brachte, zu entrinnen. Zudem sehnte er sich nach Moriamis wie ein verirrtes Kind nach der Mutter, und der Zauberreiz seines Ausflugs in die Vergangenheit zog ihn mit magischer Macht zurück. Ohne der höhnischen Mienen und Stimmen ringsumher zu achten, fingerte Ambrosius die Phiole, die er am Busen barg, unter der Kutte hervor, entfernte den Korken – und schluckte den Inhalt …

V

Und wieder fand Ambrosius sich auf der Waldlichtung neben dem mächtigen Altar. Wieder stand Moriamis neben ihm, holdlieblich und lebenswarm und atmend, und der Dreiviertelmond stieg noch immer über den Wipfeln der Föhren empor. Wie es schien, lag es nur Augenblicke zurück, dass Ambrosius von der geliebten Zauberin Abschied genommen hatte.

»Ich dachte mir schon, dass du vielleicht zurückkommen würdest«, sagte Moriamis. »Daher habe ich hier noch ein Weilchen gewartet.«

Ambrosius berichtete ihr von dem einzigartigen Missgeschick im Zusammenhang mit seiner Zeitreise.

Moriamis nickte ernsthaft. »Der grüne Trank war wirkungsvoller als von mir erwartet«, erklärte sie dann. »Doch zum Glück war das rote Elixier genauso stark und imstande, dich auch durch die zusätzlichen Jahre zu mir zurückzubefördern. Du wirst jetzt bei mir bleiben müssen, denn mehr als diese beiden Fläschchen hatte ich nicht. Ich hoffe, du bist nicht gar zu traurig darüber.«

Ambrosius schickte sich umgehend an, auf nicht eben mönchische Art zu beweisen, dass sie nicht grundlos hoffte.

Weder jetzt noch sonst jemals gestand Moriamis ihrem Mönch, die Wirkung eines jeden der beiden Tränke mit eigener Hand um exakt dieselbe Geringfügigkeit verstärkt zu haben, und zwar nach der Geheimrezeptur, die sie ebenfalls von Azédarac entwendet hatte.

Der in den Staub tritt

... Die alten Zauberer kannten ihn und nannten ihn Quachil Uttaus. Selten zeiget er sich: Denn er hauset jenseits des äußersten Kreises in dem finsteren Limbus, wo nicht Raum, nicht Zeit existiren. Schrecklich ist das Wort, welches ihn hervorlocket, doch das Wort möge niemals ausgesprochen werden außer in Gedanken, denn Quachil Uttaus ist die tiefste Verderbnis, und der Augenblick seines Kommens ist wie das Vergehen vieler Zeitalter, und weder Fleisch noch Stein ertragen seinen Schritt, denn alle Dinge zerfallen unter ihm, Atom für Atom. Und derohalben wird er bisweilen der, der in den Staub tritt genannt.

– *Die Testamente des Carnamagos*

Nach unendlichen Debatten und Streitereien mit sich selbst und nach vielen Versuchen, die undeutlich wahrzunehmende, körperlose Legion seiner Ängste zu exorzisieren, kehrte John Sebastian zu dem Haus zurück, das er so überstürzt verlassen hatte. Er war nur drei Tage fort gewesen, doch selbst diese kurze Zeitspanne war ohne Beispiel in dem Leben der Abgeschiedenheit und Wissenschaft, dem er sich vollständig ergeben hatte, nachdem er das alte

Anwesen zusammen mit einem großzügigen Einkommen geerbt hatte. Den Grund für seine Flucht konnte er nicht benennen, doch sie schien unausweichlich gewesen zu sein. Ein schreckliches Drängen hatte ihn fortgetrieben, aber jetzt, wo er sich zur Rückkehr entschlossen hatte, erschien ihm dieses Drängen nichts anderes als eine Angelegenheit überspannter Nerven zu sein, die er dem zu eingehenden und langen Studium seiner Bücher zu verdanken hatte. Er hatte sich einiges eingebildet, aber diese Einbildungen waren vollkommen absurd und grundlos gewesen.

Selbst wenn die Phänomene, die ihn so beunruhigt hatten, nicht allesamt eingebildet waren, musste es doch eine natürliche Erklärung für sie geben, die seinem überhitzten Verstand bisher nicht eingefallen war. Das plötzliche Vergilben eines neu gekauften Notizbuches und das Zerfallen der Blätter an den Rändern waren zweifellos einem Papierfehler zuzuschreiben. Und das seltsame Verblassen seiner Eintragungen, die fast über Nacht so unleserlich wie eine jahrhundertealte Schrift geworden waren, war sicherlich das Resultat billiger, schlechter Chemikalien in der Tinte. Der Anschein schieren, brüchigen, wurmzerfressenen Alters, der sich an den Möbelstücken und auch in einigen Bereichen des Hauses zeigte, war nichts anderes als das plötzliche Sichtbarwerden einer Zersetzung, die lange im Verborgenen stattgefunden hatte und ihm während der unverdrossenen Beschäftigung mit dunklen, ihn völlig aufsaugenden Forschungen entgangen war. Und es waren dieselbe Beschäftigung sowie die langen Jahre von Mühen und Einschränkungen, die sein vorzeitiges Altern bewirkt hatten, sodass er beim Blick in den Spiegel am Morgen vor seiner Flucht verwirrt und entsetzt gewesen war, weil er vor sich die Erscheinung einer verwitterten Mumie zu sehen geglaubt hatte. Und was seinen Diener Timmers anging – nun, Timmers war ihm schon immer alt erschienen. Es war nur der Überspannung seiner Nerven zuzuschreiben, dass er in letzter Zeit an Timmers eine außergewöhnliche Hinfälligkeit festgestellt hatte, die so wirkte, als könnte sie jederzeit, ohne die Zwischenstation des Todes, in die Verwesung des Grabes münden.

Tatsächlich konnte er sich alles, was ihm Sorgen machte, erklären, ohne sich der wilden, uralten Überlieferungen, der vergessenen Dämonologien und magischen Systeme bedienen zu müssen, in die er sich vertieft hatte. Jene Abschnitte in den *Testamenten des Carnamagos,* über die er mit seltsamer Bestürzung nachgegrübelt hatte, bezogen sich nur auf das Grauen, das von wahnsinnigen Magiern in lange vergangenen Zeiten heraufbeschworen worden war …

Davon war Sebastian fest überzeugt, als er bei Sonnenuntergang zu seinem Haus zurückkehrte. Er zitterte nicht und er zauderte nicht, als er über das von Kiefern verdunkelte Gelände ging und rasch die Vordertreppe hochstieg. Er glaubte – aber er konnte es nicht mit Sicherheit sagen –, dass die Treppe frische Spuren des Zerfalls aufwies, und als er sich dem Haus näherte, schien es ein wenig zur Seite geneigt zu sein, als ob das Fundament nicht mehr tragfähig wäre, doch er sagte sich, dass dies nur eine Illusion war, verursacht durch die zunehmende Abenddämmerung.

Keine Lampen brannten, was Sebastian jedoch nicht übergebührlich erstaunte, denn er wusste, dass Timmers, wenn er sich selbst überlassen war, wie eine alte Eule im Zwielicht herumzuschlurfen pflegte, auch wenn schon lange die Zeit gekommen war, zu der sich das Einschalten der Beleuchtung empfahl. Sebastian hingegen hatte stets eine Abneigung gegen die Dunkelheit und auch gegen tiefe Schatten empfunden, und in letzter Zeit war diese Abneigung sogar stärker geworden. Stets schaltete er alle Glühbirnen im Hause ein, sobald das Tageslicht abnahm. Während er nun eine Bemerkung über Timmers' Nachlässigkeit murmelte, stieß er die Haustür auf und griff rasch nach dem Lichtschalter in der Halle.

Vielleicht lag es an seiner nervösen Aufregung, dass er einige Augenblicke herumtastete, ohne den Schalter zu finden. Es war merkwürdig dunkel in der Halle, und das Glimmen des aschenen Sonnenuntergangs, das zwischen den hohen Kiefern durch die offene Tür hinter ihm fiel, war anscheinend nicht in der Lage, bis über die Schwelle zu dringen. Er konnte nichts sehen; es war, als ob die Nacht vergangener Zeiten aus verborgenen Grüften heraufgekrochen wäre und nun in der Halle nistete, und als er dastand und den Schalter suchte, drang ihm ein stechender Geruch wie von uraltem Staub in die Nase – ein Gestank nach Leichen und Särgen, die in ihrer pulverigen Zersetzung schon lange ununterscheidbar geworden waren.

Endlich fand er den Schalter, doch das aufleuchtende Licht war schwach und ungenügend, und er schien ein schattenhaftes Flackern zu bemerken, als ob die Elektrizität schwankte. Doch es beruhigte ihn zu sehen, dass das Haus allem Anschein nach noch genauso war, wie er es verlassen hatte. Vielleicht hatte er unbewusst gefürchtet, die Eichentäfelung in löcheriger Fäulnis und den Teppich in mottenzerfressenen Fetzen vorzufinden und durch die verfaulten Bodendielen zu brechen.

Er fragte sich, wo Timmers war. Das alte Faktotum war trotz seiner wachsenden Senilität immer rasch zur Stelle gewesen, und selbst wenn er das Eintreten seines Meisters nicht gehört haben sollte, hätten ihm die brennenden Lampen doch Sebastians Rückkehr angezeigt. Aber so angestrengt Sebastian auch lauschte, er hörte nicht das leiseste Knarren, das die schlurfenden Schritte verursachen würden. Überall herrschte Stille; sie hing im Raum wie ein düsterer, regloser Gobelin.

Zweifellos gab es dafür eine gewöhnliche Erklärung, dachte Sebastian. Vielleicht war Timmers in den nahe gelegenen Ort gegangen, um die Speisekammer aufzufüllen, oder er hatte gehofft, dort einen Brief von seinem Herrn vorzufinden, und Sebastian hatte ihn auf dem Weg vom Bahnhof zu seinem Haus verpasst. Oder der alte Mann war erkrankt und lag hilflos in seinem Zimmer. Erfüllt von dieser Vorstellung begab sich Sebastian sofort zu Timmers' Schlafkammer, die sich im hinteren Teil des Erdgeschosses befand. Sie war leer, und das Bett war ordentlich gemacht. Offensichtlich hatte niemand in der vergangenen Nacht darin geschlafen. Sebastian stieß einen Seufzer der Erleichterung aus, und ein schrecklicher Inkubus schien von seiner Brust zu weichen. Anscheinend entsprach seine erste Vermutung der Wahrheit.

Während er auf Timmers' Rückkehr wartete, zwang er sich zu einer weiteren Überprüfung, und so begab er sich in sein Arbeitszimmer. Er wollte sich nicht eingestehen, was es war, das er dort zu sehen fürchtete, aber auf den ersten Blick schien der Raum unverändert; alles war noch so wie zur Zeit seines hastigen Aufbruchs. Die hohen Stapel ungeordneter Manuskripte, Bände und Notizbücher auf seinem Schreibtisch waren offenbar nicht angerührt worden, und auch die Regale mit ihrer bizarren und schrecklichen Auswahl an Autoritäten zur Dämonologie, Nekromantie, Goëtie und anderen verbotenen oder verspotteten Wissenschaften waren noch so, wie er sie verlassen hatte. Auf dem alten Lektionar oder Lesepult, das er für seine schwereren Bände benutzte, lagen geöffnet die *Testamente des Carnamagos* mit dem Einband aus Chagrinleder und den Schließen aus menschlichen Knochen. Das Buch war noch immer an der Stelle aufgeschlagen, die ihm mit ihren entsetzlichen Andeutungen so großen Schrecken eingejagt hatte.

Als er zwischen das Lesepult und den Tisch trat, bemerkte er zum ersten Mal die unerklärliche *Staubigkeit,* die hier herrschte. Überall lag Staub: fein und grau, wie das Pulver toter Atome.

Er hatte Sebastians Papiere mit einer dicken Schicht überzogen, hatte sich auf die Sessel und Stühle gelegt, auf die Lampenschirme, die Bücher, und das tiefe, mohnblumenartige Rot und Gelb der Orientteppiche war durch den Staub gedämpft. Es wirkte, als wären seit seinem Aufbruch aus diesem Zimmer viele Jahre vergangen, die aus ihren leichentuchartigen Gewändern den Staub aller zerfallenen Dinge geschüttelt hatten. Sebastian fröstelte es angesichts dieses Mysteriums, denn er wusste, dass der Raum erst vor drei Tagen gründlich gesäubert worden war, und Timmers würde ihn während der Abwesenheit seines Herrn jeden Morgen peinlich genau abgestaubt haben.

Nun stieg der Staub in einer leichten, wirbelnden Wolke vor ihm auf und erfüllte seine Nase mit dem gleichen trockenen Geruch ungeheuerlich alter Auflösung, der ihm schon in der Halle aufgefallen war. Gleichzeitig wurde er sich eines kalten, launischen Luftzuges bewusst, der irgendwie in das Zimmer eingedrungen war. Er vermutete, dass eines der Fenster offen stand, aber ein rascher Blick überzeugte ihn davon, dass alle geschlossen und überdies die Läden vorgelegt waren; außerdem hatte er vorhin die Tür hinter sich zugezogen. Der Luftzug war so sanft wie das Seufzen eines Phantoms, doch wo immer er wehte, stieg das feine, gewichtslose Pulver auf, erfüllte die Luft und setzte sich wieder mit äußerster Langsamkeit. Sebastian verspürte eine unheimliche Beunruhigung, als ob ihn ein Wind aus unbekannten Dimensionen oder einer verborgenen Kluft oder Ruine bestrich, und gleichzeitig wurde er von einem langen, heftigen Hustenanfall durchgeschüttelt.

Es gelang ihm nicht, den Ursprung des Luftzuges herauszufinden. Doch als er rastlos herumlief, fiel sein Blick auf eine lang gestreckte Erhebung aus dem grauen Staub, die bisher durch den Tisch verdeckt worden war. Sie befand sich neben dem Stuhl, auf dem er für gewöhnlich saß, wenn er schrieb. Neben der Erhebung lag der Flederwisch, den Timmers stets bei seiner täglichen Reinigungsrunde benutzte.

Sebastian fühlte sich, als wäre die Starre einer gewaltigen, tödlichen Kälte in sein Innerstes eingedrungen. Mehrere Minuten lang vermochte er sich nicht zu bewegen, sondern stand nur da und starrte auf die unerklärliche Erhebung hinunter. In ihrer Mitte bemerkte er eine schwache Vertiefung, bei der es sich um einen sehr kleinen Fußabdruck handeln mochte, der halb von den Luftströmungen ausgelöscht worden war, die anscheinend viel von dem Staub weggenommen und ihn im Zimmer verstreut hatten.

Schließlich konnte sich Sebastian wieder bewegen. Ohne dass er den Impuls erkannt hätte, der ihn antrieb, bückte er sich und wollte den Flederwisch aufheben. Doch als seine Finger ihn berührten, zerbröckelten Griff und Federn zu einem feinen Pulver, sanken auf einem kleinen Haufen zusammen und deuteten nur noch vage die Umrisse des ursprünglichen Gegenstandes an!

Eine Schwäche überkam Sebastian, als ob sich die Bürde des hohen Alters und der Sterblichkeit vom einen Augenblick zum nächsten erdrückend auf seine Schultern gelegt hätte. Vor seinen Augen wirbelten im Lampenlicht schwindelerregende Schatten, und er spürte, dass er das Bewusstsein verlieren würde, wenn er sich nicht sofort setzte. Er streckte die Hand nach dem Stuhl neben ihm aus – und unter seiner Berührung zerfiel der Stuhl sofort zu einer leichten, sich rasch absenkenden Staubwolke.

Später – er wusste nicht, wie viel später – fand er sich wieder, wie er auf dem hohen Stuhl vor dem Lesepult saß, auf dem die geöffneten *Testamente des Carnamagos* lagen. Er empfand undeutliches Erstaunen darüber, dass dieser Stuhl nicht unter ihm zerbröckelt war. Wie schon einmal, so lag auch nun wieder der Druck auf ihm, rasch aus diesem verfluchten Hause fliehen zu müssen, doch es schien ihm, dass er zu alt, zu müde und zu schwach geworden war und nichts mehr wirklich Bedeutung hatte – nicht einmal das grausige Schicksal, das er für sich erahnte.

Als er nun halb in Schrecken, halb in Benommenheit dasaß, wurde sein Blick von dem zauberischen Buch vor ihm angezogen. Es enthielt die Schriften jenes bösen Weisen und Sehers Carnamagos, die vor tausend Jahren aus einer griechisch-baktrischen Gruft geborgen worden und von einem apostatischen Mönch ins Griechische übertragen worden waren, wozu er als Tinte das Blut eines von einem Inkubus gezeugten Ungeheuers benutzt hatte. In diesem Werk befanden sich die Chroniken der großen alten

Magier, die Berichte über die irdischen und ultrakosmischen Dämonen sowie die wahren Zaubersprüche, durch welche diese Dämonen herbeigerufen, beherrscht und wieder entlassen werden konnten. Als eingehender Erforscher solcher Überlieferungen hatte Sebastian lange geglaubt, dass dieses Buch eine bloße mittelalterliche Legende sei, und er war sowohl verblüfft als auch hocherfreut gewesen, als er sein Exemplar in den Regalen eines Antiquars gefunden hatte, der mit alten Manuskripten und Inkunabeln handelte. Angeblich existierten lediglich zwei Exemplare davon, und das andere sei im frühen 13. Jahrhundert von der spanischen Inquisition vernichtet worden.

Das Licht flackerte, als ob unheilvolle Schwingen über es hinweggeflogen wären, und der Blick von Sebastians altersschwachen Augen verschwamm, als er abermals jenen düsteren, schrecklichen Abschnitt las, der seine schattenhaften Ängste hervorgerufen hatte:

»*Obwohl Quachil Uttaus nur selten erscheinet, ists doch gut bezeuget, daß sein Erscheinen nicht stets zur Antwort auff die gesprochen Rune unnd das gezeichnet Pentakel erfolget. Warlich würden nur wenige Magire einen so schänndtlichen Geist ruffen … Doch sol es gesaget werden, daß jener, der für sich selbsten, in seiner Kammer Stille, jene Formula leset, die hierunter angegeben, sich in große Gefahr begebet, wenn sein Hertz offentlich oder verdeckt auch nur das geringste Begeren nach Tod und Auslöschung heget. Denn es mag sich ereignen, daß Quachil Uttaus zu ihm kommen wird unnd mit sich bringet jenes Unheil, welches den Körper zu ewigem Staube verwandlet unnd die Seel auf alle Zeiten hin zu Dunst aufflöset. Unnd die Ankunfft des Quachil Uttaus erkennet man an solchselbigen Zeichen: Denn an der Gestalt des*

Beschwörers, unnd wol auch an jenen, die um ihn herummen sind, werden des Alters plözliche Zeichen erscheinen, unnd sein Haus nebst jenen Dingen, die er berührte, wird den Makel unzeitlicher Verwesung unnd vorzeitlichen Alters zeigen …«

Sebastian wusste nicht, dass er die Sätze halblaut murmelte, als er sie las, und er murmelte auch die schreckliche Beschwörung, die darauf folgte … Seine Gedanken krochen wie durch eine kalte, vereisende Schicht. Mit dumpfer, schrecklicher Gewissheit erkannte er, dass Timmers nicht ins Dorf gegangen war. Er hätte Timmers warnen sollen, bevor er das Haus verlassen hatte; er hätte die *Testamente des Carnamagos* schließen und wegsperren sollen … denn Timmers war auf seine eigene Weise ebenfalls ein Gelehrter und nicht ohne Neugier, was die okkulten Studien seines Herrn anging. Timmers war durchaus in der Lage, den Text des Carnamagos zu lesen … auch jene schlimme und Seelen verheerende Formel, auf die Quachil Uttaus, der Dämon der ultimativen Verwesung, aus der äußeren Leere herbeieilen würde … Nun war Sebastian klar, woher dieser graue Staub kam und was der Grund für den rätselhaften Zerfall war …

Abermals spürte er den Drang zu fliehen, aber sein Körper war ein vertrockneter, toter Inkubus, der sich weigerte, seinem Willen zu gehorchen. Doch er dachte, dass es sowieso zu spät war, denn die Zeichen des Unheils hatten sich um ihn und über ihm zusammengeballt … Aber gewiss hatte es in seinem Herzen nie das geringste Verlangen nach Tod und Vernichtung gegeben. Er hatte sich nur gewünscht, seine Forschungen über die schwärzeren Mysterien fortzusetzen, die den Zustand der Sterblichkeit umgaben. Und er war stets vorsichtig gewesen und hatte sich nie mit magischen Kreisen oder der Beschwörung gefährlicher Wesenheiten abgegeben. Er hatte gewusst, dass es Geister des Bösen gab, Geister des Zorns, der Verderbnis, der Auslöschung, und aus eigenem Willen hätte er niemals einen von ihnen aus ihren nächtlichen Schlünden hervorgerufen …

Seine Lethargie und Schwäche schienen zuzunehmen. Es war, als ob ganze Lustren, ganze Dekaden des Alterns in einem einzigen Atemzug auf ihn gefallen wären. Immer wieder zerriss der Faden seiner Gedanken und konnte nur mit Mühe wieder aufgenommen werden. Seine Erinnerungen, sogar seine Ängste schienen am Rand eines letzten und unwiderruflichen Vergessens zu schwanken. Mit schwachen Ohren hörte er einen Laut, der an das Brechen und Niederstürzen von Balken irgendwo im Haus erinnerte; mit schwachem Blick wie dem eines uralten Mannes sah er, dass das Licht unter dem Herannahen einer fledermausschwarzen Dunkelheit flackerte und erlosch.

Es war, als hätte sich die Nacht einer zerfallenden Gruft um ihn geschlossen. Hin und wieder spürte er das kalte, schwache Atmen des Luftzuges, der ihn schon zuvor mit seinen Unerklärlichkeiten verwirrt hatte, und wieder stieg ihm der Staub in die Nase. Dann erkannte er, dass der Raum nicht vollständig finster war, denn er sah die undeutlichen Umrisse des Lesepultes vor ihm. Sicherlich drang kein Strahl durch die vorgelegten Fensterläden, und doch gab es Licht. Unter gewaltigen Mühen hob er den Blick und gewahrte zum ersten Mal einen groben, unregelmäßigen Spalt in der Außenwand des Zimmers, hoch droben in der nördlichen Ecke. Durch ihn fiel das Licht eines einzelnen Sterns in den Raum, kalt und fern wie das Auge eines Dämons, das über kosmische Abgründe hinwegblickt.

Von diesem Stern – oder von den Räumen hinter ihm – wurde plötzlich ein fahler, tödlicher Strahl wie ein Speer auf Sebastian geschleudert. Breit wie eine Planke, fest, unbeweglich war er und schien Sebastians Körper zu lähmen und eine Brücke zwischen ihm und den Welten unvorstellbarer Finsternis zu bilden.

Er war versteinert wie vom Blick der Gorgone. Dann glitt etwas steif und schnell durch die Öffnung in der Wand an dem Strahl entlang auf ihn zu. Die Wand schien zu zerfallen, und der Riss wurde breiter, als die Gestalt hereindrang.

Sie war nicht größer als ein Kind, aber verwelkt und verdorrt wie eine tausendjährige Mumie. Der haarlose Kopf mit einem unkonturierten Gesicht saß auf einem Hals von skeletthafter Dürre und war durchzogen von unzähligen netzartigen Runzeln. Der Körper wirkte wie der eines ungeheuerlichen, verwitterten, abgetriebenen Fötus, der nie einen Atemzug getan hatte. Die dünnen Arme, die in knochigen Klauen endeten, waren ausgestreckt und wie in einer Pose ewigen, schrecklichen Zugreifens erstarrt. Die Beine mit Füßen, die an die eines winzigen wandelnden Todes erinnerten, standen eng zusammen, als wären sie in einem Leichentuch eingewickelt gewesen, und sie zeigten auch keine Bewegung des Gehens oder Rennens. Diese Gestalt des Grauens floss rasch an dem schwachen, tödlichen grauen Strahl entlang auf Sebastian zu.

Nun hatte sie ihn beinahe erreicht; ihr Kopf befand sich in der Höhe seiner Stirn, und ihre Füße schwebten vor seiner Brust. Einen flüchtigen Augenblick lang wusste er, dass ihn dieses Grauen mit seinen ausgestreckten Händen und seinen fließenden Füßen berührt hatte. Es schien mit ihm zu verschmelzen und eins mit ihm zu werden. Er spürte, dass seine Adern mit Staub erstickt wurden und sein Hirn Zelle für Zelle zerfiel. Dann war er nicht länger John Sebastian, sondern ein Universum voller toter Sterne und Welten, die unter dem gewaltigen Tosen eines ultrastellaren Sturmes taumelnd in die Finsternis stürzten …

Das Ding, das urzeitliche Magier Quachil Uttaus genannt hatten, war verschwunden, und Nacht und Sternenlicht waren in das zerfallene Zimmer zurückgekehrt. Aber nirgendwo war mehr etwas von John Sebastian zu sehen. Nur eine niedrige Erhebung aus Staub auf dem Boden neben dem Lesepult mit einer Vertiefung wie von einem kleinen Fuß … oder wie von zwei Füßen, die eng zusammengebunden waren …

Die Ankunft des weißen Wurms

Neuntes Kapitel aus dem Buch des Eibon
Aus der altfranzösischen Handschrift des
Gaspard du Nord

Evagh der Hellseher, der am Rande des Nordmeeres lebte, erkannte mitten im Sommer viele sonderbare und verfrühte Vorzeichen des Winters. Die Sonne erstrahlte über Mhu Thulan in einem Himmelszelt, das so klar und fahl wie Eis war. Am Abend erstreckte die Dämmerung sich vom höchsten Punkt des Himmels bis zur Erde wie ein Aufgebot in einem hohen Saal der Götter. Blass waren die wenigen Mohnblumen und klein die Anemonen in den von Klippen begrenzten Tälern jenseits des Hauses von Evagh, und die Früchte seines ummauerten Gartens zeigten farblose Schalen und einen grünen Kern. Zudem sah er bei Tag den Flug unzähliger Vögel, die trotz der Jahreszeit bereits von den verborgenen Inseln jenseits von Mhu Thulan nach Süden flogen, und des Nachts lauschte er dem elenden Klagen weiterer Vogelscharen. Und stets hörte er im lauten Wind und der weinenden Brandung merkwürdig flüsternde Stimmen aus dem Reich des ewigen Winters.

Evagh war besorgt über diese Vorzeichen, ganz wie es das einfache Fischervolk im Hafen unter seinem Hause war. Da er ein Meister in der Kunst des Hellsehens war und Dinge sah, die in weiter Zukunft geschahen, nutzte er sein Können, um diese Vorzeichen auszulegen. Doch tagsüber hing ein Schleier über seinen Augen, und Finsternis vereitelte seine Pläne, wenn er Erleuchtung im Traume suchte. Seine klügsten Sterndeutungen führten zu nichts, seine vertrauten Geister schwiegen oder gaben zweideutige Antworten, und Verwirrung war die Folge, wenn er die Erde, das Wasser und den Flug der Vögel befragte. Und es schien Evagh, als arbeitete eine unbekannte Macht gegen ihn, um seine Zauberkraft, die bislang niemand geschlagen hatte, zu verhöhnen und wirkungslos zu machen. Und Evagh wusste aus gewissen Omen, die ein Magier wahrzunehmen vermag, dass jene Macht eine böse war und den Menschen Unheil bringen würde.

Tag für Tag, den ganzen Mittsommer hindurch, fuhren die Fischer in ihren Schaluppen aus Elchleder und Weidenholz aus und warfen ihre Netze. Doch in diesen Netzen fingen sie nur tote Fische, verkrumpelt wie durch Feuer oder Eiseskälte. Manchmal fingen sie auch lebende Ungeheuer, die selbst den ältesten unter ihnen unbekannt waren: Wesen mit drei Köpfen und Schwänzen, grauenhaft anzusehen; schwarze, gestaltlose Kreaturen, die zu fauligem Brackwasser wurden und aus dem Netz tropften; oder kopflose Wesen, die aussahen wie aufgeblähte Monde mit grünen, eisigen Strahlen; oder Wesen mit Augen, die wie vom Aussatz zerfressen waren und versehen mit schleimiger Galle.

Dann kam eine Galeere aus dem Nordmeer, wo die Schiffe aus Cerngoth zwischen den Inseln der Arktis kreuzten, und die Ruder dieser Galeere waren untätig, das Steuer ziellos. Die Flut drängte die Galeere zwischen die Boote der Fischer, die nicht mehr hinausfuhren, sondern unter der Klippe, auf der Evaghs Haus gebaut war, auf dem Sande ruhten. Und die Fischer, die sich der Galeere erstaunt und verwundert näherten, sahen die Ruderer an ihren Plätzen und den Kapitän am Steuer. Doch ihre Gesichter und Hände waren fahl wie Knochen und weiß wie das Fleisch der Aussätzigen. Sonderbar verblasst war die Farbe ihrer offenen Augen, sodass man sie nicht mehr vom Weiß unterscheiden konnte, und in diesen Augen lag ein leerer Schrecken, ähnlich wie Eis in tiefen Tümpeln, die rasch bis auf den Grund gefrieren. Und Evagh selbst, der später hinzukam, sah die Mannschaft der Galeere, und er sinnierte lange über die Bedeutung dieses Wunders.

Die Fischer scheuten sich, die Toten zu berühren, und sie murmelten von einem Fluch, der auf dem Meere lag und auf allen Tieren, die im Meere lebten, und allen Menschen, die das Meer befuhren.

Doch Evagh befürchtete, dass die Leichen in der Sonne verwesen und Seuchen erzeugen würden, und befahl ihnen, um die Galeere einen Scheiterhaufen aus Treibholz zu errichten. Sobald der Haufen das Schiffsgeländer erreicht hatte und die toten Ruderer verbarg, entzündete Evagh mit eigener Hand das Feuer.

Hoch loderten die Flammen, und Rauch stieg schwarz wie Gewitterwolken auf und rankte sich in windgepeitschten Säulen um Evaghs hohe Türme auf der Klippe. Später jedoch, als das Feuer kleiner wurde, saßen die Leichen der Ruderer inmitten des Aschehaufens, und ihre Arme waren noch immer ausgestreckt, als hielten sie Ruder, und ihre Finger waren packend gekrümmt, obwohl die Ruder nunmehr Staub waren. Und der Kapitän der Galeere stand noch immer aufrecht, obwohl das verbrannte Steuer zerfallen war. Einzig die Gewänder der Toten waren von den Flammen verzehrt worden; sie selbst erstrahlten weiß wie Marmor im Mondschein über dem verkohlten Holz, und nirgends auf ihren Leibern war durch das Feuer ein schwarzer Fleck entstanden.

Da sie dies für ein böses Omen hielten, waren die Fischer entsetzt und flohen eilends zu den oberen Felsen. So blieben bei Evagh nur seine beiden Diener, der Knabe Ratha und das alte Weib Ahilidis, die oft schon Zeugen seiner Beschwörungen gewesen und daher an den Anblick der Magie gewöhnt waren. Und mit diesen beiden an seiner Seite wartete der Zauberer ab, bis die glühende Asche sich abkühlte.

Die letzten Flammen verschwanden rasch, doch den ganzen Mittag und Nachmittag hindurch stieg Rauch auf, und als die Stunde der Abenddämmerung nahte, war die Asche noch immer zu heiß für menschliche Füße. Und so wies Evagh die Diener an, in Krügen Meerwasser herbeizuschaffen und es auf die Asche zu gießen. Nachdem der Rauch und das Zischen erstorben waren, schritt er hinein und ging auf die bleichen Toten zu. Als er in ihre Nähe kam, bemerkte er eine große Kälte, so wie arktisches Eis sie ausstrahlt, und diese Kälte schmerzte in seinen Händen und Ohren und peinigte ihn sehr trotz seines Pelzmantels. Als er noch näher herankam, berührte er eine der Leichen mit der Spitze seines Zeigefingers, und dieser Finger wurde wie von einer Flamme versengt, obgleich die Berührung nur sehr leicht und kurz gewesen war.

Evagh war überaus erstaunt, denn die Leichen befanden sich in einem Zustand, der ihm bislang unbekannt gewesen war, und weder in der Wissenschaft noch in der Zauberei fand er Erklärungen. Er dachte sich, dass ein Bann auf den Toten lag, ein Zauber, wie die fahlen Dämonen des Polarkreises ihn wohl weben mochten, oder wie ihn die Frosthexen des Mondes in ihren eisigen Kavernen wirkten. Und er hielt es für gut, sich für den Augenblick zurückziehen, auf dass der Bann sich nicht auf andere übertragen möge.

Nachdem er vor Anbruch der Nacht in sein Haus zurückgekehrt war, verbrannte er an jedem Fenster und jeder Tür jene Harze, die für die Dämonen des Nordens am widerwärtigsten sind, und an jedem Schlupfloch, durch das ein Gespenst sich Eintritt verschaffen konnte, bestellte er einen seiner vertrauten Geister zur Wache. Später, als Ratha und Ahilidis schliefen, befragte er eifrig die Schriften Pnoms, in denen viele mächtige Geisterbeschwörungen aufgezeichnet waren. Doch solange er auch die alten Liturgien um Rat befragte, er konnte nur vage an den Ausspruch des Propheten Lith denken, den kein Mensch verstanden hatte: »Einen gibt es, der da haust am Ort der grimmigsten Kälte, Einen, der atmet, wo niemand sonst Atem zu schöpfen vermag. In kommenden Tagen wird Er sich über die Eilande und Ansiedlungen der Menschen verbreiten, und Er wird als ein weißes Verhängnis mit sich bringen den Wind, der in Seiner Heimstatt schlummert.«

Obwohl in der Kammer ein Feuer brannte, genährt von Pinienholz und Terpentin, schien gegen Mitternacht eine tödliche Kälte die Luft erstarren zu lassen. Als Evagh sich beunruhigt von den Pergamenten Pnoms abwandte und sah, dass das lodernde Feuer keineswegs geschürt werden musste, da hörte er plötzlich das Wüten eines starken Windes, erfüllt vom ängstlichen Kreischen der Möwen und dem Schreien der Landvögel, die hilflos auseinanderstoben, und über alledem das hohe Lachen teuflischer Stimmen. Der Wind aus dem Norden peitschte wie wahnsinnig seine viereckigen Türme, und die Vögel wurden wie Herbstlaub gegen die robusten Fenster geschleudert, und Teufel schienen an den Granitwänden zu reißen und zu zerren. Obgleich Türen und Fenster des Raumes fest verschlossen waren, durchwehte ihn ein eisiger Windstoß, der den Tisch, an dem Evagh saß, umkreiste und ihm die großen Pergamente Pnoms aus den Fingern riss und am Licht der Lampe zerrte.

Mit erstarrten Gedanken versuchte er, sich an jenen Zauber zu erinnern, der gegen die Geister des Nordens am wirkungsvollsten ist, doch umsonst. Dann schien der Wind merkwürdigerweise abzuflauen und eine große Stille im und ums Haus zu hinterlassen. Die eisige Böe war fort aus dem Raum, die Lampe und das Feuer brannten unbeirrt, und ein wenig Wärme kehrte zurück ins halb gefrorene Mark Evaghs.

Bald bemerkte er ein Licht, das vor dem Fenster seiner Kammer strahlte, als wäre der Mond zu spät über den Klippen aufgegangen. Doch Evagh wusste, dass der Mond zu jener Zeit nur eine dünne Sichel war, die mit dem Abend versank. Es schien, als käme das Licht aus dem Norden, so fahl und kalt wie Eisesfeuer, und als er ans Fenster trat, sah er einen breiten Strahl, der übers Meer reichte und vom verborgenen Pol zu kommen schien. In diesem Licht wirkten die Felsen blasser als Marmor, der Sand weißer als Meersalz und die Katen der Fischer wie gekalkte Grabmäler. Der ummauerte Garten Evaghs wurde von dem Strahl voll erfasst, und alles Grün wich aus dem Laub, und die Blüten waren wie Blumen aus Schnee. Und der Strahl fiel auf die untere Mauer seines Hauses, ließ die obere Kammer, aus welcher er hinaussah, jedoch noch im Schatten.

Er glaubte, der Strahl käme aus einer fahlen Wolke über dem Rand des Meeres oder aber von einem weißen Gipfel, der sich in den Nachthimmel erhob, doch er wusste es nicht sicher. Er sah zu, wie der Schein immer höher in den Himmel stieg, an seiner Wand aber nicht hinaufkletterte. Als er umsonst die Bedeutung dieses Mysteriums zu erfassen suchte, hörte er in der Luft, die ihn umgab, eine süße und zauberhafte Stimme. Und diese Stimme, die in einer unbekannten Zunge sprach, beschwor eine Rune des Schlafes. Und Evagh konnte dieser Rune nicht widerstehen, und ihn überkam ein solch tiefer Schlaf, wie er den erschöpften Wächter im Schnee befällt.

Mit steifen Gliedern erwachte er im Morgengrauen, erhob sich vom Boden, auf dem er gelegen hatte, und wurde Zeuge eines sonderbaren Schauspiels. Denn siehe, im Hafen erhob sich ein Eisberg, wie noch kein Schiff ihm im Norden begegnet war und von dem keine Legende der Völker der finsteren Inseln Hyperboreas kündete. Er nahm den ganzen Hafen ein, von einem Strand zum anderen, und erwuchs zu einer unermesslichen Größe. Dieser Eisberg war versehen mit unzähligen Steilabbrüchen und Klippen, und sein Gipfel erhob sich in den Himmel, weit über dem Hause Evaghs. Er war höher als der gefürchtete Berg Achoravomas, der feurige Ströme und flüssiges Gestein von sich gibt, die sich unlöschbar durch Tscho Vulpanomi wälzen, bis sie das südliche Meer erreichen. Er war steiler als der Berg Yarak, der sich am Nordpol erhebt, und von seiner Spitze fiel ein fahler

Schimmer auf das Meer und das Land. Tödlich und schrecklich war dieser Schimmer, und Evagh wusste, dass dies das Licht war, welches er in der Finsternis gesehen hatte.

Wegen der Kälte, welche die Luft erfüllte, vermochte er kaum zu atmen, und das Licht des gewaltigen Eisbergs blendete seine Augen mit außerordentlichem Strahlen. Und doch nahm er etwas Merkwürdiges wahr: Die Strahlen fielen ungerade auf beide Seiten seines Hauses, und die im Erdgeschoss liegenden Kammern, in denen Ratha und Ahilidis ruhten, wurden nicht mehr von dem Licht berührt wie noch in der Nacht. Und auf dem Haus selbst lagen nur die frühen Strahlen der Sonne und die Schatten des Morgens.

An der Küste unter ihm sah er die verkohlten Überreste der gestrandeten Galeere, und inmitten dieser die weißen Toten, denen das Feuer nichts hatte anhaben können. Und überall auf dem Sand und den Felsen lagen oder standen regungslos die Fischer, als wären sie aus ihren Verstecken gekrochen, um das fahle Licht zu betrachten und von ihm in magischen Schlaf versetzt zu werden. Und der Hafen und die gesamte Küste sowie der Garten Evaghs, bis hin zur Schwelle seines Hauses, sahen aus, als wären sie mit dickem Frost bedeckt.

Wieder gedachte er der Prophezeiung Liths, und mit düsterer Ahnung stieg er hinab ins Erdgeschoss. Dort wandten am nördlichen Fenster der Knabe Ratha und die alte Vettel Ahilidis ihre Gesichter dem Lichte zu. Steif standen sie da, die Augen weit geöffnet, und bleicher Schrecken lag in ihren Blicken, und über ihnen lag der weiße Tod, dem bereits die Mannschaft der Galeere erlegen war. Und als er sich ihnen näherte, wurde der Magier durch die grausige Kälte, die von ihren Leibern ausging, zurückgehalten.

Er wäre aus dem Haus geflohen, da er wusste, dass seine Magie hier völlig machtlos war – doch ihm wurde bewusst, dass in den Strahlen des Eisbergs der Tod lag, und hätte er das Haus verlassen, wäre er notgedrungen dem tödlichen Licht ausgesetzt gewesen. Und ihm wurde auch bewusst, dass einzig er von allen Anwohnern der Küste dem Tod entronnen war. Er konnte den Grund dafür nicht erraten, doch schließlich hielt er es für das Beste, geduldig und furchtlos abzuwarten, was geschehen würde.

Er kehrte in sein Gemach zurück und beschäftigte sich mit Beschwörungsformeln. Doch seine vertrauten Geister waren in der Nacht verschwunden und hatten die Winkel, die sie bewachen sollten, verlassen. Kein Geist, weder der eines Menschen noch der eines Dämons, gab Antwort auf seine Fragen. Und auf keinerlei Weise, die Zauberern bekannt ist, vermochte er etwas über den Eisberg zu erfahren oder erlangte auch nur die leiseste Ahnung von dessen Geheimnis.

Als er sich mit seinen wirkungslosen Zaubersprüchen plagte, spürte er auf seinem Gesicht den Hauch eines Windes, der nicht aus Luft bestand, sondern aus einem feineren und selteneren Element, das kalt war wie Mondäther. Er konnte nicht mehr atmen, und mit unaussprechlichen Schmerzen fiel er zu Boden. Er befand sich in einer wachen Ohnmacht, die dem Tode ähnelte. Er nahm halbwegs die Stimmen wahr, die unbekannte Flüche sprachen. Unsichtbare Finger berührten ihn mit eisigen Stichen, und über ihm pulsierte ein trübes Licht wie eine Gezeit der Ebbe und Flut. Dieses Licht war all seinen Sinnen unerträglich, doch es wurde langsam heller und verlosch nur noch kurzzeitig, und bald hatten seine Augen und sein Fleisch sich so weit daran gewöhnt, dass er es zu ertragen vermochte. Nun drang das Licht des Eisbergs mit aller Kraft durch die nördlichen Fenster, und ihm war, als betrachtete ihn ein gewaltiges Auge aus diesem Licht heraus. Er wollte aufstehen, um sich diesem Auge zu stellen, doch die Ohnmacht lähmte ihn weiterhin.

Danach schlief er für eine Weile. Als er erwachte, fand er in allen Gliedern die gewohnte Kraft und Gewandtheit. Das sonderbare Licht war noch immer über ihm und füllte sein Gemach aus, und als er aus dem Fenster blickte, wurde er Zeuge eines weiteren Wunders. Denn siehe, sein Garten und die Felsen und der Sand darunter waren nicht mehr sichtbar. Statt ihrer umgaben gewaltige Eisflächen sein Haus und riesige Gipfel erhoben sich wie die breiten Türme einer Festung. Jenseits des Eises sah er das Meer, das weit entfernt war, und jenseits des Meeres zeichnete sich undeutlich und dunkel ein Küstenstreifen ab.

Evagh wurde nun von Entsetzen ergriffen, denn er erkannte in alledem das Werk eines allumfassenden Zaubers, der die Macht sterblicher Magier weit übertraf. Denn es war ersichtlich, dass sein hohes Haus aus Granit nicht länger an der Küste von Mhu Thulan stand, sondern sich nun auf einer der höchsten Spitzen des Eisberges erhob. Zitternd ging er in die Knie und betete zu den Alten Wesen, die in verborgenen und unterirdischen Kavernen hausen und unter dem Meer oder in überweltlichen Räumen leben. Und noch während er das tat, hörte er ein lautes Klopfen an seiner Tür.

Voller Furcht und Verwirrung erhob er sich und öffnete. Vor ihm standen zwei Männer – oder Geschöpfe, die wie Männer aussahen. Beide hatten merkwürdige Gesichter und sehr helle Haut. Sie trugen als Mäntel den mit Runen geschmückten Stoff der Zauberer. Diese Runen waren ungeschlacht ausgeführt und fremd, doch als die Männer ihn ansprachen, verstand er ihre Rede recht gut, denn es war ein Dialekt der Inseln Hyperboreas.

»Wir dienen jenem, dessen Ankunft der Prophet Lith vorhersagte«, sprachen sie. »Aus einem Gebiet jenseits der Grenzen des Nordpols kam er in seiner schwimmenden Festung, dem Eisberg Yikilth, um die Meere der Welt zu bereisen und mit eisigen Stürmen die schwächlichen Völker der Menschheit heimzusuchen. Uns allein von allen Einwohnern der großen Insel Thulask hat er verschont und auf Yikilth aufgenommen, um mit ihm das Meer zu bereisen. Er hat unser Fleisch abgehärtet, um der Rauheit seiner Wohnstatt standzuhalten, und machte die Luft für uns atembar, die kein Sterblicher atmen kann. Auch dich hat er verschont und durch seinen Zauber an die Kälte und den dünnen Äther Yikilths gewöhnt. Heil, o Evagh, den wir durch dieses Zeichen als großen Magier erkennen, denn nur die mächtigsten Hellseher werden dazu auserwählt.«

Evagh war sehr verwirrt, doch da er nun wusste, dass er es mit Männern wie ihm selbst zu tun hatte, stellte er den zwei Zauberern von Thulask viele Fragen. Ihre Namen waren Dooni und Ux Loddhan, und sie waren kundig in den Lehren der alten Götter. Der Name ihres Herrn war Rlim Shaikorth und er wohnte im höchsten Gipfel des Eisberges. Sie sagten Evagh nichts von dem Wesen und den Gaben Rlim Shaikorths, und was ihren Dienst an diesem Geschöpf betraf, so bekannten sie nur, dass sie ihn wie einen Gott verehrten und alle Bande mit den Menschen verworfen hatten. Und sie sagten Evagh, dass er mit ihnen vor Rlim Shaikorth treten solle, um den angemessenen Ritus der Unterwerfung auszuführen und die Fessel der endgültigen Entfremdung anzunehmen.

Und so ging Evagh mit Dooni und Ux Loddhan, und sie führten ihn auf einen gewaltigen Gipfel aus Eis, der sich der fahlen Sonne entgegenstreckte, ohne zu schmelzen, und der alle anderen Gipfel auf der Bergspitze überragte. Der Gipfel war hohl, und nachdem sie Stufen aus Eis erstiegen hatten, kamen sie schließlich zur Kammer von Rlim Shaikorth, einer kreisförmigen Kuppel, in deren Mitte ein runder Block stand, der ein Podest darstellte. Und auf diesem Podest lag jenes Wesen, dessen Ankunft der Prophet Lith in dunklen Worten vorhergesagt hatte.

Beim Anblick dieses Wesens setzte Evaghs Herz einen Augenblick lang vor Schreck aus, und auf diesen Schreck folgte rasch ein Übermaß an Ekel. Auf der ganzen Welt gab es nichts, das Rlim Shaikorth an Widerwärtigkeit gleichkam. Er glich einem dicken weißen Wurm, doch sein Umfang war größer als der eines See-Elefanten. Sein halb zusammengerollter Schwanz war so dick wie der mittlere Teil seines Leibes, und sein Vorderteil erhob sich vom Podest in Form einer weißen runden Scheibe, auf welcher undeutlich die Züge eines Antlitzes zu sehen waren, welches weder das eines Landtieres noch das einer Kreatur des Meeres war. Und inmitten dieses Gesichtes krümmte sich unsauber von einer Seite der Scheibe zur anderen ein Maul, das sich unablässig öffnete und schloss und eine bleiche Höhle ohne Zunge und Zähne enthüllte. Die Augenhöhlen Rlim Shaikorths lagen nahe beisammen und zwischen ihnen befanden sich die flachen Nüstern. In diesen Höhlen saßen keine Augen, sondern es erschienen darin immer wieder Kugeln einer blutfarbenen Flüssigkeit in der Form von Augäpfeln, und ständig barsten diese Kugeln und tropften vor das Podest. Und vom eisigen Boden des Kuppelsaales erhoben sich zwei Säulen wie Stalagmiten, scharlachrot und dunkel wie gefrorenes Blut, und diese Säulen waren durch das stete Tropfen der Kugeln entstanden.

Dooni und Ux Loddhan warfen sich vor diesem Wesen zu Boden, und Evagh hielt es für angebracht, ihrem Beispiel zu folgen. Als er mit dem Gesicht auf dem Eise lag, hörte er das Fallen der roten Tropfen, als wären es gewaltige Tränen, und dann schien in der Kuppel über ihm eine Stimme zu sprechen, und diese Stimme klang wie ein verborgener Wasserfall in einem höhlenreichen Eisberg.

»Höre, o Evagh«, sagte die Stimme. »Ich habe dich von dem Schicksal deiner Mitmenschen ausgenommen und dich zu einem gemacht, der leben kann im Reich der Kälte und atmen in diesem Abgrund ohne Luft. Unermessliche Weisheit soll dein sein, und Meisterschaft jenseits der Kunst der Sterblichen, wenn du mich nur anbetest und mein Knecht wirst. Mit mir sollst du die Königreiche des Nordens bereisen und die grünen Inseln des Südens, und du sollst sehen, wie das weiße Licht des Todes von Yikilth auf sie herabfällt. Unsere Ankunft soll ewigen Frost in ihre Gärten bringen und dem Fleisch der Menschen das Siegel jenes Abgrundes aufdrücken, dessen Kälte die glühendsten Sterne erblassen lässt und den Kern der Sonne mit Raureif bedeckt. All dies sollst du sehen als einer der Herren des Todes, erhaben und unsterblich, und schließlich wirst du mit mir in jene Welt jenseits des äußersten Pols zurückkehren, wo mein ewiges Reich liegt. Denn ich bin der, dessen Ankunft nicht einmal die Götter verhindern können.«

Nun, da er sah, dass er keine Wahl hatte, zeigte Evagh sich willens, dem fahlen Wurm Verehrung und Dienst zu geloben. Er folgte den Anweisungen von Dooni und Ux

Loddhan und vollführte den siebenfachen Ritus, der an dieser Stelle nicht wiedergegeben werden kann, und gelobte den dreifachen Eid unaussprechlicher Leibeigenschaft.

Danach segelte er viele Tage und Nächte mit Rlim Shaikorth die Küste von Mhu Thulan entlang. Sonderbar war diese Art des Reisens, denn es schien, dass der große Eisberg durch die Zauberkraft des Wurmes gelenkt wurde, die jeden Wind und jede Flut unterwarf. Und immerzu, bei Tag und bei Nacht, erstrahlte das kalte Licht von Yikilth wie das Leuchten eines tödlichen Signalfeuers. Stolze Galeeren wurden auf ihrer Flucht gen Süden eingeholt und ihre Mannschaften am Ruder getötet, und oftmals verschluckten die neuen Eismassen, die sich täglich um jenen stets größer werdenden Berg bildeten, die Schiffe.

Die prächtigen Hafenstädte Hyperboreas, erfüllt vom Seehandel, erstarben bei der Ankunft Rlim Shaikorths. Tot waren die Straßen und Kais, tot die Schiffe im Hafen, wenn das fahle Licht kam und ging. Bis weit ins Land fielen die Strahlen und brachten den Feldern und Gärten den Pesthauch arktischen Winters. Die Wälder gefroren, und die Tiere darin wurden zu Marmor, sodass Männer, die noch lange danach in jene Gegend kamen, den Elch, den Bären und das Mammut in allen Gesten des Lebens erstarrt vorfanden. Doch der Zauberer Evagh, der auf Yikilth lebte, spürte nichts von dem eisigen Tod. Er saß in seinem Haus oder wanderte auf dem Berg und war sich keiner Kälte bewusst, die größer war als jene, die in den Schatten des Sommers lauert.

Nun begleiteten außer Dooni und Ux Loddhan, den Magiern von Thulask, noch fünf weitere Zauberer Evagh auf dieser Reise, die Rlim Shaikorth auserwählt hatte. Auch diese waren der Kälte Yikilths angepasst worden, und ihre

Häuser waren durch einen unbekannten Zauber auf den Eisberg versetzt worden. Es waren dies fremdartige und ungehobelte Männer, die Polarier genannt wurden und von Inseln stammten, die dem Pol noch näher waren als das große Reich Thulask. Evagh verstand nur wenig von ihren Sitten, und ihre Magie war ihm fremd, ihre Rede unverständlich. Auch die Thulaskaner kannten ihre Sprache nicht.

Täglich fanden die acht Magier auf ihren Tafeln alles, was der Mensch zur Nahrung braucht, doch sie wussten nicht, auf welche Art die Speisen herbeigeschafft wurden. Alle waren sie vereint in der Anbetung des weißen Wurms, und sie alle, so schien es, waren bis zu einem gewissen Maß zufrieden mit ihrem Los, und sie waren erpicht auf jene überirdische Weisheit und Macht, die der Wurm ihnen versprochen hatte. Doch Evagh verspürte Unbehagen in seinem Herzen und rebellierte insgeheim gegen die Ketten, die ihn an Rlim Shaikorth banden, und er wurde von Ekel erfüllt, wenn er sah, wie der Fluch Yikilths sich immer weiter auf liebliche Städte und fruchtbare Küsten erstreckte. Voller Reue sah er, wie das blumenreiche Cerngoth vernichtet wurde und wie das Eis des Nordens in die gedrängten Straßen Leqquans hinabstieg und wie der weiße Frost die Gärten und Haine des zur See gelegenen Tales von Aguil verheerte. Und Kummer breitete sich in seinem Herzen aus, als er die Schaluppen der Fischer und die Biremen des Handels und des Krieges sah, die nach der Zusammenkunft mit Yikilth unbemannt im Meere trieben.

Immer weiter südwärts segelte der große Eisberg und brachte seinen tödlichen Winter in Länder, in denen die Sommersonne hoch am Himmel stand. Und Evagh behielt seine Gefühle für sich und folgte in jeder Hinsicht dem

Beispiel Doonis und Ux Loddhans und der anderen. Zu Zeitpunkten, die vom Stand der Polarsterne bestimmt wurden, stiegen die acht Hellseher hinauf in die Kammer, wo Rlim Shaikorth seit Urzeiten lebte, halb zusammengerollt auf seinem Podest aus Eis. Dort zollten sie ihm die verlangte Anbetung in einem Ritual, dessen Kadenzen mit dem Fallen jener Tränenaugen übereinstimmten, die der Wurm weinte, und ihr Kniefall war dem Öffnen und Schließen seines Mauls angepasst. Manchmal schwieg der Wurm, und manchmal sprach er zu ihnen und erneuerte in verschleiernden Worten die Versprechen, die er ihnen gegeben hatte. Und Evagh erfuhr von den anderen, dass der Wurm bei abnehmendem Mond immer eine Zeit lang schlief, und nur zu dieser Zeit fielen keine blutigen Tränen, und nur dann hielt das Maul in seiner endlos gleichförmigen Bewegung inne.

Bei der dritten Durchführung der Anbetungsriten geschah es, dass nur sieben Zauberer zum Turm hochstiegen. Evagh, der nachzählte, erkannte, dass der fehlende Mann einer der fünf Fremden war. Später befragte er Dooni und Ux Loddhan darüber und versuchte auch, von den vier Nordlingen etwas zu erfahren, doch es schien, dass das Los des fehlenden Hellsehers für sie alle ein Rätsel darstellte. Von da an hörte und sah man nichts mehr von ihm, und Evagh, der lange und tief nachdachte, war irgendwie beunruhigt. Denn während der Zeremonie in der Turmkammer hatte er den Eindruck gewonnen, als wäre der Wurm wuchtiger von Gestalt als je zuvor.

Heimlich fragte er, wovon Rlim Shaikorth sich denn nähre. Dies stiftete viel Verwirrung und Zweifel, denn Ux Loddhan behauptete, der Wurm nähre sich einzig von den Herzen der weißen Polarbären, während Dooni schwor, dass seine rechte Speise die Leber eines Wales sei. Doch ihres Wissens hatte der Wurm während ihres Bleibens auf Yikilth nichts gegessen, und beide waren der Ansicht, dass die Zeiten, in denen er nicht aß, länger währten als die jedes irdischen Geschöpfs und sich nicht in Stunden und Tagen, sondern in Jahren messen ließen.

Noch immer verfolgte der Eisberg seinen Kurs und wuchs immer höher der Sonne entgegen. Zu dem Zeitpunkt, den die Sterne festgelegt hatten, dem Vormittag jedes dritten Tages, versammelten die Zauberer sich in Rlim Shaikorths Gegenwart. Zu ihrer aller Verwunderung betrug ihre Zahl irgendwann nur noch sechs, und der fehlende Hellseher war wiederum einer der Fremden. Und der Wurm hatte erneut an Größe zugenommen, und das Wachstum war sichtbar an der Verdickung des ganzen Leibes, vom Kopf bis zum Schwanz.

Die sechs, die all dies für ein schlechtes Vorzeichen hielten, wandten sich flehentlich an den Wurm und baten ihn in ihrer jeweiligen Sprache, ihnen das Los ihrer abwesenden Gefährten zu enthüllen. Und der Wurm antwortete ihnen, und seine Rede war verständlich für Evagh und Ux Loddhan und Dooni und die drei Nordlinge, die alle glaubten, sie hätten ihn in seiner eigenen Sprache angesprochen.

»Dies ist ein Geheimnis, das euch allen nach und nach offenbart werden wird. Wisset dies: Die zwei, die verschwunden sind, sind noch immer hier, und sie werden ebenso wie ihr an der überweltlichen Weisheit und Macht Rlim Shaikorths teilhaben, wie ich es euch versprach.«

Nachdem sie den Turm verlassen hatten, erörterten Evagh und die beiden Thulaskaner die Bedeutung dieser Antwort. Evagh behauptete, diese Bedeutung sei eine unheilvolle, denn in Wahrheit seien ihre fehlenden Gefährten nur im

Bauch des Wurms anwesend, doch die anderen meinten, diese Männer hätten eine mystische Umwandlung erfahren und seien nun den Blicken und Ohren der Menschen enthoben. Sogleich begannen sie sich mit Gebeten und Askese vorzubereiten, denn sie erwarteten nun eine erhabene Apotheose, die sie bald ereilen würde. Doch Evagh war noch immer von Furcht erfüllt, denn er konnte den zweideutigen Schwüren des Wurmes keinen Glauben schenken, und Zweifel befielen ihn weiterhin.

Er versuchte, seine Zweifel zu verdrängen und eine Spur der verschwundenen Polarier zu finden. Er suchte den gewaltigen Eisberg ab, auf dessen Zinnen sein eigenes Haus und jene der anderen Hellseher wie kleine Fischerhütten an Meeresklippen hingen. Die anderen wollten ihn auf dieser Suche nicht begleiten, da sie fürchteten, den Unmut des Wurmes auf sich zu ziehen. Ungehindert streifte Evagh von einem Rande Yikilths zum anderen, als ginge er durch eine Landschaft voller Hügel und Berge, und er kletterte auf gefährliche Steilhänge und stieg hinab in tiefe Gletscherspalten und Kavernen, wo die Sonne nicht hinreichte und es kein Licht gab, außer dem merkwürdigen Glanz jenes unirdischen Eises. In die Wände wie in unterirdische Gesteinsschichten eingeschlossen waren Wohnstätten, wie Menschen sie nicht hätten bauen können, und Schiffe, die in andere Zeiten oder andere Welten zu gehören schienen, und kein Geist und kein Schatten antwortete auf die nekromantischen Beschwörungen, die er vor sich hin murmelte, während er an den Spalten und Kammern vorbeiging.

Und so war Evagh noch immer besorgt wegen des Verrates des Wurms, und er beschloss, in der Nacht vor dem nächsten Ritus der Verehrung wach zu bleiben, und vor Anbruch dieser Nacht versicherte er sich, dass die anderen fünf Hellseher sich allesamt in ihren Häusern befanden. Nachdem er das getan hatte, ging er daran, ohne Unterbrechung die Pforte von Rlim Shaikorths Turm zu beobachten, die von seinem Fenster aus deutlich sichtbar war.

Unheimlich und frostig schimmerte der Berg in der Finsternis, denn das Eis strahlte stets ein Licht aus wie das gefrorener Sterne. Der Mond, der nicht mehr ganz voll war, ging früh über dem östlichen Meer auf. Doch Evagh, der an seinem Fenster bis Mitternacht Wache hielt, sah nichts und niemanden den großen Turm verlassen oder betreten. Um Mitternacht überfiel ihn plötzlich Müdigkeit, so als hätte er mit Opium versetzten Wein getrunken, und er konnte seine Wacht nicht mehr fortsetzen, sondern schlief tief und fest den Rest der Nacht hindurch.

Am folgenden Tag waren es nur noch vier Zauberer, die sich in der Eiskuppel versammelten und Rlim Shaikorth ihre Ehrerbietung erwiesen. Und Evagh sah, dass zwei weitere der Fremden, Männer von großem Körperumfang und kleinerer Gestalt als ihre Gefährten, fehlten.

So verschwanden in den Nächten vor der Anbetungszeremonie Evaghs Begleiter einer nach dem anderen. Der letzte der Polarier war als Nächstes an der Reihe, und Evagh ging allein mit Ux Loddhan und Dooni zum Turm; dann gingen nur noch Evagh und Ux Loddhan.

Und täglich wuchs Evaghs Entsetzen, denn er wusste, dass seine Stunde näher rückte, und er wollte sich von den hohen Wällen Yikilths ins Meer stürzen, um zu fliehen, hätte Ux Loddhan sein Vorhaben nicht erraten und ihn gewarnt, dass kein Mensch, der an die Kälte und den dünnen Äther gewöhnt worden sei, je wieder in der Wärme der Sonne und der Luft der Erde leben könne. Und Ux Loddhan schien sein Schicksal nicht zu kümmern, denn er sprach dem stetig wachsenden Leib des weißen Wurmes und dem Verschwinden der Zauberer eine esoterische Bedeutung zu.

Und so geschah es, als der Mond abgenommen hatte und verschwunden war, dass Evagh voller Angst und Ekel zögerlichen Schrittes vor Rlim Shaikorth trat. Und als er mit gesenktem Haupt den Kuppelsaal betrat, sah er, dass er der einzige Verehrer war.

Eine lähmende Furcht umfing ihn, als er seine Huldigung darbrachte, und er wagte es kaum, den Kopf zu heben und den Wurm zu betrachten. Doch bald, als er die üblichen Kniefälle machte, fiel ihm auf, dass die roten Tränen Rlim Shaikorths nicht länger auf die scharlachfarbenen Stalagmiten fielen, und auch das Geräusch, das der Wurm durch das immerwährende Öffnen und Schließen seines Mauls erzeugte, war verstummt. Und als Evagh sich schließlich getraute, nach oben zu blicken, sah er die scheußlich geschwollene Masse des Ungeheuers, das so dick war, dass es über den Rand des Podestes hing. Und er sah, dass das Maul und die Augenhöhlen Rlim Shaikorths geschlossen waren, als schliefe er, und er erinnerte sich an die Worte der Zauberer von Thulask, dass der Wurm bei jedem verschwindenden Mond für eine Weile schlief, was Evagh in seiner äußersten Furcht und Sorge kurzzeitig vergessen hatte.

Nun war der Magier sehr verwirrt, denn die Riten, die er von seinen Gefährten gelernt hatte, konnten nur dann angemessen ausgeführt werden, wenn die Tränen Rlim Shaikorths fielen und sein Maul sich in gleichmäßigen Abständen öffnete und schloss und wieder öffnete. Und niemand hatte ihm beigebracht, welche Riten die richtigen waren, wenn der Wurm schlief. Und da er so voller Zweifel war, sagte er sanft: »Bist du wach, o Rlim Shaikorth?«

Zur Antwort glaubte er eine Vielzahl von Stimmen zu hören, die undeutlich aus der fahlen und geschwollenen Masse vor ihm drangen. Der Klang dieser Stimmen war auf sonderbare Weise gedämpft, doch er erkannte unter ihnen die Sprache von Dooni und Ux Loddhan, und da war auch ein dichtes Murmeln fremdländischer Worte, die Evagh als die Sprache der fünf Polarier erkannte. Und darunter hörte er – oder glaubte zu hören – zahllose gedämpfte Töne, die weder menschliche noch tierische Laute waren, noch von den Dämonen der Erde stammten. Und diese Stimmen wurden lauter und klagten wie unzählige Gefangene in einem tiefen Verlies.

Evagh lauschte in unbeschreiblichem Entsetzen, und bald wurde die Stimme Doonis über den anderen hörbar, und das mannigfache Klagen und Murmeln versiegte, als verstummte eine Menschenmenge, um ihrem Sprecher zuzuhören.

Und Evagh hörte die Worte Doonis, der sagte: »Der Wurm schläft, doch wir, die der Wurm verschlungen hat, sind wach. Auf schreckliche Weise hat er uns getäuscht, denn er drang des Nachts in unsere Häuser ein und verschlang unsere Leiber einen nach dem anderen, während wir unter dem Bann, den er gewoben hatte, schliefen. Er hat unsere Seelen verschlungen, wie er unsere Körper verschlang, und nun sind wir ein Teil Rlim Shaikorths, doch unser Dasein gleicht dem von Gefangenen in einem finsteren und widerlichen Kerker. Und während der Wurm wach ist, besitzen wir kein Bewusstsein, sondern gehen vollkommen auf im überirdischen Wesen Rlim Shaikorths.

So vernehme, o Evagh, die Wahrheit, welche wir aus unserer Verschmelzung mit dem Wurm erfahren haben. Er hat uns vor dem weißen Tod nur aus einem einzigen Grund gerettet, denn von allen Menschen können nur wir, die wir Zauberer höchster Kunstfertigkeit und Meisterschaft sind, das tödliche Eis und den atemlosen Abgrund überleben, und daher sind wir die beste Nahrung für Rlim Shaikorth und seinesgleichen.

Groß und schrecklich ist der Wurm, und den Ort, von dem er kommt und zu dem er zurückkehrt, kann kein Mensch sich im Traume vorstellen. Und der Wurm ist allwissend, nur weiß er nicht, dass jene, die er verschlungen hat, dann wachen, wenn er schläft. Doch der Wurm, der älter ist als alle Welten, ist nicht unsterblich, und es gibt eine Zeit, da man ihn verletzen kann. Derjenige, der diese Zeit und die Art seiner Verwundbarkeit kennt und tapfer genug ist, kann ihn ohne Mühe niederstrecken. Und die Zeit dafür ist die Zeit seines Schlummers. Daher beschwören wir dich jetzt beim Glauben der Alten, das Schwert, welches du unter deinem Mantel trägst, zu ziehen und in die Seite Rlim Shaikorths zu treiben, denn auf diese Art kann man ihn töten.

Einzig auf diese Weise, o Evagh, kann die Verbreitung des fahlen Todes ein Ende finden, und einzig so können wir, deine magischen Brüder, aus unserer blinden Knechtschaft und Einkerkerung befreit werden, und mit uns viele andere, die der Wurm in früheren Zeiten und fernen Welten betrogen und verschlungen hat. Und einzig so kannst du dem bleichen und widerlichen Maul des Wurms und dem Schicksal entrinnen, als Geist unter Geistern in der unheilvollen Schwärze seines Bauches zu verweilen. Doch wisse dies: Der Rlim Shaikorth niederstreckt, muss dabei selbst zugrunde gehen.«

Evagh, der gänzlich erstaunt war, stellte Dooni Fragen, auf die dieser bereitwillig antwortete. Und oft meldete sich auch die Stimme von Ux Loddhan, und manchmal hörte er unverständliches Murmeln oder Schreien von den anderen Schemen. Viel lernte Evagh über die Herkunft und das Wesen des Wurmes, und er erfuhr das Geheimnis von Yikilth und die Weise, wie Yikilth die Buchten der Arktis verlassen hatte, um die Meere der Welt zu bereisen. Je mehr er hörte, desto mehr wuchs seine Abscheu, obgleich dunkle Magie und Teufelsbeschwörung schon lange sein Fleisch und seine Seele verhärtet hatten und er den gewöhnlichen Schrecken gegenüber abgestumpft war. Doch das, was er nun erfuhr, kann hier nicht wiedergegeben werden.

Schließlich breitete sich in der Kuppel Stille aus, da der Wurm fest schlief, und Evagh hatte keine Fragen mehr an Doonis Geist. Und jene, die gemeinsam mit Dooni gefangen waren, schienen im Schweigen des Todes zu verharren und ihn zu beobachten.

Da zögerte Evagh, der ein harter und entschlossener Mann war, nicht länger, sondern zog sein kurzes Bronzeschwert aus der Elfenbeinscheide, die er stets an seinem Gürtel trug. Er näherte sich dem Podest und stieß die Klinge in die angeschwollene Masse Rlim Shaikorths. Die Klinge glitt mühelos hinein, als hätte er eine gewaltige Blase zerstochen, und der Stoß endete nicht einmal am breiten Knauf. Evaghs rechte Hand verschwand völlig in der Wunde.

Er bemerkte kein Zucken oder Beben des Wurmes, doch aus der Wunde strömte plötzlich eine schwarze Flüssigkeit, so schnell, dass sie Evagh das Schwert aus den Händen riss. Die Flüssigkeit war weitaus heißer als Blut und gab merkwürdige Dämpfe von sich, als sie sich über Evaghs Arme ergoss und sein Gewand besudelte. Rasch war das Eis zu seinen Füßen überflutet, doch noch immer strömte die Flüssigkeit wie aus einem unerschöpflichen Quell der Fäulnis und breitete sich überall in Pfützen und Rinnsalen aus, die ineinanderflossen.

Evagh wollte fliehen, doch die immer höher steigende schwarze Flut reichte schon über seine Fußknöchel, als er die Treppe erreichte, die sich in einen reißenden Wasserfall wie in einer steilen Höhle verwandelt hatte. Heißer und heißer wurde die Flüssigkeit, kochte und warf Blasen, und der Strom wurde heftiger und riss an ihm gleich heimtückischen Händen. Er hatte Furcht, die Treppe zu benutzen, und es gab auch keine Stelle im Kuppelsaal mehr, auf die er hätte klettern können. Er wandte sich um und kämpfte darum, in der Flut auf den Füßen zu bleiben, und sah durch die stinkenden Dämpfe hindurch undeutlich die Masse Rlim Shaikorths auf dem Podest. Wie durch Zauberhand hatte die Wunde sich erweitert, und ein Strom ergoss sich daraus wie Wasser aus einem gebrochenen Damm und umwogte das Podest. Und doch, wie um einen weiteren Beweis für die überirdische Natur des Wurmes zu liefern, *verringerte seine Masse sich dadurch keineswegs.* Und noch immer ergoss die schwarze Flüssigkeit sich in finsterer Flut und stieg bis zu Evaghs Knien, und die Dämpfe schienen die Gestalt unzähliger Schemen anzunehmen, die sich auf sonderbare Weise ineinander verwoben und wieder trennten, als sie an Evagh vorbeizogen. Dann, als er an der Treppe den Halt verlor, wurde er hinweggefegt und stürzte auf den Stufen aus Eis in den Tod.

An jenem Tag erblickten die Mannschaften einiger Handelsgaleeren auf dem Meer östlich von Hyperborea etwas Unglaubliches. Denn siehe, als sie nach Norden fuhren, auf der Rückreise von den weit entfernten Inseln im Ozean mit einem Wind, der ihre Ruderer unterstützte, sichteten sie am späten Vormittag einen ungeheuren Eisberg, dessen Gipfel und Klippen sich wie ein Gebirge erhoben. Der Eisberg erstrahlte in unheimlichem Licht, und von dem höchsten Gipfel ergoss sich eine tintenschwarze Flut, und all die eisigen Klippen darunter waren überflutet von Sturzbächen und Strömen derselben Schwärze, die wie kochendes Wasser dampfte, als sie ins Meer floss. Und das Meer um den Berg war im weiten Umkreis bewölkt und gestreift wie vom dunklen Saft des Tintenfischs.

Die Matrosen fürchteten sich näher zu kommen, doch voll Erstaunen und Verwunderung ließen sie die Ruder ruhen und beobachteten den Berg. Und der Wind ließ nach, sodass die Galeeren den ganzen Tag über in Sichtweite trieben. Sie sahen, wie der Berg rasch kleiner wurde und schmolz, als würde ein unsichtbares Feuer ihn verzehren, und die Luft war sonderbar warm, ebenso das Wasser um ihre Schiffe. Klippe um Klippe wurde das Eis zu Rinnsalen, und größere Teile fielen mit gewaltigem Platschen ab, und schließlich brach der Gipfel in sich zusammen, doch noch immer ergoss sich die Schwärze wie aus einer unermesslichen Quelle. Zuweilen glaubten die Zuschauer, Häuser zu sehen, die zusammen mit den Eisstücken ins Meer stürzten, doch sie waren sich der aufsteigenden Dämpfe wegen nicht sicher. Als die Sonne unterging, war der Berg bis auf die Größe einer gewöhnlichen Eisscholle geschmolzen, und doch wurde er noch immer von dem schwarzen Strom bedeckt, und schließlich sank er unter die Wellen, und das sonderbare Licht verlosch. Danach – denn die Nacht war mondlos – gab es nichts mehr zu sehen, und eine starke Brise aus dem Süden regte sich, und im Morgengrauen trug das Meer keinerlei Spuren mehr.

Über die oben erzählten Begebenheiten haben sich viele unterschiedliche Legenden in Mhu Thulan und den äußersten Königreichen und Inselgruppen Hyperboreas verbreitet, selbst bis zum südlichsten Eiland Oszhtror. Die Wahrheit liegt nicht in diesen Legenden, denn kein Mensch kannte vordem die Wahrheit. Doch ich, der Zauberer Eibon, der ich durch meine nekromantischen Künste den wandernden Schemen Evaghs beschwor, habe von ihm die wahrhaftige Geschichte der Ankunft des Wurmes erfahren. Und ich habe sie in meinem Buch niedergeschrieben, wobei ich alles ausließ, was für die Schwäche und Vernunft der Sterblichen gefährlich ist. Und diesen Bericht werden Menschen lesen, ebenso vieles andere der alten Lehre, in Zeiten lange nach der Ankunft und der Schmelze des Großen Gletschers.

Die Epiphanie des Todes

H. P. Lovecraft gewidmet

Es fällt mir besonders schwer, die genaue Natur jener Empfindung in Worte zu fassen, welche Tomeron immerwährend in mir hervorgerufen hat. Allerdings bin ich mir gewiss, dass dieses Gefühl nie, zu keiner Zeit, jenes enthielt, was gemeinhin Freundschaft geheißen wird. Es war eine Zusammensetzung aus ungewöhnlichen ästhetischen und intellektuellen Elementen – in meinen Gedanken irgendwie eng verbunden mit derselben Faszination, welche mich von Kindesbeinen an stets zu allen Dingen hingezogen hatte, die fern sind in Raum und in Zeit oder welche die unlösbare Dämmrigkeit des Alters an sich haben.

Irgendwie schien mir Tomeron nie der Gegenwärtigkeit anzugehören, doch hätte man sich leicht vorstellen können, wie er in einem vergangenen Zeitalter lebte. Ihn umgab so überhaupt nichts von jenen Zügen unserer eigenen Zeit, und er ging sogar so weit, dass er mit seinem Anzug eine Annäherung an jene vor mehreren Jahrhunderten getragenen Gewänder bewirkte. Sein Antlitz war äußerst bleich und leichenähnlich und er schritt stets weit nach vorn gebeugt vom Grübeln über alten Folianten und nicht minder alten Karten. Immerfort bewegte er sich mit dem langsamen, nachdenklichen Gang eines Menschen, welcher unter fernen Erinnerungen und Träumereien lebt. Er sprach oft von Leuten und Ereignissen und Ideen, die schon längst vergessen waren. Zum größten Teil war er eindeutig unaufmerksam allen Dingen der Gegenwart gegenüber, und ich spürte, dass für ihn die titanische Stadt Ptolemides, in welcher wir beide lebten, mit all ihrem vielfachen Lärm und Tumult kaum mehr war als ein Labyrinth aus bemalten Dämpfen.

Eine ebensolche Unbestimmtheit fand sich in der Haltung anderer Tomeron gegenüber. Obschon er immerfort, ohne infrage gestellt zu werden, als Repräsentant einer edlen und ansonsten ausgestorbenen Familie akzeptiert worden war, von welcher abzustammen er behauptete, schien doch nichts bekannt über seine tatsächliche Geburt und seine Ahnen. Mit zwei Dienern, beide taubstumm und sehr alt und gleichermaßen gewandet in die Bekleidung eines früheren Zeitalters, lebte er im nahezu verfallenen Herrenhaus seiner Vorfahren, wo, wie man munkelte, seit vielen Generationen niemand aus seiner Familie mehr gelebt hatte. Dort ging er den okkulten und dunklen Studien nach, welche seinem Verstand so angemessen waren, und dort pflegte ich ihn in gewissen Abständen zu besuchen.

An das genaue Datum sowie die Umstände des Auftakts meiner Bekanntschaft mit Tomeron vermag ich mich nicht mehr zu erinnern. Wenngleich ich einer robusten Ahnenlinie entstamme, welche wohlbekannt ist für ihre geistige Gesundheit, sind meine Fähigkeiten doch elendig erschüttert worden durch den Schrecken jenes Geschehens, mit welchem diese Bekanntschaft endete. Mein Gedächtnis ist nicht mehr das, was es früher einmal war, und es gibt gewisse Lücken, die zu verzeihen ich von meinen Lesern erbitte. Das einzige Wunder ist, dass meine Erinnerungskräfte überhaupt Bestand hatten unter der schrecklichen Bürde, welche ihnen aufgelastet wurde. Denn in einem mehr als metaphorischen Sinne bin ich wie jemand gewesen, der verdammt ist, zu allen Zeiten und an allen Orten die abscheulichen Nachtmahre von längst toten und modrigverfallenen Dingen zu ertragen.

Jedoch vermag ich mich leicht jener Studien zu erinnern, welchen Tomeron sich widmete: die vergessenen dämonischen Folianten von Hyperborea und Mu und Atlantis, mit denen seine Regale bis zur Decke hinan angehäuft waren, und die seltsamen Karten von Ländern, welche nicht auf der Oberfläche unseres Erdreichs gelegen, über denen er bei ständigem Kerzenschein brütete.

Nicht von diesen Studien werde ich sprechen, denn zu makaber und fantastisch würde dies klingen, um Glauben zu finden, und jenes, was ich zu berichten habe, ist an sich schon unglaublich genug. Jedoch werde ich von gewissen befremdlichen Gedanken sprechen, mit welchen Tomeron übervoll beschäftigt war und hinsichtlich deren er mir so oft Vorträge hielt in dieser ihm eigenen dunklen, gutturalen und monotonen Stimme, welche in ihren Tönen und Kadenzen den Widerhall nicht vermessener Höhlen in sich trug.

Er stellte die Behauptung auf, Leben und Tod seien nicht jene fest gefügten Zustände, für welche die Leute sie gemeinhin hielten; beide Bereiche seien auf oft nicht leicht zu unterscheidende Art miteinander verflochten und schattenhafte Grenzgebiete seien nur normal. Zudem seien die Toten nicht immerfort die Toten gewesen und auch die Lebenden nicht die Lebenden in der Art und Weise, wie solcherlei Begriffe üblicherweise verstanden würden.

Doch die Art und Weise, wie er von derlei Gedanken sprach, war äußerst nebulös und allgemein, und ich vermochte ihn niemals zu bewegen, seine Ansicht zu spezifizieren. Auch gelang es ihm nicht, eine konkrete Erläuterung zu bieten, welche sie einer Mentalität wie der meinen, die es nicht gewohnt war, mit den Spinnweben der Abstraktion umzugehen, verständlicher hätte machen können. Hinter seinen Worten schwebte – oder schwebte anscheinend – eine Legion dunkler amorpher Schemenbilder, die ich selbst bis zum schlussendlichen Ausgang unseres Abstiegs in die Katakomben von Ptolemides nie in irgendeiner Art und Weise formulieren oder schildern konnte.

Bereits erwähnt habe ich, dass mein Gefühl für Tomeron nie als Freundschaft hätte klassifiziert werden können. Doch sogar von Anfang an vermochte ich nur allzu gut zu spüren, dass Tomeron eine eigenartige Vorliebe für mich besaß – eine Vorliebe, deren Natur mir nicht begreiflich war und die ich schwerlich erwidern konnte. Obschon er mich jederzeit faszinierte, gab es Gelegenheiten zuhauf, bei denen mein Interesse nicht unvermengt war mit einem echten Gefühl des Ekels. Manches Mal war seine Blässe zu leichenhaft, zu sehr gemahnend an Pilze, welche im Dunkeln wucherten, oder an lepröse Knochen im Mondenschein. Das Gebeugtsein seiner Schultern übermittelte meinem Hirn die Botschaft, dass sie eine Bürde von Jahrhunderten trugen, welche kein Mensch durchlebt haben konnte. Immerfort weckte er eine gewisse heilige Scheu in mir, die oft von einer unbestimmbaren Furcht durchmischt war.

Mir ist nicht erinnerlich, wie lange unsere Bekanntschaft bestand, doch ich entsinne mich, dass Tomeron gegen Ende mit sich häufender Begeisterung von jenen bizarren Ideen sprach, welche ich andeutete. Immerzu hatte ich das Empfinden, dass er aus irgendeinem Grund beunruhigt war, denn oft betrachtete er mich mit einem traurigen Glanz in den Augen; und manchmal pflegte er mit seltsamer Betonung von jener großen Achtung zu sprechen, welche er für mich empfand.

Und eines Nachts sprach er zu mir: »Theolus, die Zeit kommt, da Ihr die Wahrheit erfahren müsst – mich erkennen müsst, wie ich bin, und nicht, wie ich habe scheinen dürfen. Es gibt ein Ende aller Dinge, und alle Dinge gehorchen unerbittlichen Gesetzen. Gern hätt' ich's, dass es anders wär, doch weder ich noch irgendein Mensch unter den Lebenden oder Toten vermag willentlich die Dauer eines Daseinszustandes zu verlängern oder jene Gesetze zu verändern, welche solcherlei Umstände bestimmen.«

Vielleicht war es gut, dass ich ihn nicht verstand und dass ich nicht imstande war, seinen Worten oder der eindringlichen Einzigartigkeit seines Verhaltens, als er sie aussprach, sonderlich viel Bedeutung beizumessen. Einige Tage später noch blieb mir jenes Wissen erspart, welches ich heute hüte.

Sodann sprach Tomeron eines Abends folgendermaßen: »Jetzt bin ich gezwungen, Euch um einen eigenartigen Gefallen zu bitten, welchen Ihr mir hoffentlich gewähren werdet in Anbetracht unserer langen Freundschaft. Dieser Gefallen ist, dass Ihr mich genau in dieser Nacht in jene Grabgewölbe meiner Familie geleiten werdet, welche in den Katakomben von Ptolemides gelegen sind.«

Obschon ich über diese Bitte beträchtlich überrascht und keinesfalls sehr erfreut war, vermochte ich sie ihm dennoch nicht abzuschlagen. Ich konnte mir den Zweck eines solchen

Besuchs, wie er ihn vorschlug, nicht vorstellen, doch wie es meine Gewohnheit war, hielt ich mich zurück, Tomeron auszufragen, und beschied ihm lediglich, ich würde ihn in die Gewölbe begleiten, wenn solches sein Begehr sei.

»Ich danke Euch, Theolus, für diesen Freundschaftsbeweis«, erwiderte er voller Ernst. »Glaubt mir, ich bitte ungern darum, doch gab es eine gewisse Täuschung, ein seltsames Missverständnis, welches nicht mehr andauern darf. Heute Nacht werdet Ihr die Wahrheit erfahren.«

Mit Fackeln bewaffnet, verließen wir Tomerons Haus und suchten die uralten Katakomben von Ptolemides auf, welche jenseits der Stadtmauern liegen und schon lange nicht mehr genutzt werden, denn es gibt jetzt eine ansehnliche Totenstadt genau im Herzen der Metropole. Der Mond war hinter der Wüste niedergegangen, die nach den Katakomben greift, und so waren wir gezwungen, unsere Fackeln zu entzünden, lange bevor wir zu den unterirdischen Stollen gelangten: Die Strahlen des Mars und des Jupiters an einem aufgedunsenen finsteren Himmel reichten nicht aus, jenen gefährlichen Pfad hell auszuleuchten, welchem wir zwischen Hügeln und umgestürzten Obelisken und aufgebrochenen Gräbern folgten. Schließlich gewahrten wir den düsteren und von Unkraut überwucherten Eingang der Gebeinhäuser. Hier ging Tomeron mit einer Schnelligkeit und Sicherheit des Schritts voran, die von langer Vertrautheit mit diesem Ort zeugten.

Als wir eintraten, befanden wir uns in einem bröckelig scheinenden Gang, in dem die Knochen zerfallener Skelette verstreut zwischen von Wänden und Decke herabgestürztem Geröll herumlagen. Ein würgender Gestank zäh stehender Luft und uralter Fäulnis ließ mich einen Augenblick lang innehalten, Tomeron jedoch schien dies kaum wahrzunehmen, schritt er doch weiter, die Fackel hochhaltend; und sodann winkte er mir, ihm nachzufolgen.

Zahlreiche Gewölbe durchmaßen wir, in denen schimmliges Gebein und grünspanzerfressene Sarkophage an den Wänden gestapelt oder dort verstreut lagen, wo schändende Diebe sie in vergangenen Jahren zurückgelassen hatten. Die Luft ward zunehmend dumpfig, kalt und krankheitserregend und verpestete Schemen hockten und schwankten vor unseren Fackeln in jeder Nische und Ecke. Auch wurden die Wände noch brüchiger, während wir weitergingen, und die Knochen, welche wir auf einer jeden Seite erspähten, waren grüner noch vom Schimmel der Zeit.

Schließlich umrundeten wir eine unvermittelt auftauchende Ecke des niedrigen Stollens, welchem wir folgten. Hier gelangten wir zu Grüften, welche offenbar einer edleren Familie gehörten, denn sie boten sich recht geräumig den Blicken dar, und in einer jeden Gruft gab es nur einen einzigen Sarkophag.

»Hier liegen meine Vorfahren und meine Familie«, verkündete Tomeron.

Wir erreichten das Ende der Höhle und sahen uns mit einer schlichten Mauer konfrontiert. Auf der einen Seite schloss sich die letzte Gruft an, in welcher ein leerer Sarkophag geöffnet stand. Er war aus feinster Bronze gearbeitet und reich verziert.

Tomeron verhielt mit dem Schritt vor dieser Gruft und wandte sich dann zu mir um. Im flackernden Schein glaubte ich einen Ausdruck seltsamer und unerklärlicher Qual aus seinem Gesicht abzulesen.

»Ich muss Euch bitten, Euch für einen Augenblick zurückzuziehen«, sagte er mit leiser und kummervoller Stimme. »Hernach könnt Ihr zurückkehren.«

Überrascht und verwundert leistete ich seiner Bitte Folge und schritt langsam den Weg ein Stück zurück. Sodann kehrte ich zu jener Stelle wieder, wo ich ihn verlassen hatte. Meine Überraschung wurde größer, als ich feststellte, dass er seine Fackel gelöscht und auf die Schwelle der letzten Gruft hatte fallen lassen.

Und Tomeron selbst war nirgendwo zu sehen.

Indem ich in die Gruft eintrat, da es anscheinend keinen anderen Ort gab, wo er sich versteckt haben konnte, sah ich mich um nach ihm, aber der Raum war leer. Zumindest hielt ich ihn für leer, bis ich abermals den reich verzierten Sarkophag ansah und mir gewahr wurde, dass er jetzt nicht mehr ohne Inhalt war – ein Leichnam lag darin, eingehüllt in ein Wickeltuch von jener Art, wie sie seit Jahrhunderten schon nicht mehr verwendet werden in Ptolemides.

Ich schritt näher an den Sarkophag heran, und als ich in des Leichnams Antlitz blickte, da sah ich, dass es eine furchtbare und seltsame Ähnlichkeit mit dem Antlitz Tomerons besaß, wenngleich es aufgebläht und aufgedunsen war vom Leichengift des Todes und purpurn verfärbt von den Schatten des Zerfalls. Als ich abermals hinunterschaute, dämmerte in mir die Erkenntnis, dass es wahrhaftig Tomeron und kein anderer war.

Ich hätte laut geschrien vor Entsetzen, das mich überkam, doch meine Lippen waren betäubt und erstarrt, und ich vermochte nur Tomerons Namen zu flüstern. Kaum dass ich dies getan, da schienen sich des Leichnams Lippen halb zu öffnen und die Spitze seiner Zunge ragte in ihrer Mitte leicht hervor. Ich meinte, diese Spitze zittern zu sehen, als hätte Tomeron vor zu sprechen und mir Antwort zu geben. Doch als ich genauer hinstarrte, gewahrte ich, dass das

Zittern lediglich der Bewegung von Würmern zu verdanken war, die sich auf und ab und hin und her ringelten und danach trachteten, sich gegenseitig von Tomerons Zunge zu drängen.

Die sieben Banngelübde

Der edle Fürst Ralibar Vooz, oberster Gerichtsherr von Commoriom und ein Cousin dritten Grades von König Homquat, war mit 26 seiner kühnsten Gefolgsmänner aufgebrochen, um jener Art Wild nachzustellen, die in den schwarzen Eiglophischen Bergen heimisch war. Die Riesenfaultiere und großen Vampirfledermäuse des Dschungels, den sie dabei durchquerten, überließen sie ebenso wie die kleinwüchsigen, aber angriffslustigen Saurier weniger kühnen Jägern als Beute.

In einem Eilmarsch hatten Ralibar Vooz und seine Männer die Strecke zwischen der hyperboreischen Hauptstadt und ihrem angestrebten Jagdgrund an nur einem Tag bewältigt. Dann waren die glatten Steilhänge und abweisenden Felswände des Voormithadreth, des höchsten und eindrucksvollsten der Eiglophischen Berge, über ihnen in den Himmel gewachsen. Und als die Sonne am Nachmittag von ihrem Thron herabstieg, keilten finstere, schlackebedeckte Felszinnen ihre blutende Scheibe zwischen sich ein und verstellten den Ausblick auf die lodernde Pracht des Sonnenuntergangs.

Ihr Nachtlager hatten die Jäger im Schutz der untersten Klippen aufgeschlagen. Während sie abwechselnd Posten schoben und ihre Wachtfeuer mit abgefallenen Ästen anfachten, hatte ihnen unaufhörlich das wilde, hundeartige

Geheul in den Ohren geklungen, das von den furchtbaren Höhen zu ihnen herabdrang und von den Voormis stammte, jenen halb menschlichen Wilden, nach denen der Berg benannt worden war. Zwischendurch vernahmen sie das Röhren einer von den Voormis gehetzten Basilisken-Gämse und einmal sogar das mörderische Knurren eines gestellten und besiegten Säbelzahntigers. Ralibar Vooz deutete diese Laute als ein vielversprechendes Vorzeichen für das Jagdvergnügen des kommenden Tages.

Er und seine Männer erhoben sich zeitig. Zum Frühstück zehrten sie von ihren Vorräten an getrocknetem Bärenfleisch und tranken dazu einen dunklen, herben Wein, der für seine stärkende Wirkung geschätzt wurde. Alsdann begannen sie unverzüglich mit dem Ersteigen des Berges, dessen weiter oberhalb gelegene Felswände von den Höhlen durchbrochen waren, in denen die Voormis hausten. Ralibar Vooz hatte diese Geschöpfe schon früher bejagt, und ein besonderes Zimmer seines Hauses in Commoriom war mit ihren dichten und zottigen Fellen ausgeschlagen. Sie galten allgemein als die gefährlichste Spezies der hyperboreischen Tierwelt. Aber auch ohne einen Zusammenstoß mit den Bergbewohnern war allein schon das Ersteigen des Voormithadreth eine kühne Tat, die mehr als das übliche Ausmaß an Gefahr bereithielt. Ralibar Vooz jedoch, der einmal Geschmack an dieser Art von Abenteuer gefunden hatte, gab sich seither mit keiner geringeren Herausforderung mehr zufrieden.

Er selbst und die ganze Jagdgesellschaft trugen schwer an ihren Waffen und der Gebirgsausrüstung. Einige der Männer führten Seilrollen und Wurfhaken mit sich, die beim Überwinden der steileren Felswände helfen sollten.

Andere schleppten schwere Armbrüste und viele trugen Piken mit langen Schäften und gekrümmten, säbelartigen Klingen, die sich erfahrungsgemäß im Nahkampf gegen die Voormis besonders bewährten. Der ganze Trupp war reichlich mit diversen Reservemessern, Wurfspießen, beidhändigen Krummsäbeln, Keulen, Dolchen und gezahnten Äxten versehen. Alle Jäger trugen Hosen und Wämser aus Dinosaurierleder am Leib und an den Füßen Kletterhalbstiefel, deren Sohlen mit Nagelspitzen aus Bronze beschlagen waren.

Ralibar Vooz selbst hatte ein leichtes, kupfernes Kettenhemd übergeworfen, das ihn so geschmeidig umschloss wie ein Gewand aus Stoff und seine Bewegungsfreiheit nicht im Mindesten beschränkte. Außerdem trug er einen Faustschild aus Mammuthaut mit einem langen Bronzestachel in der Mitte, der als Stoßwaffe gebraucht werden konnte. Und weil er ein Mann von mächtiger Statur und bärenstark war, hing um seine Schultern und an seinem Waffengurt noch ein ganzes Arsenal weiterer Kampfwerkzeuge.

Der Berg war vulkanischen Ursprungs, doch galten seine sämtlichen vier Krater inzwischen als erloschen. Stundenlang mühten sich die Kletterer an den bedrohlichen Steilhängen aus schwarzer Lava und Obsidian hinauf. Mit jedem Blick nach oben sahen sie die senkrechten Höhen endlos weit in einen wolkenlosen Himmel entschwinden, als sollte keines Menschen Fuß sie jemals erreichen. Weitaus schneller als sie selbst stieg die Sonne empor, strahlte sengend auf sie nieder und erhitzte das Felsgestein, bis die Hände der Bergsteiger sich daran verbrannten wie an Ofenwänden. Aber Ralibar Vooz, der seine Waffen endlich in Blut tauchen wollte, gestattete weder Rast noch Ruhe in den schattigen

Klüften oder unter dem kargen Schirm der vereinzelten Wacholderstrünke.

Doch wie es schien, waren die Voormis an jenem Tag auf dem Berge Voormithadreth nicht im Freien anzutreffen. Zweifellos hatten sie während der Nacht, als ihr Jagdgeschrei in den Ohren der Commorier gegellt hatte, zu üppig geschlemmt. Es mochte sich als nötig erweisen, in das Höhlenlabyrinth der höhergelegenen Steilwände einzudringen; eine Vorgehensweise, die selbst einem so abgebrühten Jäger wie Ralibar Vooz nicht allzu verlockend vorkam. Nur wenige dieser Höhlen waren einem Menschen ohne Hilfe von Kletterseilen zugänglich, und die Voormis, die eine geradezu menschliche Arglist besaßen, würden Felsbrocken und lose Steine auf die Köpfe der Angreifer hinabschleudern. Die meisten der Höhlen waren eng und finster, was die Jäger, die sich hineinwagten, sehr in Nachteil setzte. Und die Voormis würden blutigen Widerstand leisten, um ihre Jungen und ihre Weibchen zu schützen, die in den Tiefen des Höhlensystems lebten. Dabei waren die Weibchen der Voormis, falls überhaupt möglich, sogar noch wilder und bösartiger als die männlichen Exemplare.

Dergleichen Dinge erörterten Ralibar Vooz und seine Mitjäger untereinander, als der Aufstieg noch mühsamer und waghalsiger wurde und sie hoch über ihren Köpfen die ersten schartigen Öffnungen der tiefer gelegenen Höhlen erblickten. Es gab Berichte über tapfere Jäger, die diese Höhlen betreten hatten und nie zurückgekehrt waren. Und manches Gerücht ging um über die abscheulichen Fressgewohnheiten jener Voormis und über das, was sie mit ihrer Beute anstellten – sowohl vor deren Tötung wie auch danach. Auch munkelte man viel über den Ursprung der Voormis, die nach landläufiger Meinung der Vermischung von Menschenfrauen mit gewissen scheußlichen Geschöpfen entstammten, die in grauer Vorzeit aus einer dunklen Höhlenwelt tief im Schoße des Voormithadreth hervorgedrungen waren.

Irgendwo unterhalb seiner vier Vulkankegel hauste den Legenden zufolge der kriechfüßige Unheilsgott Tsathoggua, der wenige Jahre nach der Erschaffung der Erde vom Saturn herabgestiegen war. Und während ihrer Kulthandlungen vor Tsathogguas schwarzen Altären waren seine Anbeter stets darauf bedacht, die Häupter in Richtung des Berges Voormithadreth zu neigen. Sogar noch fragwürdigere Wesen als Tsathoggua schlummerten angeblich unter den erloschenen Vulkanen oder streiften auf der Suche nach Beute durch jene geheime Welt der Tiefe. Doch über diese Wesen mehr zu wissen, maßte sich kaum ein Mensch an, abgesehen von sehr abenteuerlich veranlagten oder außergewöhnlich belesenen Hexern.

Ralibar Vooz, der eine durch und durch moderne Verachtung für das Übernatürliche hegte, äußerte seine Zweifel auf unmissverständliche Art, sobald er mit anhörte, wie seine Waidgenossen einander diese alten Sagen ins Gedächtnis riefen. Er schwor unter vielen derben Lästerungen, dass Götter nicht existierten, ganz egal ob unter- oder oberhalb des Berges Voormithadreth. Was die Voormis angehe, so seien sie in der Tat abscheuliche Mischwesen, doch um ihren Ursprung zu erklären, brauche man den festen Boden der Naturgesetze keinen Fußbreit zu verlassen. Die Voormis seien lediglich Abkömmlinge eines niederen und degenerierten Stammes von Ureinwohnern, die, noch tiefer ins Tierische absinkend, nach dem Vordringen der späteren und wahren Hyperboreer

Unterschlupf in jenen vulkanischen Fluchtburgen gesucht hätten.

Einige grauhaarige Veteranen der Gesellschaft schüttelten ihre Häupter und murrten über solche Ketzereien. Doch aus Respekt vor dem hohen Rang und der Kühnheit von Ralibar Vooz wagten sie nicht, ihm offen zu widersprechen.

Nach vielen Stunden waghalsiger Kletterei gelangten die Jäger in die Nähe der niedriger gelegenen Höhlen. Unter ihnen dehnten sich nun in einer gewaltigen, schwindelerregenden Aussicht die bewaldeten Höhen und anmutigen, fruchtbaren Ebenen Hyperboreas. Einsam und abgeschieden fanden sich die Männer in einer Welt aus rabenschwarzem Fels, umfangen von unzähligen Schluchten und Klüften. Direkt über ihren Köpfen, in der fast senkrecht abfallenden Felswand, gähnten drei der Höhleneingänge, die vulkanischen Dampfschloten ähnelten. Die Felswand war zu einem großen Teil von glasglattem Obsidian überzogen und wies nur wenige Vorsprünge oder Stellen auf, die den Händen Halt boten. Es schien, als vermochten selbst die Voormis mit ihrer affenartigen Gewandtheit diese Steilklippe kaum zu erklimmen. Und so entschied denn Ralibar Vooz, nachdem er die Steilwand mit dem Blick des erfahrenen Strategen in Augenschein genommen hatte, dass die Höhlen wohl nur von oben her zugänglich waren. Ihre Bewohner nämlich gelangten ganz offenbar durch einen Spalt, der schräg von einem Sims direkt unterhalb der Höhleneingänge bis zur Oberkante der Felswand verlief, in ihre Unterschlüpfe und wieder hinaus.

Zunächst galt es jedoch, diesen oberen Klippenrand erst einmal zu erreichen. Dies allein bedeutete bereits ein schwieriges und gefahrvolles Unterfangen. Vom anderen Ende der langen Geröllhalde, auf der die Jäger standen, schlängelte sich ein Felskamin durch die Steilwand aufwärts, bis er gut zehn Meter unterhalb des Klippenrandes in eine nackte, glatte Steinfläche auslief. Ein erprobter Bergsteiger, der sich durch den Kamin bis zu dessen oberem Ende emporarbeitete, wäre von dort aus in der Lage, sein Seil mit dem Wurfhaken zur Kante der Felskuppe hinaufzuschleudern.

Dass es geraten schien, einen günstigeren Standort zu beziehen, bewies ein Hagel aus Steinen und Fleischabfällen, der jetzt aus den Höhlen auf die Männer niederging. Darunter bemerkten die Jäger auch menschliche Überreste, bis aufs Gebein abgenagt und verrottet. Vom Zorn gegen die Frevler ebenso beseelt wie vom Jagdfieber, führte Ralibar Vooz seine 26 Gefolgsleute zum Anstieg. Er selbst hatte schon bald das obere Ende des Felskamins erreicht, wo eine schräge Kante den Füßen gerade noch Halt bot. Beim dritten Versuch griff sein Wurfhaken und er hangelte sich an dem Seil zum Klippenrand empor.

Oben angelangt, stand er auf einem breiten und verhältnismäßig ebenen Plateau des niedrigsten der vier Voormithadreth-Kegel. Bis zum Gipfel hin ragte der Berg aber noch immer einer steilen Pyramide gleich luftige 600 Meter hoch über ihm auf. Das schwarze Lavagestein des Plateaus war zu zahllosen flachen Stufen und sonderbaren Absätzen aufgeworfen gleich den Basen gigantischer Säulen. Trockene, dürre Gräser und verdorrte Bergblumen gediehen hie und da in seichten Betten dunkler Erde, und ein paar verkrüppelte oder vom Blitzschlag gezeichnete Zedern hatten im rissigen Fels Wurzeln geschlagen.

Inmitten der schwarzen Bergkämme und scheinbar ganz in der Nähe kräuselte sich ein fahlweißer Rauchfaden in sonderbaren Schlangenlinien durch die reglose Mittagsluft bis in unfassbare Höhen hinauf, ehe er dem Blick entschwand. Ralibar Vooz folgerte daraus, dass das Plateau vom Vertreter einer Lebensform bewohnt war, die der zivilisierten Menschheit näher verwandt sein musste als die Voormis, denen ja der Gebrauch des Feuers ganz und gar fremd war. Angesichts dieser verblüffenden Entdeckung wartete er nicht ab, bis seine Männer zu ihm stießen, sondern brach sofort auf, um die Ursache der mäandernden Rauchfahne zu ergründen.

Er hatte das Feuer nur wenige Schritte entfernt erwartet, gleich hinter dem ersten jener grotesken Lavagrate. Doch darin hatte er sich augenscheinlich getäuscht. Denn er erkletterte einen Felsabsatz nach dem anderen und umrundete manch sonderbare Dolmen- und Dolomitgebilde, die unerklärlicherweise mal breit, mal hoch direkt vor seiner Nase emporwuchsen, wo sein Auge noch einen Augenblick zuvor gewöhnliche Geröllbrocken gewähnt hatte … Und doch ringelte sich die fahlweiße Rauchfahne unverändert gen Himmel, ohne dass sie die ganze Zeit über auch nur um einen einzigen Fingerbreit näher gerückt schien.

Ralibar Vooz, oberster Gerichtsherr und mächtiger Jäger, fühlte sich von dem aufsässigen Benehmen des Rauchfadens verwirrt und auch verärgert. Auch machten die Felsen um ihn herum einen beunruhigenden und grässlich trügerischen Eindruck. Er vergeudete zu viel Zeit mit einer müßigen Erkundung, die zum eigentlichen Vorhaben dieses Tages wenig beitrug. Doch war er nicht der Mann, von einmal Begonnenem abzulassen und das gesteckte Ziel aufzugeben, so nebensächlich es auch sein mochte. Er machte sich seinen Leuten, die inzwischen die Klippe erklommen haben mussten, durch laute Rufe bemerkbar und setzte seinen Weg in Richtung des irreführenden Rauches fort.

Ein- oder zweimal kam es ihm vor, als vernähme er die Antwortrufe seines Gefolges, aber nur sehr schwach und undeutlich, als tönten sie über einen endlos breiten Abgrund hinweg. Erneut rief er aus voller Lunge, doch diesmal erfolgte keine hörbare Antwort.

Als er noch ein Stück weiter aufwärtsgestiegen war, nahm er seitlich zwischen den Felsen ein eigenartiges Summen oder Raunen wahr, so als führten vier oder fünf verschiedene Stimmen eine Unterhaltung miteinander. Das Stimmengewirr schien viel näher zu sein als der Rauch, der gerade in diesem Moment spurlos verschwand wie eine zerrinnende Luftspiegelung. Eine der Stimmen gehörte ganz unverkennbar einem Hyperboreer, die übrigen jedoch besaßen einen Klang und einen Akzent, den Ralibar Vooz trotz seiner umfangreichen Kenntnis der Völker mit keinen noch so entlegenen Vertretern des Menschengeschlechts in Verbindung bringen konnte. Sie belästigten sein Gehör höchst unliebsam, wobei sie ihn abwechselnd an das Gesumm riesiger Insekten, an flüsternde Flammen und murmelndes Wasser und an das Schleifen von Metall gemahnten.

Ralibar Vooz stieß ein kräftiges, fast schon wütendes Grollen aus, um der zwischen den Felsen verborgenen Zusammenkunft sein Kommen kundzutun – wen auch immer er dort vorfinden mochte. Seine Waffen und seine Ausrüstung klirrten vernehmlich, während er über einen scharfen Lavagrat hinweg in Richtung des Geraunes kletterte.

Als er den Grat überwand, blickte er auf eine Szene hinab, die ebenso rätselhaft wie unerwartet für ihn war. Unter ihm stand in einer kreisrunden Mulde eine primitiv aus Findlingen und Bruchsteinen gefügte Hütte, die mit Zedernzweigen gedeckt war. Vor dieser Klause brannte auf einem großen, flachen Obsidianblock ein Feuer, dessen Flammen abwechselnd blau, grün oder weiß aufloderten. Von diesem Feuer stieg die fahle, dünne Rauchspirale auf, die ihn so eigentümlich in die Irre geleitet hatte.

Bei dem Feuer stand ein Greis, verhutzelt und von abstoßendem Aussehen. An seinem Leib schlackerte eine Robe, die nicht weniger alt und schäbig wirkte als er selbst. Offenbar nutzte er das Feuer nicht zur Bereitung einer Mahlzeit, und in Anbetracht der sengenden Sonne hatte es schwerlich den Anschein, als bedürfte er der Wärme, die die wunderlich gefärbten Flammen spendeten. Vergebens hielt Ralibar Vooz nach den übrigen Teilnehmern jener gemurmelten Unterhaltung Ausschau, die noch eben an sein Ohr gedrungen war. Stattdessen vermeinte er ein vages Geflatter dunkler, missgeformter Schatten um den Obsidianblock herum wahrzunehmen. Doch die Schatten verblassten und lösten sich im selben Moment auf. Und da es keine Gegenstände oder Lebewesen gab, von denen die Schatten hätten stammen können, glaubte Ralibar Vooz, dass er einer weiteren jener höchst unliebsamen Täuschungen zum Opfer gefallen war, die in jenem Abschnitt des Berges Vormithadreth so häufig aufzutreten schienen.

Der alte Mann beobachtete den Jäger mit glühenden Blicken dabei, wie er in die Vertiefung hinabstieg und schleuderte ihm zungenfertige, wenn auch ein wenig altertümlich ausgedrückte Verwünschungen entgegen. Im selben

Augenblick begann ein eidechsenschwänziger, rußschwarz gefiederter Vogel mit seinem gezähnten Schnabel in die Luft zu schnappen und mit seinen klauenbewehrten Flügeln zu schlagen. Der Vogel schien einer nachtaktiven Unterart des Archäopteryx anzugehören. Er hockte auf einer anstößig geformten Stele, die im Windschatten dicht neben dem Feuer stand und der Aufmerksamkeit von Ralibar Vooz beim ersten Hinsehen entgangen war.

»Dass der Auswurf aller Teufel deinen Leib von den Zehen bis zum Scheitel bedecke!«, kreischte der giftige Alte. »O du täppischer, polternder Tölpel! Du hast eine höchst aussichtsreiche und wichtige Beschwörung verdorben! Wie du hierhergelangt bist, kann ich nicht einmal im Traum erraten. Zwölf magische Täuschungskreise hab ich um diesen Ort gezogen, deren Wirksamkeit von ihren unzähligen Überschneidungen noch vervielfacht wird. Die Möglichkeit, dass irgendein Eindringling jemals zu meiner Behausung findet, war winzig klein, ja fast schon ausgeschlossen. Verflucht sei der Zufall, der dich hierher verschlug: Denn jene, die du vertrieben hast, werden sich nicht wieder zeigen, ehe die fernen Gestirne abermals in eine ganz bestimmte seltene, nur kurz bestehende Konjunktion eintreten. Und bis dahin büße ich ungeheures Wissen ein.«

»Wie redest du zu mir, du Lump!«, versetzte Ralibar Vooz, erstaunt und erzürnt angesichts dieser Begrüßung, von der er wenig begriff, außer dass seine Gegenwart dem alten Mann unwillkommen war. »Wer bist du, dass du dich gegenüber einem Beamten des obersten Gerichtshofs von Commoriom und Cousins unseres Königs Homquat derart flegelhaft aufführst? Ich rate dir, hüte deine Zunge. Denn wenn es mir gefällt, besitze ich die Macht dazu, so mit dir umzuspringen, wie ich gewöhnlich mit den Voormis verfahre. Doch wenn ich es recht bedenke«, fügte er hinzu, »ist dein Pelz viel zu schmutzig und verlaust, als dass ihm ein Platz unter meinen Jagdtrophäen zukäme.«

»Wisse, dass ich der Zauberer Ezdagor bin«, verkündete der Alte, und seine Stimme hallte Unheil drohend von den Felsen wider. »Aus freier Wahl lebe ich fern der Menschen und ihrer Siedlungen – und auch die Voormis haben mich in meiner magischen Einsiedelei bisher niemals behelligt. Es schert mich nicht, ob du oberster Richter des Staates der Schweine oder ein Vetter des Königs der Köter bist. Zur Strafe für den Trugzauber, den du mir ruiniert hast, und für die Mühe, die du durch dein ungehobeltes Eindringen zunichtegemacht hast, werde ich dich einem überaus schrecklichen und unheilvollen Banngelübde verpflichten.«

»Aus deinen Worten spricht ein primitiver Aberglaube«, entgegnete Ralibar Vooz, wider Willen beeindruckt von dem bühnenreifen Stil, in dem Ezdagor seine Schmähungen vorgetragen hatte.

Der alte Mann schien ihn nicht zu hören. »Vernimm denn dein Banngelübde, o Ralibar Vooz«, verkündete er mit grollender Stimme. »Dieses Banngelübde verlangt, dass du all deine Waffen von dir wirfst und die Höhlen der Voormis unbewehrt betrittst. Mit bloßen Händen sollst du dein Leben gegen die Voormis, ihre Weiber und ihre Kinder verteidigen, um in jene geheime Grotte in den Eingeweiden des Berges Voormithadreth vorzustoßen, weit unterhalb der Höhlen der Voormis – dort, wo seit den ältesten Äonen der Gott Tsathoggua haust.

Du wirst Tsathoggua erkennen an seiner gewaltigen Fülle und seinem fledermausartigen Pelz und der Ähnlichkeit mit einer schläfrigen schwarzen Kröte, die ihm allzeit anhaftet. Nie erhebt er sich von seiner Ruhestatt, auch nicht von gefräßigem Hunger getrieben, sondern erwartet in göttlicher Trägheit das Opfer. Und indem du dicht vor den göttlichen Tsathoggua trittst, musst du zu ihm sagen: *Ich bin das Blutopfer, das Ezdagor der Zauberer dir sendet.* Dann, so es ihm gefällt, wird Tsathoggua sich an dem Opfer laben.

Damit du nicht vom Wege abkommst, wird der Vogel Raphtontis, welcher mein Familiargeist ist, dich auf deiner Reise über die Felswände und durch die Höhlen geleiten.«

Der Alte vollführte eine sonderbare Geste in Richtung des nachtaktiven Archäopteryx auf der Stele mit der obszön symbolischen Form und fügte gleichsam als nachträgliche Eingebung hinzu: »Raphtontis wird bei dir bleiben, bis dein Banngelübde erfüllt ist und deine Reise tief unterhalb des Voormithadreth ihr Ziel gefunden hat. Er kennt die Geheimnisse der Unterwelt und die Schlupfwinkel der Alten Götter. Falls unser Herr und Gebieter Tsathoggua das Blutopfer verschmäht oder dich in seiner Großmut weiterreicht an seine Brüder, wird Raphtontis vollkommen in der Lage sein, dich auf jedem Weg zu geleiten, den die Gottheit dir womöglich weist.«

Ralibar Vooz war außerstande, diese mehr als unverschämte Tirade auf die Art zu beantworten, die ihr zweifellos gebührte. Tatsächlich konnte er überhaupt nichts erwidern – es schien nämlich, als hätte ihn eine Art Kiefersperre befallen. Noch schlimmer war, dass seine Sprechlähmung zu seiner Fassungslosigkeit und seinem wachsenden Entsetzen von zwanghaften Handlungen bedenklichster Art begleitet wurde. Mit einem Gefühl albtraumhafter Unentrinnbarkeit, gepaart mit dem Grauen eines Mannes, der das

Anschleichen des Wahnsinns verspürt, begann er sich wider Willen der verschiedenen Waffen zu entledigen, die er trug. Der Faustschild mit dem Stoßdorn, die Keule, das Breitschwert, das Jagdmesser, die Streitaxt und der nadelspitze Dolch fielen klirrend vor dem Obsidianblock zu Boden.

»Den Helm wie auch das Kettenhemd darfst du anbehalten«, besann sich in diesem Moment Ezdagor. »Andernfalls muss ich befürchten, dass du Tsathoggua nicht in jenem Zustand körperlicher Unversehrtheit erreichst, der einer Opfergabe ziemt. Die Zähne und die Krallen der Voormis sind so scharf wie ihr Hunger unersättlich.«

Während er halblaut einige nicht ganz geheuer klingende Wörter vor sich hin murmelte, wandte der Hexenmeister sich von Ralibar Vooz ab und begann das dreifarbige Feuer mit einem Gemisch aus Staub und Blut zu löschen, das er aus einer flachen Messingschale schöpfte. Ohne sich zur Entbietung eines Lebewohls oder einer Geste der Verabschiedung herabzulassen, hielt er dem Jäger verächtlich den Rücken zugewandt und erteilte dem schräg gegenüber hockenden Vogel Raphtontis mit der linken Hand einen Wink. Diese Kreatur spreizte ihre schwärzlichen Schwingen und klapperte mit ihrem Sägezahnschnabel, ehe sie von der Stele aufflog und Ralibar Vooz mit einem bernsteinfarbenen Auge bösartig anstarrte. Anschließend schwebte der Vogel, während er den langen, schlangenartigen Hals nach hinten verdrehte und das Auge wachsam auf Ralibar Vooz gerichtet hielt, zwischen den Lava-Graten langsam auf die pyramidenförmigen Kegel des Voormithadreth zu. Und Ralibar Vooz folgte ihm, einem Zwang gehorchend, den er ebenso wenig begreifen konnte, wie er ihm zu widerstehen vermochte.

Offenkundig kannte das höllische Flugtier sämtliche Windungen jenes Labyrinths der Täuschung, mit dem Ezdagor seine Zuflucht umgeben hatte, denn der Jäger wurde ohne größere Umwege über den verhexten Gebirgsvorbau geleitet. Im Vorübergehen vernahm er die weit entfernten Rufe seiner Männer. Doch als er zu antworten versuchte, klang seine eigene Stimme so schwach und dünn wie der Ruf einer Fledermaus. Bald fand er sich am Fuße einer Steilwand zum oberen Gebirgsabschnitt, die von Höhlenöffnungen durchsetzt war. Dies war ein Teil des Voormithadreth, den er nie zuvor betreten hatte.

Raphtontis flog zur untersten Höhle empor und schwebte kreisend vor ihrem Eingang, während Ralibar Vooz durch eine dichte Barriere aus Knochen, scharfkantigen Feuersteinsplittern und weiteren Hinterlassenschaften unsäglicherer Art, die von den Voormis entsorgt worden waren, unsicher hinter ihm herkletterte. Die rohen, primitiven Wilden säumten die finsteren Löcher der Höhlen mit ihren abstoßenden Fratzen und Extremitäten und begrüßten den Jäger mit wildem Geheul und einem unerschöpflichen Bombardement aus Unrat. Raphtontis hingegen behelligten sie nicht. Ja, es hatte sogar den Anschein, als vermieden sie tunlichst, ihn mit ihren Wurfgeschossen zu treffen, obwohl dieses auf gebreiteten Schwingen vor der Höhle segelnde Flugtier ihrem Abwehrfeuer immer stärker im Wege war, je näher Ralibar Vooz der untersten Höhle kam.

Dank dieser notdürftigen Deckung gelang es dem Jäger, die Höhle ohne ernstliche Verletzungen zu erreichen. Der Zugang war ziemlich eng und Raphtontis flog mit klaffendem Schnabel und klatschenden Flügeln über die Voormis hinweg und zwang sie zum Rückzug ins Höhleninnere, während

Ralibar Vooz auf dem Felsvorsprung Fuß fasste, der die Schwelle zur Höhle darstellte.

Einige der Wilden hatten sich zwar mit den Gesichtern zu Boden geworfen, um Raphtontis den Weg freizugeben; doch sobald der Vogel an ihnen vorbeigesegelt war, sprangen sie auf und griffen den Commorier, der seinem Führer in die ranzige Finsternis folgte, an. Die Voormis gingen nur halb aufrecht und ihre zottigen Schädel befanden sich auf gleicher Höhe mit den Oberschenkeln und Hüften des Jägers, während sie wie Hunde knurrten und zubissen. Und sie hieben mit hakenförmigen Krallen nach ihm, die sich fest in den Gliedern seines Kettenhemdes verfingen.

Waffenlos setzte Ralibar Vooz sich zur Wehr, getreu seinem Banngelübde. Er schlug ihre hässlichen Fratzen mit seiner gepanzerten Faust in einer Raserei aus dem Weg, die nichts von dem Jagdfieber des Waidmanns an sich hatte. Und er spürte, wie ihre in den eng geschmiedeten Maschen seines Kettenpanzers verhakten Krallen und Fänge abbrachen, wenn er sie von sich schleuderte. Doch frische Angreifer ersetzten die Besiegten jedes Mal, sobald er ein weiteres Stück in die dunkle Höhle vorgedrungen war … und die Weibchen schnappten wie zustoßende Schlangen nach seinen Beinen … und ihre Brut begeiferte seine Fußgelenke mit Mäulern, denen noch keine Reißzähne gesprossen waren.

Vor sich hörte er zu seiner Orientierung den klatschenden Schwingenschlag seines Geleitvogels Raphtontis und die heiseren Schreie, halb Gezisch und halb Gekrächze, die dieses Geschöpf von Zeit zu Zeit ausstieß. Aus der Finsternis würgte ihn überwältigender Gestank und seine Füße glitten bei jedem Schritt in Blut und Exkrementen aus. Immerhin konnte er sich bald sagen, dass die Voormis nicht länger auf ihn eindrangen. Die Höhle neigte sich nun abwärts und er atmete eine von beißenden mineralischen Gerüchen durchsetzte Luft ein.

Nachdem er sich eine Zeit lang durch schwarze Nacht vorangetastet und ein steiles Gefälle überwunden hatte, erreichte er eine unterirdische Halle, wo weder Tag noch Finsternis herrschte. Ihre Steingewölbe zeigten sich in einem düster glühenden Lichtschein, wie ihn verborgene Monde verbreiten mochten. Von hier aus geleitete Raphtontis ihn weiter durch abschüssige Grotten und über die schmalen Ränder tödlicher Schlünde immer tiefer hinab in die Unterwelt des Berges Voormithadreth. Überall herrschte dieser trübe, unnatürliche Schein, dessen Ursprung nicht zu ergründen war. Schwingen weit größer als Fledermausflügel rauschten hoch über dem Jäger dahin, und zuweilen erspähte er in den verschatteten Kavernen gewaltige, Furcht einflößende Körpermassen, die jenen Riesengeschöpfen und gigantischen Reptilien glichen, deren Gestampfe in Urzeitaltern die Erdkruste hatte erbeben lassen. Doch wegen der herrschenden Düsternis vermochte er nicht zu entscheiden, ob es sich um lebendige Wesen oder um bloße Auswüchse des Gesteins handelte.

Mächtig war der Zwang, den das Banngelübde auf Ralibar Vooz ausübte. Benommenheit hatte von seinem Geist Besitz ergriffen … und er empfand nur noch stumpfe Furcht und betäubtes Staunen. Es schien, als gehörten und gehorchten sein Wille und seine Gedanken nicht mehr ihm selbst, sondern etwas Fremdem. Tiefer und immer tiefer stieg er irgendeinem unbekannten und vorgezeichneten Ende entgegen, auf einem Pfad, der dunkel war und dennoch vorausbestimmt.

Schließlich hielt der Vogel Raphtontis inne in seinem Flug und schwebte, bedeutsam kreisend, inmitten einer Höhle, die sich von den übrigen durch ein besonders miasmatisches Gemisch übler Gerüche abhob. Zunächst glaubte Ralibar Vooz, die Höhle sei leer. Als er auf Raphtontis zuschritt, gerieten ihm einige verschrumpelte Überreste zwischen die Füße, bei denen es sich offenbar um von Haut überspannte Skelette sowohl menschlicher wie auch tierischer Herkunft handelte.

Und als er dann dem starren, glimmender Kohle gleichenden Blick des höllischen Vogels folgte, erspähte er in einer finsteren Felsnische die unförmige Silhouette einer kauernden, gestaltlosen Körpermasse. Als er näher kam, regte sich die Masse leicht und streckte mit unendlicher Trägheit einen gewaltigen krötenartigen Schädel vor. Und in dem Schädel öffneten sich einen Spaltbreit die Augen, als wäre er halb erwacht aus tiefem Schlaf, sodass sie wie zwei Schlitze triefenden Phosphors in dem schwarzen, stirnlosen Antlitz erschienen.

Über all den Ausdünstungen, die seine Nase beleidigten, nahm Ralibar Vooz den Gestank frischen Blutes wahr. Und das Grauen befiel ihn: Denn als er zu Boden blickte, sah er vor dem schattenumwobenen Monster die schlaffe, dürre Hülle eines Dinges liegen, das weder Mensch noch Voormi oder Tier gewesen war. Zögernd verharrte er, voller Angst, weiter vorzutreten, und dabei gleichermaßen unfähig zu fliehen. Doch verwarnt von einem wütenden Zischen des Archäopteryx, dem ein messerscharfer Schnabelhieb zwischen seine Schulterblätter Nachdruck verlieh, trat Ralibar Vooz weiter vor, bis er die flaumige, dunkle Behaarung auf dem ruhenden Leib und dem schläfrig vorgereckten Schädel erkennen konnte.

Von abermaligem Grauen und einem Gefühl unentrinnbarer Verdammnis erfüllt, hörte er seine eigene Stimme ohne sein Zutun verkünden: »O göttlicher Tsathoggua, ich bin das Blutopfer, das Ezdagor der Zauberer dir sendet!«

Es erfolgte eine träge Neigung des krötenartigen Hauptes … die Augenschlitze öffneten sich ein wenig weiter und ein Glutschein sickerte aus ihnen in zähen Rinnsalen auf die runzeligen Unterlider.

Danach glaubte Ralibar Vooz ein tiefes, grollendes Geräusch zu vernehmen; doch er wusste nicht, ob es die staubige Luft ausfüllte oder nur das Innere seines eigenen Schädels. Zugleich gerann das Geräusch, wenn auch unvollkommen, zu Silben und zu Wörtern: »Dank sei Ezdagor für diese Opfergabe. Doch da ich mich just an einem blutreichen Opfer gesättigt habe, ist mein Hunger vorerst gestillt. Somit bedarf ich des Opfers nicht mehr. Aber vielleicht verspüren statt meiner andere aus der Familie der Alten Durst oder Hunger. Und da du unter einem Banngelübde hierherkamst, ziemt es sich nicht, dass du ohne die Auferlegung eines neuen von hinnen ziehst. Daher belege ich dich mit dem Bann, dass du abwärts durch die Höhlen dich zu begeben gelobst, bis du nach einem langen Abstieg jenen bodenlosen Schlund erreichst, über den der Spinnengott Atlach-Nacha seine ewigen Netze webt. Und dort sollst du zu Atlach-Nacha sprechen wie folgt: ›Ich bin das Geschenk, das Tsathoggua dir sendet.‹«

Und so schied Ralibar Vooz vom Angesicht Tsathogguas und schlug unter Raphtontis' Geleit einen anderen Weg ein als jenen, der ihn vor den Krötengott geführt hatte. Immer steiler, immer abschüssiger wurde der Pfad. Er verlief durch gewaltige Höhlen, die sich weiter erstreckten, als Blicke reichen, und an Abgründen und Schlünden entlang, die lotrecht in unermessliche Tiefen zu dem schwarzen, trägen Gewoge und schläfrigen Geraune unterirdischer Meere abstürzten.

Schließlich kreiste der Nachtvogel reglos mit waagerecht gespreizten Schwingen und herabhängendem Schwanz über der Kante einer Kluft, deren entgegengesetzte Seite unsichtbar in der Finsternis verborgen lag. Ralibar Vooz trat dicht an die Kante heran und sah, dass daran in Abständen große Netze klebten, deren vielfache Überschneidungen und Verknüpfungen grauer, seilstarker Fäden den Schlund überspannten. Eine andere Überbrückung des Abgrundes gab es nicht. Weit draußen auf einem der Netze machte Ralibar Vooz einen dunklen Umriss aus, groß wie ein geduckter Mensch, doch mit langen, spinnenartigen Gliedmaßen. Und als wäre er in einem Albtraum gefangen, hörte er seine eigene Stimme laut ausrufen: »O Atlach-Nacha, ich bin das Geschenk, das Tsathoggua dir sendet.«

Das finstere Etwas eilte mit unglaublicher Geschwindigkeit auf Ralibar Vooz zu. Als es nahe genug herangekommen war, erkannte er, dass der gedrungene, ebenholzschwarze Leib ein Gesicht aufwies, das tief zwischen den von mehreren Gelenken unterteilten Beinen saß. Dieses Gesicht starrte mit einem eigenartigen, zugleich zweifelnden und fragenden Ausdruck zu ihm hoch. Und Grauen kroch dem kühnen Jäger bis ins Mark, als ihn der Blick der kleinen, tückischen Augen traf, die von Borsten umsprossen waren.

Dünn, schrill und spitz wie ein Stachel drang die Stimme des Spinnengottes Atlach-Nacha in sein Ohr: »Meinen ergebensten Dank für dieses Geschenk. Doch weil außer mir selbst niemand jenen Abgrund mit einer Brücke zu überspannen vermag, und weil die Vollendung dieser Aufgabe einer Ewigkeit bedarf, ist meine Zeit zu kostbar, um dich erst mühselig aus diesem sonderbaren, metallenen Schuppenkleid zu schälen. Doch könnte es sein, dass der vormenschliche Hexenmeister Haon-Dor, der jenseits dieser Kluft in seinem aus urzeitlichen Zaubern errichteten Palast residiert, irgendeine Verwendung für dich findet. Die Brücke, die ich eben vollendet habe, verläuft zu der Schwelle seines Palastes – und dein Gewicht soll dazu dienen, die Festigkeit meiner Spinnfäden zu erproben. So geh denn hin unter dem Banngelübde, dass du die Brücke überquerst, vor Haon-Dor hintrittst und sagst: ›Atlach-Nacha schickt mich zu dir.‹«

Dies gesagt, stieg der Spinnengott aus seinem Netz und eilte am Rande des Schlundes entlang rasch außer Sicht – zweifellos in der Absicht, an einer weiter entfernten Stelle mit dem Weben einer weiteren Brücke zu beginnen.

Obwohl das dritte Banngelübde schwer und zwingend auf ihm lastete, folgte Ralibar Vooz dem Vogel Raphtontis nicht allzu willig über jene nachtdunklen Tiefen. Doch die Spinnfäden Atlach-Nachas erwiesen sich unter seinen Füßen als fest, sie gaben nur ein wenig nach und gerieten leicht ins Schwanken. Weit unten in unauslotbarer Tiefe, zwischen den Maschen des Netzes hindurch, vermeinte er vage den Schwingenschlag von Drachen mit Klauen an den Flügelspitzen zu erkennen, und als brodelte die Finsternis, wurden immer wieder schreckliche, unbeschreibliche Formen sichtbar, die von einem Augenblick zum anderen auftauchten und wieder versanken.

Bald jedoch gelangten Ralibar Vooz und sein Führer zum gegenüberliegenden Rand des Schlundes, wo das Netz

Atlach-Nachas mit der untersten Stufe einer mächtigen Treppe verbunden war. Die Treppe wurde von einer eingerollten, gefleckten Schlange bewacht, deren Sprenkel so groß wie Rundschilde waren und deren Leib an der dicksten Stelle mehr Umfang besaß als der Körper eines starken Kriegers. Die Hornringe am Schwanzende der Schlange klapperten wie eine Rassel und sie ließ einen bedrohlichen Schädel vorschnellen, dessen Giftzähne so lang und krumm waren wie Sichelklingen. Doch als es Raphtontis erblickte, gab das Reptil den Weg frei und erlaubte Ralibar Vooz, die Stufen emporzusteigen.

So betrat der Jäger, sein drittes Banngelübde erfüllend, den tausendsäuligen Palast des Haon-Dor. Absonderlich und schweigend waren die aus dem grauen Fundamentgestein der Erde gemeißelten Hallen. Darin wogten gesichtslose Gebilde aus Rauch und Nebel rastlos zwischen Steinfiguren, die Ungeheuer mit tausenderlei Köpfen darstellten. Tropfenden Nachtgestirnen gleich glommen hoch oben unter den Gewölbedecken Lampen mit abwärtsweisenden Flammen, als brennte dort Frost oder Fels. Ein eisiger Geist des Bösen, weit älter als der Mensch zu begreifen vermag, herrschte in diesen Hallen, und Grauen und Furcht durchkrochen sie wie unsichtbare, aus dem Schlaf geweckte Schlangen.

Durch diese labyrinthischen Fluchten flog Raphtontis mit einer Sicherheit, als wäre er mit jeder ihrer Windungen vertraut, und geleitete Ralibar Vooz in ein hohes, kreisrundes Gelass, dessen Wände nur von der Pforte durchbrochen waren, die ihm den Zutritt gewährte. Der Saal enthielt keinerlei Einrichtung, mit Ausnahme eines fünfsäuligen Thrones, der ohne eine Treppe oder sonstige Möglichkeit, ihn zu ersteigen, so hoch emporwuchs, dass er nur für ein geflügeltes Wesen erreichbar schien. Und doch saß eine Gestalt auf jenem Thron. Sie war in dichte, schwarze Dunkelheit gehüllt und ihr Haupt und ihr Antlitz lagen verborgen unter einer Kapuze aus grässlichen Schatten.

Der Vogel Raphtontis schwebte unheilvoll in der Luft vor jenem Säulenthron. Und verwundert hörte Ralibar Vooz eine Stimme sagen: »O Haon-Dor, Atlach-Nacha schickt mich zu dir.« Und erst als die Stimme das letzte Wort gesprochen hatte, erkannte er sie als seine eigene wieder.

Lange Zeit herrschte eine Stille, die unantastbar schien. Keine Regung durchlief die hoch thronende Gestalt. Doch Ralibar Vooz, der angstvoll zu den Wänden hinspähte, die ihn umschlossen, beobachtete, wie auf ihrer zuvor glatten Oberfläche ein Relief aus Tausenden von Gesichtern hervortrat, die so schief und verzerrt waren wie die Fratzen vom Irrsinn befallener Dämonen. Die höllischen Masken schnellten auf Hälsen nach vorn, die länger und länger wurden, und hinter den Hälsen wuchsen Zoll für Zoll missgebildete Schultern und Leiber aus dem Gestein und reckten sich dem Jäger entgegen. Und auch der Boden unter seinen Füßen pflasterte sich mit Gesichtern, die sich rastlos drehten und herumwarfen und ihre höllischen Münder und Augen immer weiter aufrissen.

Schließlich sprach die verhüllte Gestalt. Und obwohl die Worte keiner menschlichen Sprache entstammten, kam es dem Angeredeten vor, als verstünde er dunkel ihren Sinn:

»Mein Dank sei Atlach-Nacha für diese Zuweisung. Und wenn ich zu zögern scheine, so doch nur deshalb, weil ich mich im Zweifel darüber befinde, was mit dir anzufangen ist. Meine Familiargeister, welche die Wände und den Boden dieses Saales bevölkern, würden dich nur allzu gern verschlingen … doch fiele dann für jeden von ihnen nur ein unbedeutender Happen ab. Wohl erwogen, halte ich es daher für das Beste, wenn ich dich zu meinen Bundesgenossen, den Schlangenleuten schicke. Die Schlangenleute sind Wissenschaftler von Rang, und vielleicht gibst du eine besondere Zutat ab, die ihren chemischen Experimenten dienlich ist. Wisse hiermit, dass ich dich einem Banngelübde verpflichte, und begib dich hinab zu den Höhlen, wo das Schlangenvolk lebt.«

In Befolgung dieses Befehls stieg Ralibar Vooz hinab durch die finstersten Abgründe jener urzeitlichen Unterwelt, weit tiefer noch gelegen als der Palast des Haon-Dor. Raphtontis' Führung ließ ihn nie im Stich, und bald gelangte er zu den ausgedehnten Grotten, wo die Schlangenleute sich ihren vielfältigen Aufgaben widmeten. Sie bewegten sich in aufrechter Haltung geschmeidig schlängelnd auf Gliedmaßen nach Art der Säugetier-Vorfahren, indem sie ihre haarlosen, gescheckten Leiber biegsam krümmten. Während sie hin und her glitten, erfüllte das beständige Geräusch gezischter chemischer Formeln die Luft. Einige von ihnen schmolzen die schwarzen, aus der Tiefe gewonnenen Erze, andere bliesen flüssigen Obsidian zu Phiolen und Retorten, wieder andere wogen und maßen chemische Zutaten ab und die nächsten kosteten seltsame Flüssigkeiten und sonderbare Gallertmassen. Derart vertieft waren die Schlangenleute in ihr Tun, dass keiner von ihnen die Ankunft von Ralibar Vooz und seinem Führer zu bemerken schien.

Erst als der Jäger die ihm von Haon-Dor anbefohlene Botschaft etliche Male hergesagt hatte, nahm endlich eines der aufrecht wandelnden Reptilien seine Anwesenheit wahr.

Dieses Wesen beäugte ihn mit kalter, jedoch höchst beunruhigender Neugier und stieß dann ein weithin vernehmbares Zischen aus, das sämtlichen Lärm übertönte, den die allgegenwärtigen Arbeiten und die Gespräche verursachten. Die übrigen Schlangenleute stellten ihre Geschäfte augenblicklich ein und begannen sich um Ralibar Vooz zu scharen. Nach dem Tonfall ihrer Zischlaute zu urteilen, schien unter ihnen eine hitzige Debatte entbrannt. Einige von ihnen schlängelten sich dicht an den Commorier heran, befühlten sein Gesicht und seine Hände mit ihren kühlen Schuppenfingern und spähten neugierig unter seine Rüstung. Er spürte, dass sie seine Anatomie mit methodischer Genauigkeit erforschten. Zugleich bemerkte er, dass sie Raphtontis, der sich auf einem großen Destillierkolben niedergelassen hatte, keinerlei Beachtung schenkten.

Nach einer Weile eilten einige der Chemiker davon. Als sie gleich darauf zurückkehrten, trugen sie gemeinsam zwei große Glasgefäße, in denen eine klare Flüssigkeit schwappte. In einem der Gefäße schwamm aufrecht ein ausgewachsener männlicher Voormi. In dem zweiten trieb ein stattliches und ebenso vollendetes Exemplar hyperboreischer Männlichkeit, das durchaus eine allgemeine Ähnlichkeit mit Ralibar Vooz selbst aufwies. Die Träger dieser beiden Musterstücke stellten ihre Lasten neben dem Jäger ab, und anschließend hielt jeder von ihnen einen Vortrag, bei dem es sich zweifellos um eine gelehrte Ausführung über vergleichende Biologie handelte.

Diese Reihe von Vorlesungen war im Gegensatz zu vielen anderen ihrer Art recht kurz. Zum Schluss kehrten die reptilischen Chemiker zu ihren verschiedenen Arbeiten zurück und die Glasgefäße wurden fortgeräumt. Dann sprach einer der Wissenschaftler in einer hinlänglich verstehbaren, wenn auch arg gezischelten Annäherung an die menschliche Sprache zu Ralibar Vooz:

»Es war aufmerksam von Haon-Dor, dich hierherzuschicken. Doch wie du gesehen hast, besitzen wir bereits ein Exemplar deiner Spezies. Auch haben wir in der Vergangenheit weitere derartige Exemplare bis ins Kleinste zergliedert und alles in Erfahrung gebracht, was es über diese überaus plumpe und anomale Lebensform zu wissen gibt. Da unsere chemischen Forschungen zudem fast ausschließlich auf die Entwicklung hochwirksamer Giftmittel abzielen, können wir in den überaus gewöhnlichen Substanzen, aus denen dein Körper besteht, keinerlei Nutzen für unsere Experimente und unsere Erzeugnisse entdecken. Sie sind ohne pharmazeutischen Wert. Außerdem haben wir den Verzehr unreiner Naturnahrungsmittel seit Langem aufgegeben und beschränken uns seither auf synthetische Ernährungsarten. Somit besteht, wie du wohl begreifst, für dich kein Bedarf in unserer Ökonomie.

Doch vielleicht gelingt es den Urformen, dich irgendwie zu verwerten. Zumindest wirst du etwas Neues für sie darstellen, da bislang kein Beispiel für den gegenwärtigen Stand der menschlichen Evolution bis zu ihrer Ebene hinabdrang. Daher setzen wir dich unter jene höchst wirksame und gebieterische Art der Hypnose, die im Hexereijargon als Banngelübde bekannt ist. Und unter solch hypnotischem Befehl wirst du zu der Höhlenwelt der Urformen hinabsteigen …«

Die Region, in die der oberste Richter von Commoriom nun hinabgeführt wurde, lag in einiger Entfernung unterhalb der Laboratorien des Schlangenvolks. Die Luft der Schluchten und Grotten auf seinem Weg wurde merklich wärmer und zunehmend feucht und dunstig, wie die Atmosphäre eines tropischen Sumpfes. Ein urtümliches Zwielicht, wie es vor der Erschaffung jedweder Sonne gedämmert haben mochte, schien alles und jedes einzuhüllen und zu durchtränken.

Überall um ihn herum zeigten sich dem Jäger in diesem milchigen Licht die Gesteinsformationen sowie das tierische und pflanzliche Leben einer urtümlich-primitiven Welt. Diese Formen waren allesamt verschwommen, ungewiss, schwankend und setzten sich aus lose verbundenen Grundstoffen zusammen. Selbst in diesem bizarren und mehr als zweifelhaften Unterweltbezirk wirkte Raphtontis vollkommen zu Hause. Er flog inmitten der undeutlichen Pflanzen und wolkig anmutenden Felsblöcke voran, als bereitete es ihm keinerlei Schwierigkeit, sich zurechtzufinden. Doch Ralibar Vooz begann trotz des Zauberbanns, der ihn wach hielt und vorwärtstrieb, eine Erschöpfung zu verspüren, was angesichts seiner langen und heldenhaften Reise keineswegs überraschte. Auch plagte er sich sehr mit der Nachgiebigkeit des grasbewachsenen Bodens, der bei jedem Schritt unter ihm einsank wie ein schlammiger Morast und in alarmierendem Ausmaß der materiellen Festigkeit zu entbehren schien.

Kurz darauf bemerkte er zu seiner noch tieferen Bestürzung, dass er die Aufmerksamkeit eines riesigen, nebelhaften Ungeheuers auf sich gezogen hatte, dessen Umrisse grob an einen Tyrannosaurier erinnerten. Diese Kreatur jagte ihm durch die urzeitlichen Farne und Moosgewächse hinterher. Als sie ihn mit fünf, sechs Sätzen eingeholt hatte, verschlang sie ihn ebenso hastig, wie wohl ein Raubsaurier späterer Tage seine Beute hinuntergewürgt hätte.

Zum Glück blieb die Einverleibung vorübergehend, denn das Körpergewebe des Tyrannosauriers war, obschon nicht allzu durchscheinend, mehr von astraler als von materieller Beschaffenheit. Und Ralibar Vooz, der sich nach Kräften gegen die Gefangenschaft im Saurierschlund sträubte, spürte, wie die dunklen Wände um ihn nachgaben, und purzelte zwischen die Grashalme hinaus.

Nach dem dritten Versuch, ihn zu vertilgen, gelangte das Ungeheuer endlich zu der Erkenntnis, dass er wohl nicht essbar sei. Es drehte sich um und entfernte sich mit gewaltigen Sprüngen auf der Suche nach Nahrung auf einer Stofflichkeitsstufe, die mehr seiner eigenen entsprach. Ralibar Vooz hingegen setzte seine Reise durch die Höhlenwelt der Urformen fort – eine Reise, die oft von den kulinarischen Absichten primitiver, vom Hunger nebelhafter Mägen angetriebener Allosaurier, Pterodaktylen, Pteranodonten, Stegosaurier und anderer Fleischfresser der Urzeit verzögert wurde.

Schließlich, nach einem Zusammenstoß mit einem überaus hartnäckigen Megalosaurus, erblickte er vor sich zwei Wesenheiten von grob menschenähnlicher Gestalt. Ihre riesenhaften Körper besaßen beinahe Kugelform und sie schienen mehr zu gleiten als zu gehen. Ihre Gesichter, obschon schattenhaft bis zur Halbfertigkeit, schienen Abscheu und Feindseligkeit auszudrücken. Sie kamen nahe an den Commorier heran und er begriff, dass eines der beiden Geschöpfe ihn anredete. Die Sprache, die es gebrauchte, bestand hauptsächlich aus einer Anhäufung primitiver Vokal-Laute. So kam die Botschaft schwer verständlich, aber nur desto unverblümter zum Ausdruck:

»Wir, die Urbilder der Menschheit, sind bestürzt über

den Anblick einer derart groben und abscheulich verzerrten Nachäffung der edlen Originalgestalt. Erfüllt von Schmerz und Entrüstung, weisen wir dich von uns. Dein Aufenthalt an diesem Ort stellt ein unverantwortliches Eindringen dar, und es ist offenkundig, dass du dieser Welt sogar durch unsere gefräßigsten Saurier nicht einverleibt und anverwandelt werden kannst. Daher erlegen wir dir ein Banngelübde auf: Entferne dich schnellstens aus der Höhlenwelt der Urformen und begib dich zu dem schleimigen Schlund, worin Abhoth, Vater und Mutter der kosmischen Unreinheit, auf ewig seinen abstoßenden Auswurf gebiert. Wir sind überzeugt, dass du nur Abhoths allein würdig bist, der dich vielleicht mit seinen eigenen Ausgeburten verwechseln und seiner Gewohnheit gemäß auffressen wird.«

Der zu Tode erschöpfte Jäger wurde vom nimmermüden Raphtontis zu einer tiefen Grotte auf derselben Ebene wie die Höhlenwelt der Urformen geführt. Möglicherweise handelte es sich um eine Art Fortsetzung derselben. Jedenfalls war dort der Boden weitaus fester, wenn auch die Luft trüber erschien. So hätte Ralibar Vooz vielleicht ein wenig von seiner gewohnten Gelassenheit zurückgewonnen, wären nicht die widernatürlichen und abstoßenden Geschöpfe gewesen, auf die er kurz darauf stieß. Er begegnete Abnormitäten, die er höchstens mit einbeinigen Kröten vergleichen konnte, und tausendschwänzigen Riesenwürmern und missgebildeten Eidechsen. Sie hopsten und krochen in endloser Prozession durch die Dunkelheit. Die abscheuliche Vielfalt äußerer Erscheinungsformen, die sie widerspiegelten, war schier unerschöpflich. Im Gegensatz zu den

Urformen waren sie aus nur allzu fester Materie geschaffen, und Ralibar Vooz fühlte sich von der ständigen Notwendigkeit, sie von seinen Schienbeinen wegzutreten, ermüdet und angewidert. Immerhin verschaffte es ihm ein wenig Erleichterung, als er bemerkte, dass diese erbärmlichen Missgestalten an Größe immer mehr verloren, je weiter er vordrang.

Das Halbdunkel um ihn herum war geschwängert von heißen, ekelhaften Dampfschwaden, die einen schleimigen Niederschlag auf seinem Kettenhemd und der bloßen Haut seines Gesichts und seiner Hände bildeten. Mit jedem Atemzug sog er einen unvorstellbar widerwärtigen Geruch ein. Das glitschige Gefleuch unter seinen Sohlen ließ ihn stolpern und ausgleiten. Dann erkannte er in dem dampfigen Zwielicht, dass Raphtontis anhielt. Und unterhalb des höllischen Vogels erspähte er einen Pfuhl mit einem Saum aus Unrat, der mit obszönen organischen Abfällen durchsetzt war. Und in dem Pfuhl erblickte er eine grässliche graufarbene Masse, die diesen fast bis zum Rand ausfüllte.

Wie es schien, lag hier der Urquell all der Abnormitäten und Abscheulichkeiten. Denn die graue Masse pulsierte und bebte und blähte sich ohne Pause – und dabei laichte sie in tausendfacher Selbstteilung die Missgestalten ab, die in allen Richtungen durch die Grotte fleuchten. Hier wurden Dinge wahr wie rumpflose Beine oder Arme, die durch den Schleim paddelten, oder kullernde Köpfe, oder robbende Wänste mit Fischflossen und alle möglichen und unmöglichen monströsen Fehlschöpfungen. Je weiter sie sich aus der Umgebung Abhoths entfernten, desto mehr gewannen sie an Größe. Und was davon nicht schnell genug festen Boden erreichte, nachdem es sich aus Abhoth gelöst hatte und in den Pfuhl platschte, wurde von Mäulern verschlungen, die sich in der elterlichen Gebärmasse auftaten.

In seiner Entkräftung vermochte Ralibar Vooz weder einen Gedanken zu fassen noch Grauen zu empfinden – andernfalls hätte er unerträgliche Beschämung gefühlt angesichts der Gewissheit, dass dies die natürlichste Endbestimmung darstellte, welche den Urformen für etwas wie ihn eingefallen war. Eine todesähnliche Stumpfheit lähmte all seine Kräfte und an sein Ohr drang eine Stimme, die scheinbar aus weiter Ferne und hoch über ihm erklang und die Abhoth den Grund seines Kommens kundtat; aber er erkannte nicht, dass diese Stimme ihm selbst gehörte.

Kein Laut gab ihm Antwort, doch aus der klumpigen Masse erwuchs eine Ausstülpung, die sich zu der Stelle vorstreckte und dehnte, wo Ralibar Vooz am Rande des Pfuhls verharrte. Die Ausstülpung verästelte sich zu einer platten, schwimmhäutigen Hand, weich und schleimig, die den Jäger befühlte und langsam von Kopf bis Fuß über seinen Körper glitt. Als sie damit fertig war, schien das Gebilde seine Bestimmung erfüllt zu haben, denn es fiel rasch von Abhoth ab und schlängelte sich mit dem übrigen Gezücht wie ein großer Wurm hinfort in die Finsternis.

Noch immer abwartend verspürte Ralibar Vooz im Geiste ein Gefühl wie vom Klang einer Sprache ohne Wörter oder Töne. Und in menschliche Begriffe übertragen ergab sich etwa folgender Sinn:

»Ich, der ich Abhoth bin, gleich an Alter den ältesten der Götter, befinde, dass die Urformen einen fragwürdigen Geschmack beweisen, indem sie dich mir anempfehlen. Nach sorgfältiger Prüfung anerkenne ich dich nicht als einen meiner Verwandten oder Abkömmlinge … wenngleich ich zugeben muss, dass ich mich anfangs von gewissen biologischen Ähnlichkeiten beinahe hätte täuschen lassen. Ich habe keinerlei Erfahrung mit deinesgleichen und gedenke nicht, meine Verdauung durch unerprobte Kost zu gefährden.

Wer du bist oder woher du kommst, entzieht sich meiner Mutmaßung. Ebenso wenig weiß ich den Urformen Dank dafür, dass sie mein philosophisches und beschauliches Dasein ständiger Fortzeugung durch ein derartig verdrießliches Problem stören, wie du es darstellst. Hebe dich hinweg, ich beschwöre dich inständig! Es existiert eine öde und trostlose Vorhölle, bekannt als die Außenwelt, von der ich dunkel vernommen habe. Und ich meine, dies könnte deiner Wanderschaft ein würdiges Ziel vorgeben. Daher stelle ich dich unter ein hochdringliches Banngelübde: Gehe hin und suche diese Außenwelt auf, so schnell du nur vermagst.«

Offenbar erkannte Raphtontis, dass es die Körperkräfte seines Schutzbefohlenen überstieg, das siebte Banngelübde ohne eine Erholungspause zu erfüllen. Er geleitete den Jäger zu einem der zahlreichen Ausgänge der Höhle, worin Abhoth hauste: zu einem Ausgang, der in vollkommen unbekannte Regionen führte, gegenüber der Höhlenwelt der Urformen. Dort wies der Vogel mittels nachdrücklicher Schläge seiner Flügel und Gesten seines Schnabels auf eine Nische im Felsgestein hin, die einem schmalen Alkoven ähnelte. Der Unterschlupf war trocken und durchaus nicht unbequem als Schlaflager. Und Ralibar Vooz, froh, dass er sich endlich niederlegen konnte, ward von des Schlafes schwarzer Woge hinfortgetragen, kaum dass er die Lider über den Augen schloss. Raphtontis hingegen hielt vor dem

Alkoven Wacht und wehrte durch Schnabelhiebe Abhoths umherirrendes Gezücht ab, wann immer es sich an den Schläfer heranpirschen wollte.

Da es in jener unterirdischen Welt weder Tag gab noch Nacht, ließ sich die Dauer des Vergessens, das Ralibar Vooz genoss, mit der üblichen Methode der Zeiteinteilung nicht bemessen. Er wurde von lautem Flügelklatschen geweckt und erblickte den Vogel Raphtontis neben sich, der ein abstoßendes Objekt im Schnabel hielt, dessen Gestalt am ehesten an einen Fisch gemahnte. Wo oder wie Raphtontis diese Kreatur während seiner ununterbrochenen Wache gefangen hatte, warf ungute Fragen auf – aber Ralibar Vooz hatte schon zu lange gehungert, um wählerisch zu sein. Ohne Umstände nahm er die dargebotene Mahlzeit an und schlang sie hinab.

Anschließend setzte er gemäß dem Banngelübde, das ihm auferlegt war, seinen Rückweg zur Außenwelt fort. Die von Raphtontis gewählte Route war vermutlich eine Abkürzung. Auf jeden Fall verlief sie fernab der diesigen Höhlenwelt der Urformen wie auch der Alchemistenküchen, worin die Schlangenleute ihren vertrackten Forschungen und toxikologischen Versuchen nachgingen. Auch der Palast des Haon-Dor lag abseits dieser Strecke. Doch nach einer langen und erschöpfenden Kletterpartie durch eine Region karger Felshänge und über ein unterirdisches Plateau hinweg gelangte der Reisende abermals zu dem Rand jenes endlos weiten, bodenlosen Schlundes, der lediglich von den Netzen des Spinnengottes Atlach-Nacha überspannt war.

Bereits seit einiger Zeit hatte Ralibar Vooz seine Schritte beschleunigt, und zwar aufgrund einiger Ausgeburten des Abhoth, die ihm von Beginn an gefolgt und nach der Art dieses Gezüchts ständig gewachsen waren, bis sie nun die Größe junger Tiger oder Bären besaßen. Doch als er die nächstgelegene, von Atlach-Nacha gesponnene Brücke erreichte, sah er, dass ein schwerfälliges Wesen, das einem Faultier ähnelte und das vor ihm angekommen war, bereits damit begonnen hatte, sie zu überschreiten. Die Kehrseite dieser Kreatur war gespickt mit feindseligen Augen, sodass Ralibar Vooz vorübergehend im Zweifel bezüglich der Richtung war, in die das Wesen sich bewegte. Darauf bedacht, den rückwärtigen Krallen an den Hinterläufen des Monsters nicht zu nahe zu kommen, wartete er ab, bis die Finsternis es verschluckte. Doch inzwischen hing ihm die übrige Brut des Abhoth dicht an den Fersen.

Raphtontis schwebte bereits unter mahnendem Krächzen vor Ralibar Vooz über dem riesenhaften Netz und auch das Näherkommen der geifernden Schnauzen der dunklen Abnormitäten spornte den Flüchtenden zu hektischer Eile an. In seiner Hast übersah er, dass das Netz beschädigt worden war und das faultierhafte Ungeheuer einige der Fäden mit seinem Körpergewicht gedehnt und zum Teil sogar zerrissen hatte. Als er in Sichtweite der gegenüberliegenden Kante des Schlundes gelangte, dachte er nur noch an eines: sie zu erreichen. Er verdoppelte sein Tempo. An diesem Punkt aber gab das Netz unter ihm nach.

Ralibar Vooz fasste verzweifelt nach den durchtrennten, baumelnden Strängen, doch vermochte er seinen Sturz nicht mehr aufzuhalten. Einige Fadenstücke von Atlach-Nachas Spinnenwerk zwischen den gekrümmten Fingern wurde er in jenen Abgrund hinabgeschleudert, den noch kein Sterblicher jemals aus freien Stücken hat ergründen wollen.

Damit, unglücklicherweise, war ein Notfall eingetreten, gegen den die Vorsehung des siebten Banngelübdes leider keine Absicherung getroffen hatte.

Für Clark Ashton Smith

Ein zeitgeschwärzter Turm
erhebt sich vor den Wolkenbänken;
um seine Grundfeste herum
der unwegsame, niedrige Wald.
Schatten und Stille, Moos und Moder,
umhüllen graue, längst zerstörte Tafeln,
wo einst ein druidischer Steinkreis stand.
Kein Schritt, kein Gesang von Vögeln erweckt
diese tote Insel ewiger Nacht.
Wie unter der Regung von Flügeln erzittert die Luft,
als im Turm ein bleiches Licht erglüht.

Denn hier haust einer, dessen Hände schufen
seltsame Idole, vor denen die Welt in Furcht erstarrt;
gehauene Runen erzählen ängstlich flüsternd
von dem, was aus den Sternentiefen hervorschielt.
Finsterer Gott von Averoigne –
dessen Fenster in Abgründe schauten,
aus Träumen, die niemand anderes gebären konnte!

Howard Phillips Lovecraft

Nachwort
Von Arkham nach Averoigne

von Bobby Derie

»Es scheint, ich entwickele gerade eine Mythologie.«

Clark Ashton Smith an August Derleth,
4. Januar 1933

Bevor das Pulp-Magazin *Weird Tales* auf der Bildfläche erschien, war die Saat dessen, was später zum Cthulhu-Mythos werden sollte, bereits gesät. An den entgegengesetzten Enden des Kontinents der USA arbeiteten H. P. Lovecraft und Clark Ashton Smith an ihren eigenen, voneinander unabhängigen Visionen – und traten schließlich in Kontakt miteinander. Das führte bei Smith zu einer explosionsartigen Vermehrung seines literarischen Ausstoßes mit einigen der atmosphärisch dichtesten Szenerien, die je zu Papier gebracht wurden, und bei Lovecraft zu neuen mythologischen Zyklen, die er in seine aufkeimenden Schöpfungen einarbeitete. Mehr noch, von nun an waren die beiden Männer vierzehn Jahre lang enge Freunde und Korrespondenten.

In Kalifornien hatte Clark Ashton Smith Lovecrafts Werke schon mindestens seit 1919 gelesen, als ihr gemeinsamer

Freund Samuel Loveman ihm die Erzählung ›Beyond the Wall of Sleep‹ geschickt hatte. Auf einer Reise nach Cincinnati, wo er 1922 Loveman besuchte, erfuhr Lovecraft wiederum von Clark Ashton Smith und dessen fantastischen Werken. Die beiden begannen eine Korrespondenz, die bis zum Ende von Lovecrafts Leben anhielt und in der sie viele Erkenntnisse aber auch Scherze miteinander teilten.

Lovecraft bewunderte Smiths Gedichte und künstlerische Fähigkeiten zutiefst; so fertigte der Kalifornier die Illustrationen für die erste Veröffentlichung von Lovecrafts Erzählung ›The Lurking Fear‹ 1923 in *Home Brew* an.

Im selben Jahr wurde die Gründung des Magazins *Weird Tales* angekündigt.

Lovecraft ermunterte seinen Freund, Erzählungen zu schreiben, wie er selbst es tat, denn er hatte damit Erfolg beim neuen *Weird Tales*. Smith wurde hingegen nicht sofort dort angenommen, obwohl Lovecraft den Herausgeber Edwin Baird überredete, seinen Bann gegen die Veröffentlichung von Gedichten aufzuheben. Daraufhin wurden immerhin die beiden Gedichte ›The Garden of Evil‹ und ›The Red Moon‹ von Smith im ersten Jahr der Existenz des Magazins veröffentlicht (Juli/August 1923).

Es ist fast eine Ironie des Schicksals, dass Clark Ashton Smith noch vor seinen eigenen literarischen Schöpfungen selbst zu einem Element von Lovecrafts Mythos wurde. Lovecraft erwähnte seinen Freund als Künstler des Unheimlichen par excellence in ›Pickman's Model‹ (*WT* vom Oktober 1923) und wiederum in ›The Call of Cthulhu‹ (*WT* vom Februar 1928), ferner in ›The Horror in the Museum‹ (*WT* vom Juli 1933), *At the Mountains of Madness* (*Astounding Stories* vom Februar 1936) und in ›Medusa's Coil‹ (*WT* vom Januar 1939). Der Meister der unheimlichen Literatur aus Providence widmete seinem Freund auch einen Abschnitt seines Essays ›Supernatural Horror in Literature‹ und bezeichnete ihn als einen der lebenden Meister der unheimlichen Literatur.

Clark Ashton Smith machte sich jedoch nicht sogleich daran, unmittelbar etwas zu Lovecrafts literarischem Mythos beizutragen. Er schrieb seine eigenen Geschichten, die sich schließlich zu drei größeren Zyklen von Prosa und Gedichten sowie zu einer Reihe kleinerer, teils miteinander verbundener, teils aber auch völlig eigenständiger Erzählungen entwickelten, die mit nichts anderem in Beziehung standen. Einige dieser Werke waren unmittelbar von Lovecraft beeinflusst; ›The Epiphany of Death‹ (*The Fantasy Fan* vom Juli 1934) zum Beispiel ist H. P. Lovecraft gewidmet und wurde durch dessen ›The Statement of Randolph Carter‹ inspiriert, aber es handelt sich nicht um eine »Cthulhu-Mythos«-Geschichte, denn sie bedient sich nicht der fiktiven Wesen, Bücher und Orte dieses Universums.

Nur zwei Erzählungen außerhalb von Smiths eigenen Zyklen sind eindeutig und ausdrücklich Mythos-Geschichten: ›The Return of the Sorcerer‹ (September 1931) und ›The Nameless Offspring‹ (Juni 1932) erwähnen beide das *Necronomicon* und erschienen in dem kurzlebigen *Weird Tales*-Klon *Tales of Mystery and Terror*. Zusätzlich gibt es einige Fragmente und Zusammenfassungen von ungeschriebenen Geschichten, die anzeigen, dass weitere Hinzufügungen zum Mythos geplant waren, doch der größte Teil von Smiths Beiträgen zum gemeinsamen Universum findet sich in seinen drei Zyklen um Averoigne, Hyperborea und Zothique, von denen jeder ein besonderes

Umfeld beschreibt, in dem eine Reihe von miteinander verknüpften Geschichten spielt.

Averoigne, eine fiktive Provinz im mittelalterlichen Frankreich, die mit Lovecrafts Miskatonic Valley vergleichbar ist, wurde zum ersten Mal in ›The End of the Story‹ (*WT* vom Mai 1930) geschildert. Nur eine einzige Geschichte dieses Zyklus, ›The Holiness of Azédarac‹ (*WT* vom November 1933), enthält ausdrückliche Verweise auf Lovecrafts Mythos. Wie es auch später bei dem Hyborischen Zeitalter der Fall war, das der gemeinsame Freund und Korrespondent Robert E. Howard für seinen Helden Conan der Cimmerier erschuf, hatte Smith mit Averoigne nicht ausdrücklich einen Beitrag zu Lovecrafts Mythos leisten wollen, sondern einen allgemeinen Hintergrund für seine eigenen Geschichten erschaffen.

Robert E. Howard errang ein hohes Maß an Ruhm sowohl bei den Fans als auch bei seinen Kollegen für seine Gestalt des Kull von Atlantis, die in einer Zeit vor dem Aufstieg der Insel zu einem magischen Reich lebt. Clark Ashton Smith hingegen war mehr an ihrem Niedergang und Zerfall interessiert und schrieb Geschichten, die in jener Zeit spielen und deren erste ›The Last Incantation‹ (*WT* vom Juni 1930) ist. Darin geht es um Atlantis und seine letzte große Stadt Poseidonis sowie um den legendenhaften arktischen Kontinent Hyperborea, auf dem die Atlanter ihre letzte große Zivilisation errichteten, deren Hauptstadt Commoriom war.

Hier muss genauer differenziert werden, denn Smith, Lovecraft und Howard benutzten allesamt Atlantis (und, in geringerem Umfang, Mu und Lemuria) in ihrer Literatur. Sie bedienten sich bei den gleichen Überlieferungen, bei der Theosophie und den Werken von Augustus Le Plongeon und anderen. Aber bezogen sie sich wirklich auf das *gleiche* Atlantis? Ist das Atlantis in Smiths Geschichten und Gedichten wirklich immer dasselbe? Oder unterstellten die Fans und späteren Autoren diese Identität nur? Zwar schrieben alle drei Autoren ungefähr zur selben Zeit, aber sie behandeln weit auseinanderliegende Zeiträume, die sich nie überschneiden. Robert E. Howards Kull und Kathulos sind Lovecrafts Cthulhu und Ghatanothoa oder Smiths Tsathoggua und Eibon nie begegnet, und somit ist diese Frage ein wenig akademisch.

In ›The Tale of Satampra Zeiros‹ (*WT* vom November 1931) führte Smith den fremdartigen Gott Tsathoggua ein, der die Fantasie von H. P. Lovecraft so fesselte, als er Smiths noch unveröffentlichtes Manuskript las, dass der Autor aus Providence sofort Bezüge zu der unheilvollen Wesenheit in seine Geschichten, die er gerade schrieb, einfügte. Durch die Tücken, die bei der Herausgabe von Pulp-Magazinen immer wieder auftreten, wurden Lovecrafts Geschichten zuerst veröffentlicht – aber es war Smith, der dieses Wesen erschaffen hatte, genau wie den Zauberer Eibon und dessen *Buch des Eibon* und einige andere schaurige Geschöpfe.

So kam es, dass der erste Hinweis auf Tsathoggua und den Mythenkreis von Commoriom in Lovecrafts ›The Whisperer in Darkness‹ (*WT* vom August 1931) erschien und beides in die Hintergrundgeschichte des gemeinsamen Mythos eingefügt wurde. Lovecraft erwähnte auch »den atlantischen Hohepriester Klarkash-Ton‹, wie er selbst seinen Freund im Scherz nannte. Tsathoggua und das *Buch des Eibon* tauchen in Lovecrafts späteren Mythos-Geschichten immer wieder auf, insbesondere in jenen, die er für Hazel Heald schrieb, und in der für Zealia Brown-Reed Bishop verfassten Story ›The Mound‹ (*WT* vom November 1940).

Clark Ashton Smith verband die Zyklen von Averoigne und Hyperborea absichtlich miteinander. Das *Buch des Eibon* überlebte die Jahrtausende und gelangt in die Hände von Zauberern wie Azédarac, der den Kult des Tsathoggua fortführte. In seinen Briefen an Smith entwickelte Lovecraft spielerisch die Geschichte Averoignes weiter (und er ist verantwortlich für den lateinischen Titel *Buch des Eibon: Liber Ivonis*). Smith versuchte daraufhin, die Widersprüche zwischen Tsathogguas Auftreten in ›The Mound‹ und in seiner eigenen Geschichte ›The Seven Geases‹ (*WT* vom Oktober 1934) zu erklären. Näher kamen die beiden Autoren nie an eine Zusammenarbeit heran, und es steckte ein starkes spielerisches Element in dem ganzen Prozess. Einmal zeichnete Lovecraft scherzhaft einen Stammbaum, der seine eigene Abstammung von Cthulhu und von Smiths Tsathoggua beweisen sollte.

Zothique, der dritte von Smiths Zyklen, liegt in der fernen Zukunft der Welt, in der die Technologie untergegangen ist und abermals Schwerter und Magie herrschen; es handelt sich um eine Art Gegenstück zu Robert E. Howards Hyborischem Zeitalter, das so weit in der Zukunft liegt, dass keine Überreste älterer Nationen und Völker mehr existieren. ›The Empire of the Necromancers‹ (*WT* vom September 1932) führt diesen Schauplatz ein, der kaum Verbindungen zu Smiths anderen Zyklen aufweist; lediglich Hyperborea und Atlantis werden in ›The Darker Eidolon‹ (*WT* vom Januar 1935) erwähnt. Thematisch hat Zothique vieles gemeinsam mit anderen Schauplätzen von Smith, und spätere Autoren wie August Derleth nahmen es durch Werke wie ›The Trail of Cthulhu‹ (*WT* vom März 1944) und *The Lurker at the Threshold* (Arkham House 1945) in den Mythos auf.

Diese Art posthumer Eingliederung von Geschichten und Elementen aus Smiths Werken, die nicht zum Mythos gehören, ist ein fortlaufender und andauernder Prozess. Während Smith sich nie ausschließlich auf die unheimliche Literatur beschränkt hat, sondern auch viel Science Fiction und sogar einiges für schlüpfrige Magazine schrieb, weist doch der größte Teil seines Werks den gleichen Charakter und Tonfall auf, der auch in seinen ausgeprägter entwickelten Zyklen zu finden ist. Die furchterregenden, fremdartigen Pflanzen in ›The Seed from the Sepulchre‹ (*WT* vom Oktober 1933) unterscheiden sich nicht wesentlich von den marsianischen Pflanzen in ›The Vaults of Yoh-Vombis‹ (*WT* vom Mai 1932), und beide Geschichten besitzen ein sehr »lovecraftisches« Element, denn sie beschreiben ein handfestes, aber fremdartiges Grauen aus tiefer Vergangenheit und inspirierten spätere Autoren dazu, sie gleichsam rückwirkend in den Mythos einzufügen.

Clark Ashton Smith war ein Erneuerer und scheint nicht so erpicht wie Lovecraft darauf gewesen zu sein, sich bei den Schöpfungen anderer zu bedienen, abgesehen von den beiläufigen Hinweisen auf »Die Ziege mit den Tausend Jungen« und »Iog-Sotôt« in ›The Holiness of Azédarac‹.

Ein Schlangenvolk erscheint sowohl in Robert E. Howards Geschichte ›The Shadow Kingdom‹ (*WT* vom August 1929) als auch mehrmals in Smiths Hyperborea-Erzählungen, insbesondere in ›Ubbo-Sathla‹ (*WT* vom Juli 1933), ›The Double Shadow‹ (1933) und ›The Seven Geases‹ (*WT* vom Oktober 1934). Anschließend erwähnte Lovecraft dieses Volk in seiner letzten Geschichte ›The Haunter of the Dark‹ (*WT* vom Dezember 1936). Eine Erwähnung von Tsathoggua neben Cthulhu, Yog-Sothoth und Gol-Gorath findet sich in Robert E. Howards ›The Children of the Night‹ (*WT* vom Oktober 1931), worin diese Geschöpfe enger mit Howards eigener künstlicher Mythologie verwoben werden, aber Howard scheint sich diesbezüglich eher bei Lovecraft als direkt bei Smith bedient zu haben, wie es auch viele andere Autoren taten.

Doch es gab auch Schriftsteller, die gern von Smith borgten oder sich ausdrücklich auf ihn und seine Schöpfungen bezogen. Robert Bloch erwähnte das *Buch des Eibon* in ›The Secret in the Tomb‹ (*WT* vom Mai 1935), in ›The Shambler from the Stars‹ (*WT* vom September 1935) und in ›The Faceless God‹ (*WT* vom Mai 1936), August Derleth in ›The Return of Hastur‹ (*WT* vom März 1939) und anderen Geschichten, und Donald Wandrei benutzte Commoriom in ›The Lady in Grey‹ (*WT* vom Dezember 1933). Derleth verfiel sogar in Lovecrafts alte Gewohnheit, Smith als Beispiel für einen Künstler des Unheimlichen zu benutzen (›Something in Wood‹, *WT* vom März 1948).

Grundsätzlich steht Smiths Werk für sich allein, auch wenn viele andere Autoren wie Lin Carter und August Derleth daran gearbeitet haben, Smiths Schöpfungen fester mit dem Mythos zu verknüpfen, und Wesen wie der Ghoul-Gott Mordiggian, der ursprünglich für Zothique geschaffen worden war, erfreuen sich in Rollenspielen und der auf sie bezogenen Literatur großer Beliebtheit. Das *Testament des Carnamagos* aus ›The Treader of the Dust‹ (*WT* vom August 1935) ist so lovecraftisch, dass andere Autoren es in ihre eigenen Cthulhu-Mythos-Geschichten eingebaut haben. Irgendwann begann Clark Ashton Smith mit einer großen Erzählung, die Averoigne, Hyperborea, Zothique, Howards Cimmeria, das *Necronomicon*, das *Testament des*

Carnamagos und vieles andere miteinander verbinden sollte. Sie trug den Arbeitstitel ›The Infernal Star‹, wurde jedoch nie beendet.

Smith selbst hörte nach dem Tod von Lovecraft, Howard und Farnsworth Wright, dem zweiten Herausgeber von *Weird Tales,* fast völlig mit dem Schreiben von Prosa auf. Lovecraft und Howard hatten Fans und Erben, die ihre Arbeiten sammelten und nachdruckten – August Derleth und Donald Wandrei gründeten dafür den Verlag Arkham House. Um Robert E. Howards Nachlass kümmerten sich sein Vater und später andere Erben. Clark Ashton Smith hingegen lebte lange genug, um viele seiner Geschichten bei Arkham House gedruckt zu sehen. Da er der letzte Überlebende der drei großen Autoren von *Weird Tales* war, stützten sich Fans und Herausgeber auf Smith, wenn es um Informationen über den Mythos ging. Er war behilflich, soweit es ihm möglich war, wovon viele seiner Briefe an August Derleth und R. H. Barlow Zeugnis ablegen. Dem Letzteren sandte Smith seinen »Stammbaum der Götter«, in dem er die Generationen von Azathoth bis Tsathoggua darstellte, ähnlich dem Stammbaum, den Lovecraft einst ihm geschickt hatte. Er wurde veröffentlicht in der Nummer 7 des Fanzines *The Acolyte* (Sommer 1944).

Eine breitere Anerkennung erfuhr das Werk von Clark Ashton Smith erst durch den Paperback-Boom der 1970er-Jahre. Insbesondere Lin Carter fühlte sich zu Smiths Arbeiten hingezogen; er vollendete einige seiner Fragmente, die in einer Neuausgabe von *Weird Tales* im Jahre 1973 erschienen, und benutzte andere Elemente der hyperboreischen Zyklen sowie Lovecrafts Erzählungen für seine eigenen Xothic-Legenden. In seinen späteren »posthumen Kollaborationen«

stellte August Derleth zwar die beiläufige Nennung der vielen Mythos-Elemente ein, aber den *Liber Ivonis* erwähnt er noch einmal in ›The House in the Oaks‹ (1971), einer Geschichte, die er nach einem Fragment von Robert E. Howard vollendete. In jener Zeit erschienen auch die ersten kritischen Studien zu Autor und Werk, und obwohl Smiths Beiträge zum Cthulhu-Mythos vergleichsweise spät in dessen Entwicklung erschienen, sind sie noch heute von Bedeutung.

Der »Clark-Ashton-Smythos« ist anders als die seiner Zeitgenossen und stellt eher eine Ergänzung zu ihnen dar. Smiths Tonfall ist sardonischer und zeugt von schwarzem Humor; die Themen sind oft erwachsener und reifer, und seine Sprache ist milder und ganz anders als Lovecrafts gelegentlich überbordende Prosa oder Howards wilde Actionszenen. Eine Liebe zur Schönheit und die Faszination des Verfalls durchziehen Smiths Prosa und Gedichte, wobei der Schwerpunkt auf menschlichen Elementen, die bei Lovecraft oftmals fehlen, und der dunklen Unvermeidbarkeit des Grauens eines Edgar Allan Poe liegt, das häufig in starkem Kontrast zu Howards »Würmern der Erde« und seinen Dämonen aus der äußeren Finsternis steht.

In seinem letzten Brief an Clark Ashton Smith beklagte H. P. Lovecraft noch einmal den Tod ihres gemeinsamen Freundes, fügte aber auch einen poetischen Tribut »An Clark Ashton Smith, Es., auf seine fantastischen Geschichten, Verse, Bilder & Skulpturen« bei, der so endet:

Finsterer Gott von Averoigne –
dessen Fenster in Abgründe schauten,
aus Träumen, die niemand anderes gebären konnte!

Originaltitel und Quellenangaben

An Howard Phillips Lovecraft. ›For H. P. Lovecraft‹.
Erstveröffentlichung in *Weird Tales,* Juli 1937.
Aus dem Amerikanischen von Michael Siefener.

Die Rückkehr des Hexers. ›The Return of the Sorcerer‹.
Strange Tales, September 1931.
Aus dem Amerikanischen von Heiko Langhans.

Die Geschichte des Satampra Zeiros. ›The Tale of Satampra Zeiros‹.
Weird Tales, Vol. 18, No. 4, November 1931.
Aus dem Amerikanischen von Malte S. Sembten.

Das Tor zum Saturn. ›The Door into Saturn‹.
Strange Stories, Januar 1932.
Aus dem Amerikanischen von Malte S. Sembten.

Die namenlose Ausgeburt. ›The Nameless Offspring‹.
Strange Tales, Juni 1932.
Aus dem Amerikanischen von Malte S. Sembten.

Das wunderliche Schicksal des Avoosl Wuthoqquan.
›The Weird of Avoosl Wuthoqquan‹.
Weird Tales, Vol. 19, No. 6, Juni 1932.
Aus dem Amerikanischen von Malte S. Sembten.

Das Manuskript des Athammaus. ›The Testament of Athammaus‹.
Weird Tales, Vol. 20, No. 4, Oktober 1932.
Aus dem Amerikanischen von Malte S. Sembten.

Ubbo-Sathla. ›Ubbo-Sathla‹.
Weird Tales, Vol. 22, No. 1, Juli 1933.
Aus dem Amerikanischen von Malte S. Sembten.

Die Heiligkeit des Azédarac. ›The Holiness of Azédarac‹.
Weird Tales, Vol. 22, No. 5, November 1933.
Aus dem Amerikanischen von Malte S. Sembten.

Der in den Staub tritt. ›The Treader of the Dust‹.
Weird Tales, August 1935.
Aus dem Amerikanischen von Michael Siefener.

Die Ankunft des weißen Wurms.
›The Coming of the White Worm‹.
Stirring Science Stories, April 1941.
Aus dem Amerikanischen von Andreas Diesel.

Die Epiphanie des Todes. ›The Epiphany of Death‹.
The Fantasy Fan, Juli 1934.
Aus dem Amerikanischen von Martin Eisele,
überarbeitet von Frank Festa.

Die sieben Banngelübde. ›The Seven Geases‹
Weird Tales, Vol. 24, No. 4, Oktober 1934.
Aus dem Amerikanischen von Malte S. Sembten.

Für Clark Ashton Smith. ›To Clark Ashton Smith‹.
Geschrieben im Dezember 1936.
Erstveröffentlicht in Weird Tales, April 1938.
Aus dem Amerikanischen von Frank Festa.

Von Arkham nach Averoigne. ›From Arkham to Averoigne‹.
Originalveröffentlichung.
Aus dem Amerikanischen von Michael Siefener.

Festa: If you don't mind sex and violence and lots of action

Niemand veröffentlicht härtere Thriller als Festa. Werke, die keine Chance haben, in großen Verlagen veröffentlicht zu werden, weil sie zu gewagt sind, zu neuartig, zu extrem.

Statt der üblichen Matt- oder Glanzfolie haben die Bücher von Festa eine raue, lederartige Kaschierung. Sie symbolisiert die Härte und sexuelle Gewagtheit unseres Programms. Diese »Bücher im Ledermantel« sind auch sehr widerstandsfähig – die Bücher wirken nach dem Lesen noch wie neu.

Unsere erfolgreichsten Buchreihen:

HORROR & THRILLER – Moderne Meister des Genres

FESTA ACTION – Blockbuster zum Lesen

DARK ROMANCE – *Erotik Romance*-Bestseller aus den USA

FESTA EXTREM – Wenn Lesen zur Mutprobe wird ...

Wegen der brutalen und pornografischen Inhalte erscheinen die Titel als Privatdrucke ohne ISBN und werden nur ab 18 Jahre verkauft. Sie können nur direkt beim Verlag bestellt werden.

Festa steht beim Thema harte Spannung für viele Jahre bewährte Qualität. Darauf geben wir sogar eine Zufriedenheitsgarantie. Dieser Service ist für einen Buchverlag einzigartig.

Warum tun wir das?

Frank Festa: »Wir wollen, dass die Leser unsere Bücher lieben. Das geht nur mit Qualität. Und als Spezialist für Horror und Thriller aus Amerika können wir in dem Bereich diese Qualität garantieren – so einfach ist das.«